全国高等中医药院校规划教材

广告学

（供市场营销专业用）

主　编

姚东明（江西中医药大学）

副主编（以姓氏笔画为序）

李君茹（河南中医药大学）　　　　张　雪（辽宁中医药大学）

陈　广（江西中医药大学）　　　　秦　勇（天津中医药大学）

程　潇（湖北中医药大学）

编　委（以姓氏笔画为序）

王　莹（湖南中医药大学）　　　　刘　博（黑龙江中医药大学）

牟春兰（山东中医药大学）　　　　周　晶（成都中医药大学）

唐心怡（湖北中医药大学）

中国中医药出版社

·北京·

图书在版编目（CIP）数据

广告学／何清湖总主编；姚东明主编．--北京：中国中医药出版社，2018.7
全国高等中医药院校规划教材
ISBN 978 - 7 - 5132 - 4495 - 4

I．①广…　II．①何…　②姚…　III．①广告学 - 中医学院 - 教材　IV．①F713.80

中国版本图书馆 CIP 数据核字（2017）第 246409 号

中国中医药出版社出版

北京市朝阳区北三环东路 28 号易亨大厦 16 层
邮政编码　100013
传真　010 - 64405750
山东百润本色印刷有限公司印刷
各地新华书店经销

开本 850 × 1168　1/16　印张 11.5　字数 287 千字
2018 年 7 月第 1 版　2018 年 7 月第 1 次印刷
书　号　ISBN 978 - 7 - 5132 - 4495 - 4

定价　38.00 元
网址　www.cptcm.com

社 长 热 线　010 - 64405720
购 书 热 线　010 - 89535836
维 权 打 假　010 - 64405753

微信服务号　zgzyycbs
微商城网址　https：//kdt.im/LIdUGr
官 方 微 博　http：//e.weibo.com/cptcm
天猫旗舰店网址　https：//zgzyycbs.tmall.com

全国高等中医药院校规划教材

编写委员会

总主编
何清湖（湖南中医药大学）

编　委（以姓氏笔画为序）
曲智勇（山东中医药大学）
汤少梁（南京中医药大学）
李　胜（成都中医药大学）
何　强（天津中医药大学）
张丽青（河南中医药大学）
周良荣（湖南中医药大学）
官翠玲（湖北中医药大学）
姚东明（江西中医药大学）
夏新斌（湖南中医药大学）
徐爱军（南京中医药大学）
彭清华（湖南中医药大学）

编写说明

　　随着我国经济飞速发展和科学技术的日新月异，广告业已经成为令人瞩目的产业，在国民经济中担当着重要的角色。在社会生活中，广告已经无处不在，并越来越明显地影响着人们的生活。广告引导着消费，也影响了人们的消费习惯，同时改变了人们的消费观念。广告业的蓬勃发展，对广告专业人才培养提出了更高要求。以往广告学教材大多偏重于学术性，往往是以研究市场经济的消费者心理来分析相关的广告理论和增强学生对广告理论的认知。为了适应现代社会经济发展的需要，本教材从市场营销专业学生知识学习和技能培养的需要出发，结合医药产品营销现状和新要求，贯彻技能型、应用型人才培养的教育理念，以理论"必需"和"适用"为原则，注意引进广告实务界的新理念和新方法，力求符合中医药院校市场营销专业学生的认知特点和学习需求，注重培养学生的综合素质和实践技能。

　　本教材始终将广告活动视为一种市场行为，强调广告活动始终是营销策划的一个组成部分，本着其自始至终是为营销服务的理念，在每一章后都精心选取了相关的案例并设置思考题，让学生们能结合具体的案例分析加以思考，以逐步掌握相关的理论知识。

　　本教材的具体编写分工如下：第一章由陈广编写，第二章由姚东明编写，第三章由张雪编写，第四章由周晶编写，第五章由牟春兰编写，第六章由李君茹编写，第七章由唐心怡编写，第八章由秦勇编写，第九章由程潇编写，第十章由刘博编写，第十一章由王莹编写。本教材由姚东明担任主编并负责统稿。

　　本教材借鉴了国内外大量的出版物和资料，由于编写体例的限制没有在文中一一注明，只在参考文献中列出。在此，谨向相关文献、资料的作者表示由衷的敬意和感谢。

　　由于编者水平有限，教材中若存在疏漏和不足之处，敬请读者批评指正，以便再版时修订提高。

《广告学》编委会

2017 年 3 月

目 录

第一章　导　论

【学习目标】

1. 掌握广告的定义、特征及构成，能够分析企业及商家在不同时期选择不同广告形式和广告创意的原因。

2. 熟悉广告的基本功能。

3. 了解广告的分类，能够对经济和社会生活中的广告现象、广告作品进行分析。

从"advertising"一词出现以来，对于它的定义就层出不穷，各个时期都有代表性的表述。广告业的发展状况及其对社会的影响程度不同，人们对广告所下的定义也有所不同。随着媒介形式的发展，"广告"一词的含义也一直在发展。

第一节　广告的定义与分类

在报纸等纸媒时代与电视媒体时代，人们对广告含义的界定是不同的。同样，在平面媒体时代与数字化媒体时代，人们对广告的理解也发生了变化。广告的定义还因国家、时代、视角等的不同而存在差异。

一、广告的定义与特征

（一）广告的定义

广告的起源非常早，历史也很悠久，但是给广告下一个定义则是 20 世纪初的事情。1904 年美国约翰·肯尼迪提出，广告就是"印在纸上的推销术"。此后，随着广告实践的发展，学界对广告内涵的探讨不断深化。《美国小百科全书》认为："广告是一种销售形式，它推动人们去购买商品、服务或接受某种观点。"日本《广告用语事典》对广告的定义是："广告是以广告主的名义，向目标传播对象告知商品及服务的存在、特性与便利性等，使其产生理解、好感乃至购买行为，或是对广告主产生信赖的一种有偿传播活动。"他们把广告视为信息交流活动，实际上是扩大了广告活动的业务范围。美国广告协会对广告的定义是：广告是付费的大众传播，其最终目的为传递情报，改变人们对广告商品之态度，诱发其行动而使广告主得到利益。1988 年版《韦伯斯特辞典》对广告的定义是：在现代，广告被认为是运用媒体而非口头形式传递的具有目的性信息的一种形式，它旨在唤起人们对商品的需求并对生产或销售这些商品的企业产生了解和好感，告之提供某种非营利目的的服务及阐述某种意义和见解等。美国威廉·阿伦斯的《当代广告学》对广告的定义为："广告，是由可识别的出资人通过各种媒介进行的有关商品、服务和观念的，通常是有偿的、有组织的、综合的和劝服性的非人员信息传播

NOTE

活动。"

　　我国广告学界对广告的定义也比较多。《实用广告学》表述为："广告是一种宣传方式，它通过一定的媒体，把有关商品、服务的知识或情报有计划地传递给人们，其目的在于扩大销售、影响舆论。"《辞海》对广告的定义是：广告是向公众介绍商品、报道服务内容和文娱节目等的一种宣传方式。这个定义淡化了广告的商业性，但指出了广告负有的社会文化功能；这个定义仍然把广告视为一种宣传方式。1994年10月27日第八届全国人民代表大会常务委员会第十次会议通过的《中华人民共和国广告法》第二条规定："广告"是指"商品经营者或者服务提供者承担费用，通过一定媒体和形式直接或者间接地介绍自己所推销的商品或者所提供的服务的商业广告"。

　　借鉴国内外广告专家和学者的意见，结合当代广告发展的现实，对"广告"这一概念最简洁、最恰当的表述是：广告是可以确定的广告主主要以付费的方式通过各种宣传媒介和形式，向特定对象传递商品、服务、形象和观念信息，以有效影响公众行为和观念的营销传播活动。

（二）广告的特征

　　基于上述对广告的定义，可以归纳出广告的如下基本特征。

　　1. 广告必须要有明确的广告主　广告主是广告的发起者，或广告的出资人。现代广告的广告主不仅指工商企业，还包括政府部门、事业单位、慈善机构、社会团体乃至个人，只要开展广告宣传，就是广告主。广告必须要有明确的广告主，其意义如下。

　　（1）广告主是广告活动的出资者，付出费用必须得到回报　广告主通过广告介绍商品和服务的特色与优点，推广社会组织所倡导的科学观念，展现企业风采。只有明确了广告主是谁，才能提高社会组织的知名度、美誉度和认可度，才有可能使广告所产生的效益服务于广告主。所以在广告中，广告主的标识要鲜明、突出、简洁，易于广告受众识别、记忆。

　　（2）能够明确广告责任　广告是一种责任承诺性的宣传活动，明确广告主一方面可防止欺骗性广告的出现；另一方面广大的公众由于广告的影响而采取某种行为，一旦造成损失，就能够寻找到广告主，要求其承担相应的经济责任和社会责任。

　　2. 广告是一种营销传播活动　广告是一种营销传播活动，具有强烈的功利色彩，这是广告区别于诸如新闻、宣传等传播活动的最明显标志。"营销"突出了广告有偿的特性，说明了广告的商业性、经营性和营利性。一般来说，广告都是有偿的，即广告主要向广告经营单位、发布单位支付一定的费用，才能获得制作和发布广告内容、形式、时间、空间的部分控制权，从而达到开拓公众市场、获得最大化利润回报的目的。应该说，广告的发起具有强烈的功利色彩，这也决定了广告传播必然追求以最小的投入获得最大的收益。

　　3. 广告是一种劝导说服艺术　广告是一种劝导说服艺术，强调对公众观念和行为的影响。广告的最终目的是使目标消费者接受广告信息，从而有效影响目标公众的态度、观念和行为，促进商品销售。因此，广告要说服接收者，使之在经意与不经意之间愉快地接受广告信息，就必然要借助艺术表现手法，根据不同传播对象的需求和特点，迎合其兴趣和欲望，采取不同的劝导说服方式，使广告传播更具有说服力和感染力。

　　4. 广告涉及的信息内容广泛　现代广告传播的内容，不仅包括商品和服务方面的信息，而且涉及形象和观念信息等，内容日益广泛。广告活动要经过周密的调查与策划，找出可靠的目标市场和公众对象，选择最佳的传播渠道和方式，对商品、服务、形象和观念进行宣传，以求获得良好的促销效应、形象效应和社会效应。应该说，商品信息是广告中最常见的宣传内容和宣传形式。广告通过宣传商品的质量、外观、性能、材料、特点、价格、用途等方面信息，让消费者全面了解商品，产生购买欲望，采取购买行为，从而达到商品促销的目的。服务信息，是广告中层次较高的宣传内容和形式，主要是在广告中介绍企业为公众提供的各种服务项目。形象信息和观念信息，是广告中较为深刻的宣传内容。形象信息，是企业通过深刻地理解公众的消费心理和行为，把握消费需求与商业契机之间的关联，展开创造性的构思，塑造成功的商品形象和企业形象，赋予它以特定的美学气质和文化色彩，从而发挥广告更高层次的作用。观念信息，是企业在广告中通过积极推广某种消费观念、道德观念、价值观念，引导公众养成良好的消费方式和社会行为方式，从而达到改善经营环境、树立企业整体形象的目的。

5. 广告是一种非人际传播活动　人们获取商业方面的信息主要通过两种方式，一是人际传播，即个人与个人之间的信息交流，如推销员上门推销、公众之间相互转告消费信息等；二是非人际传播，即通过一定的媒体传播信息。现代广告是一种非人际传播活动，它不是靠人与人之间面对面的信息传递，而是要借助传播媒介的辐射力和影响力向广大公众进行宣传，从而达到树立形象、促进销售的目的。由于非人际传播与人际传播相比，具有信息真实可信、传播速度快、影响范围广、说服力强、接受者平均费用较低等特点，因而深受企业青睐，成为企业推销商品、树立形象的重要工具。一般而言，广告宣传既可以借助于大众传播媒体和其他传播媒体，如报纸、电视、杂志、广播、图书、网络、电影、户外媒体、POP 广告、直邮广告等，也可以借助于面向社会大众的信息发布和促销等宣传活动。随着科技进步，新的广告媒体会不断出现，因此在广告策划中应充分考虑不同媒体的传播特点和优势，制订恰当的媒体策略，以取得最佳的传播效果。

6. 广告的传播对象具有针对性　一般的广告活动不是以所有的消费者为传播对象，而是向特定的目标市场进行信息传播。目标市场是根据企业营销的重点来确定的，目标市场的消费者即为传播对象。开展广告活动，选择确定好广告传播的目标对象非常重要。因为根据特定的广告传播对象的数量、特性和接触媒体的习惯，制订广告媒体策略，并以广告传播对象为中心展开广告创作活动，可以减少企业的成本开支，提高广告效益。

二、广告的分类

将广告进行合理准确的分类，有利于更进一步认识和把握广告的特征，加深对广告研究对象具体内容的了解，为进行正确的广告策划提供基础，为广告设计和制作提供依据，也便于进行准确的资料统计和研究分析，从而使整个广告活动运转正常，并取得最佳的广告效果。由于受社会经济制度、市场特点、商品交换方式、分配形式和流通渠道等多方面的影响，根据不同的分类标准，可以将广告划分为若干种类型。

广告的分类有广义和狭义之分。广义广告包括非商业广告和商业广告。非商业广告指不以盈利为目的的广告，又称效应广告，如政府行政部门、社会事业单位乃至个人的各种公告、启事、声明等，主要目的是推广和传播信息；狭义广告仅指商业广告，是指以盈利为目的的广告，通常是商品生产者、经营者和消费者之间沟通信息的重要手段，或企业占领市场、推销产品、提供劳务的重要形式，主要目的是扩大经济效益。

NOTE

（一）非商业广告

1. 政治广告　政治广告是为政治活动服务而发布的广告。如通过广告形式公布宣传政府的政策、法令；传播各级政府部门的各类公告；运用广告进行竞选等（图1-1）。

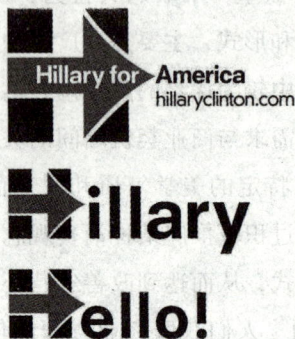

图1-1　2016美国民主党总统候选人希拉里·克林顿的竞选广告

2. 公益广告　公益广告也可称为公共广告。一般来说，公益广告是指为维护社会公益，帮助改善和解决社会公共问题而组织开展的广告活动。这类广告传播的信息内容主要是有关道德、教育、环境、健康、交通、公共服务等，涉及人们当前关心的社会问题，与社会公众利益密切相关。公益广告的主要特征：一是不以营利为目的，二是为社会共同利益而不是为某些团体或组织服务，有别于企业广告或公共关系广告，体现企业等所承担的社会责任。随着社会精神文明建设的加强，公益广告的地位也显得越来越重要。公益广告一般由特定的行政部门或群众团体组织出面策划，通过由广告客户、媒体和广告公司等组成的公益广告机构，可由企业、广告公司、媒体或政府机构出资赞助广告活动经费，还可由大众传播媒体免费提供时间或空间。

公益广告最早在美国出现。在我国，随着具有中国特色社会主义广告业的不断发展和完善，公益广告的发展也取得了可喜的成绩。特别是近年来组织开展的"中华好风尚""自强创辉煌""反腐倡廉"等主题公益广告活动，产生了较好的社会影响（图1-2）。

图1-2　中华好风尚系列公益广告

3. 个人广告　个人广告是为满足个体单元的各种利益和目的，运用媒体发布的广告。如个人启事、声明、征婚、寻人、婚丧大事等广告。

（二）商业广告

商业广告是广告学的主要研究对象，现代商业广告比非商业广告的类型要复杂得多。根据商业广告的表现形式和内在属性，可以做如下分类。

常见的商业广告分类如下。

1. 根据广告的诉求对象分类 不同的主体对象在商品消费过程中所处的地位和发挥的作用是不同的。为配合企业的市场营销策略，广告信息的传播需要针对不同的受众采取不同的策略。依据广告所指向的传播对象，可以将广告分为消费者广告、生产者广告、中间商广告和专业广告等。

（1）消费者广告 消费者广告是指由商品生产者或是经销商向消费者传播其商品的广告。消费者市场一般由个人和家庭所组成，是产业市场乃至整个经济活动都为之服务的最终市场。这类广告直接针对广大消费者进行诉求，广告主多是生产和销售日常及耐用的生活用品的企业和零售业。在整个广告活动中，这类广告占绝大部分。

（2）生产者广告 生产者广告是指诉求对象直接指向工农业生产用户的广告。这类广告通常是由工农业生产部门或商业批发企业向工业用户、农业用户推销其生产资料，如原材料、机器设备、零配件、农业生产资料等。生产者广告与消费者广告的诉求方法略有不同，诉求的重点也有所区别。生产者广告诉求的重点在于介绍产品的质量、规格、用途、使用与保养的方法，说明产品的性能和特点，主要涉及用户技术诉求方面的问题。

（3）中间商广告 中间商广告是指诉求对象直接指向商业批发企业和零售企业的广告。这类广告主要是由生产企业向商业批发或零售企业发出的，所涉及的都是一些生产企业与商业企业之间和商业企业与商业企业之间的大宗买卖。它针对性强、诉求对象明确，主要以陈述式为主。

（4）专业广告 专业广告主要是针对职业团体或专业人士的广告。他们由于专业身份、社会地位的特殊性和权威性，对社会消费行为具有一定影响力，是购买决策的倡议者、影响者和鼓动者，如医院、机关、学校、部队、团体、建筑设计人员等。此类广告多介绍专业产品，选择专业媒介发布。

2. 根据广告的传播区域分类 广告所覆盖的范围，也就是广告所能够影响的范围。通常企业的目标市场在哪里，其广告就覆盖到哪里。根据广告传播区域的不同，可以将广告分为全球性广告、全国性广告、区域性广告、地方性广告和小范围广告等几类。

（1）全球性广告 全球性广告又称国际性广告，就是跨国公司选择具有国际性影响力的广告媒体所进行的超越国界的广告运作。这是国际贸易和国际市场一体化倾向出现之后的广告形式。国际广告通常可以利用的媒体多是国际性媒体，如国际性组织的报纸、刊物、电台及当地国家的大众媒体等，当然也可利用本国在国际上传播的媒体进行，如美国 BBC 电视台、中国国际广播电台的节目、Facebook 网络及国际刊物等。广告主多为跨国公司，如美国的麦当劳、微软，日本的丰田汽车等产品广告；广告的产品多是通用性强、销售量大、选择性小的具有国际影响力的品牌产品。另外，受经济发展国际化、全球化及媒体传递信息范围扩大、传播方式多样的影响，面对国际地域的广告也日益增多。这种国际性广告，多由跨国型的企业作为广告主，传播范围则针对某国家或地区。

（2）全国性广告 是指广告信息传播面对全国范围的广告。这类广告适用于销售及服务遍及全国的企业，产品一般通用性强、销售量大、选择性小，或者专业性比较强、使用范围广、区域分散。全国性广告主要选择覆盖全国的媒体，如中央电视台、各省电视台的卫星频道和《人民日报》《读者》等全国流通的报纸、杂志，旨在向全国的广告受众传播有关产品、服务、观念和形象等方面的信息，激起国内消费者的购买欲望，产生对其产品和服务的需求。因全国性广告的受众地域跨度大，广告应注意不同地区受众的接受特点。投放此类广告的广告主多为大企业。

（3）**区域性广告**　区域性广告就是选取特定区域内的媒体进行广告传播活动。如在西北地区做广告，就选择覆盖西北地区的公共媒体，针对这一地区消费者而进行。这类广告多是为配合差异性市场营销策略而进行，广告的产品也多数是一些地方性产品，销售量有限、选择性较强。因此做区域性广告时，所宣传的产品或服务应具有明显的地域性消费特点，或者所宣传的产品可能被该区域内广大消费者所接受。这类广告活动的广告主多为中小企业。

（4）**地方性广告**　地方性广告的传播范围更加狭窄，所广告的产品市场范围也更小，主要是选用地方媒体所做的广告。这类广告多为配合密切型市场营销策略的实施，广告传播的重点是促使人们使用地方性产品，因此，既可运用省、市、县等地方大众媒体，也可运用自办媒体在各地进行传播，如地方报纸、户外广告牌、路牌、霓虹灯等。这类广告活动的广告主多为中小企业。

（5）**小范围广告**　小范围广告就是在一个销售比较集中的小范围内（居民区、商业中心、销售现场等）做的广告，广告传播的重点是促使人们发生购买行为。这类广告通常以DM宣传单页、招贴广告、灯光广告、路牌广告、陈列广告为主。这类广告活动的广告主多为当地的中小企业。

3. 根据广告的诉求目的分类　由于广告目标的不同，广告有着不同的诉求目的，从大的方面可将广告分为三类。

（1）**以销售商品为目的的广告**　广告的诉求着重于突出商品的特征与魅力，其目的是使广告商品能够给消费者留下深刻的印象，进而吸引消费者购买该商品。

（2）**以树立企业形象为目的的广告**　形象广告是企业向公众展示企业实力、社会责任感和使命感的广告，日本称之为"印象广告"。通过同消费者和广告受众进行深层的交流，可以提高企业的知名度和美誉度，有助于广告受众对企业产生信赖感。专为树立企业形象而进行的广告，目的在于增进社会各界对企业的了解和支持。

企业形象广告又可分为企业理念类和企业公益类广告。

①企业理念是指企业的整体观念、经营宗旨和价值观念。这种类型的形象广告向社会传播一种哲学思想、价值观念、理念风格及企业精神，有利于全体员工树立共同的价值观念，培养一种凝聚力，同时对广大的社会受众也能形成良好的印象。

②企业公益广告是企业对社会公共事业和公益事业的响应，以企业名义倡导一种精神文明观念，它展示一个企业的高度社会责任感，以此来博取消费者的赞同或支持，产生一种关注效应，再而转嫁这种关注到企业或产品上，提高品牌的知名度和亲和力。这样的手法是目前企业形象广告使用最为广泛的一种。

4. 根据广告的诉求方式分类　广告诉求是指广告借用什么样的表达方式以引起消费者的购买欲望并采取购买行动的一种方法。按照广告诉求方式的不同，可以分为理性诉求广告、感性诉求广告与情理结合诉求广告。

（1）理性诉求广告　理性诉求广告通常采用摆事实、讲道理的方式，通过向广告受众提供信息，展示或介绍有关的广告物，有理有据地论证接受该广告物能带来的好处，使受众理性思考、权衡利弊后能被说服而最终采取行动。如家庭耐用品广告、房地产广告等较多采用理性诉求方式。

（2）感性诉求广告　感性诉求广告采用感性的表现形式，以人们的喜怒哀乐等情绪，亲情、友情、爱情及道德感、群体感等情感为基础，对受众诉之以情、动之以情，激发人们对真善美的向往并使之移情于广告物，从而使广告物在受众的心智中占有一席之地，使受众对广告物产生好感，最终发生相应的行为变化。如日用品广告、食品广告、公益广告等常采用这种感性诉求的方法。

（3）情理结合诉求广告　在广告运作的现实选择中，通常把上述两种广告诉求方式融合到一起使用，使得理性与感性交相融合，既采用理性诉求传达客观信息，又使用感性诉求引发受众的情感，结合二者的优点并同时弥补各自不足，进而达到最佳的说服效果。

5. 根据广告的传播媒体分类　使用的媒介不同，广告就具有不同的特点。在实践中，选用何种媒介作为广告载体是制定广告媒介策略所要考虑的一个核心内容。传统的媒介划分是将传播性质、传播方式较接近的广告媒介归为一类，一般有以下几类广告。

（1）印刷媒介广告　也称为平面媒体广告，即刊登于报纸、杂志、招贴、海报、宣传单、包装等媒介上的广告。

（2）电子媒介广告　以电子媒介如广播、电视、电影等为传播载体的广告。

（3）户外媒介广告　利用路牌、交通工具、霓虹灯等户外媒介所做的广告及利用热气球、飞艇甚至云层等作为媒介的空中广告。

（4）邮寄广告　利用邮件的形式，通过邮政部门向特定的消费群体寄发、散布的印刷广告，包括商品目录、说明书、宣传小册子、明信片、贺年卡、信函、日历等。

（5）销售现场广告　又称为售点广告或POP广告，就是在商场或展销会等场所，通过实物展示、演示等方式进行广告信息的传播。有橱窗展示、商品陈列、模特表演、彩旗、条幅、店面形象、商场环境、展板等形式。

（6）数字互联媒介广告　利用互联网作为传播载体的新兴广告形式有互动性强、传播范围广、反馈迅捷等优点，发展前景广阔。

（7）礼品、纪念品广告　就是指企业单位或个人为了纪念某个重大活动、节日、景点开业等采用珍藏品、纪念品的形式所做的广告发布。这类广告主要侧重于介绍，有利于提升形象，如邮票、纪念章等。

（8）其他媒介广告　利用新闻发布会、体育活动、年历、各种文娱活动等形式而开展的广告活动。

以上几种根据媒介来划分广告的方法较为传统。在当今整合营销时代，以整合营销传播的观点，针对目标受众的活动区域和范围，还可将广告分为：家中媒介广告如报纸、电视、杂志、直邮等媒介形式的广告；途中媒介广告如路牌、交通、霓虹灯等媒介形式的广告；购买地点媒介广告等。

随着科学技术水平的不断提高，媒介的开发和使用也在日新月异地变化着，新媒介不断进

NOTE

入人们的视野，成为广告形式日益丰富的催化剂。

6. 根据广告刊播时间及频率不同分类　根据广告时间安排的不同，可分为均衡广告、时机广告和集中性广告。

（1）均衡广告　均衡广告是指广告主有计划、有步骤地针对目标市场进行反复宣传，以加深消费者对广告产品的印象的一种广告发布安排。其最大的特点是在刊播时间上均衡分布。

（2）时机广告　时机广告即抓住一个销售时机，突击进行广告宣传活动。这类广告在刊播分布上不均衡。时机广告包括季节性广告和节假日广告两种。季节性广告即在商品销售旺季到来前和旺季之中大量宣传，进行直接促销活动，而进入淡季则减少或取消广告；节假日广告即在节假日之前或期间大做广告、节假日过后则减少或停止广告，比如端午、中秋传统节庆产品的广告。

（3）集中性广告　集中性广告是经过周密的策划，在短期时间内对目标市场进行突击性广播攻势，以便制造声势，迅速提高知名度。集中性广告在新产品上市、新店开张之前实施，可以起到很好的效果。

7. 根据商品生命周期阶段分类　根据商品处于生命周期不同阶段，可分为开拓性广告、竞争性广告和维持性广告。

（1）开拓性广告　开拓性广告是指新产品刚投放市场期间所做的广告。由于广大消费者对所做广告的产品是陌生的，所以它主要介绍新产品与众不同的功能、特点、使用方法等，以吸引消费者的兴趣，激发他们的购买欲望。同时，对一个新产品而言，这一阶段也是创牌阶段。

（2）竞争性广告　竞争性广告是指在产品的成长期与成熟期阶段所做的广告。在当今复杂的市场上，同类产品的竞争日趋激烈，所以这时的广告主要介绍产品优于竞争产品的优点与特色，如价格便宜、技术先进、原料上乘等，以使其在竞争中取胜，扩大市场占有率。

（3）维持性广告　维持性广告是指商品在衰退期阶段所做的广告。由于新产品的不断涌现，广大消费者对旧产品的兴趣日渐减退，所以这一阶段所做的广告主要宣传本身的厂牌、商标来提醒消费者，使其继续购买使用，以减缓销售量的下降速度。

8. 根据产生效益的快慢分类　根据产生效益的快慢划分，可分为速效性广告和迟效性广告。

（1）速效性广告　速效性广告又叫直接行动广告，是指广告发布后要求受众立即实施购买行为的一种广告。如那些在文案中强调"数量有限，欲购从速""名额有限，报满为止"的广告，均属此类。

（2）迟效性广告　迟效性广告又叫间接行动广告，是指广告发出后并不要求立即引起受众的购买行为，只是希望他们对所广告的商品或劳务留下良好而深刻的印象，以便他们在需要时首先选购或接受所广告的商品或劳务。

9. 根据广告所达到的具体目的分类　广告的具体目的不外乎销售和需求，因此按广告所达到的具体目的可分销售广告和需求广告。

（1）销售广告　销售广告就是以促进商品销售为目的的广告，如商品广告、企业广告、观念广告等在绝大多数情况下属于销售广告。但它们也可能是需求广告的形式。

（2）需求广告　需求广告就是指为了购进某种商品、服务而做的广告。如工厂的原材料购进广告、零售批发商业企业的商品求购广告、银行鼓励存款的广告、保险公司招揽保险业务的广告等均属这一类。事实上，需求广告是销售广告的一种变换形式。

总之，广告分类是认识广告、充分发挥广告作用的一种方法，不同的广告分类方法具有不同的目的和出发点，但它们都最终取决于广告主的需要或是企业营销策略的需要。特别是对于企业而言，广告是其市场营销的有力配合手段和工具，而且广告实践的发展也会使广告的分类不断发展变化。除了上述分类外，还可运用其他方法来划分广告类别。但不论运用哪种方法对广告进行分类，都并不矛盾，而是相通的，从不同角度、不同领域对广告进行理解和研究，有助于对广告活动有更好的了解。

第二节　广告的功能与影响

一、广告的功能

我国自古以来就有"好酒不怕巷子深"之说，在西方也有"好酒无须表藤枝"的说法，可见，长期以来人们对广告的功能并不十分重视。古时候人们对广告不重视有其历史原因。在商品经济发展初期，商品交换处于一种初级、简单的状态，交换区域十分狭窄，行业结构比较简单，买卖双方直接接触的机会也较多，相互也有一定了解。一个村镇或地区的作坊、商店通过多次商品交易活动，有相对固定的客户，加之生产规模较小、交通不发达，因此没有向外扩大市场的需要。在这种情况下，广告的作用并不明显。

但是随着生产力的提高、商品经济的发展，商品交换的范围迅速扩大，行业门类也不断增多。市场的扩展使供应者和购买者之间的距离增大，买卖双方的关系由直接变为间接，也就难以相互了解。同时，交通运输能力不断提高，使不同地区、国家之间的商品交换也成为可能，商品种类越来越丰富。消费者在迅速膨胀的大量市场信息面前，购买的目的性与指向性变得不很明确；企业组织在激烈的市场竞争面前，对市场的控制也显得越来越不牢固。酒香难以飘千里，更何况造好酒的企业也不止一家。于是通过广告来宣传商品，向消费者传递信息，吸引他们有目的地购买自己的商品，便成为现代企业营销不可缺少的手段之一。广告的作用日益明显，广告功能也更加丰富。

（一）传播商品信息

广告能及时传播各种信息，有效扩大商品销售市场。广告凭借现代化的信息传播手段和覆盖面广的信息传播媒体，能迅速地将各种商业信息传递给广大消费者，使供需双方得以及时沟通。另外，广告对商品流通也有一定的指导作用。商品从生产领域顺利到达消费领域，必须在数量、质量、时间、地点及具体的消费对象等方面顺利衔接，而商品供求又是通过价值规律对商品生产起着调节作用。同时广告宣传还可以起到疏通物流和商流渠道的作用，缩短流通时间，刺激消费需求，在一定程度上促进了商品经济的繁荣和发展。随着科学技术的进步和发展，新的传播技术在广告业中已得到不断应用，从而扩大和增强了广告传播商品信息的效果。

（二）指导消费行为

现代化生产门类众多，新产品层出不穷，而且分散销售，人们很难及时买到自己需要的东西，而广告通过商品知识介绍，就能起到指导消费的作用。广告能有效地引导和转变消费观念，指导消费行为，创造新的市场需求。因为生产和消费之间的关系是相互促进的，发现市场现有的需要，并根据这种需要去开发新产品，是一种正确的经营观念。如果能注意到市场潜在需求，并通过全新产品和相应的广告宣传去激发潜在市场需求，引导消费者追求新的消费行为，则是更为独特的经营思想。广告在这方面的作用不可低估。因为一些新产品在进入市场初期，并不为消费者所注意或立刻接受，而广告宣传则有助于改变消费者传统的消费习惯。因此，广告活动是沟通生产与消费的一座桥梁。广告在指导消费行为过程中，还起着创造流行时尚的作用。许多商品的出现和流行与广告大规模宣传分不开。消费者的消费习惯也会因为广告的影响而改变，在这个过程中，旧的消费观念逐渐消失，而新的消费观念逐渐形成。

（三）激发购买欲望

广告不仅有助于提高消费者对商品和服务的关注程度，更重要的是有助于刺激消费者的需求，激发购买欲望。广告其他信息传播行为的主要差别在于：广告不仅可以传递信息，还能在传递信息的同时，影响和说服信息接受者按照广告中的要求采取相应的行为。所以，也有不少人把广告称为"说服艺术"。广告之所以能产生说服效果，主要是因为它能集中地展示商品的优点、特点，并能有效地调动消费者的潜在需要。广告不断重复出现，就是对消费者消费动机与欲求不断加以刺激的过程。

（四）促进商品销售，降低营销成本

企业生产出来的商品只有通过流通领域才能进入消费领域，以实现其使用价值。广告在沟通产销渠道、疏通产供销关系、促进商品销售中起着桥梁作用。市场经济的发展促使地域界限不断被打破，使流通渠道增多而流通环节减少。现代广告已成为加速商品流通和扩大商品销售的有效手段。广告是促进企业市场营销的重要策略之一。广告大师大卫·奥格威在《一个广告人的自白》中曾引用利弗兄弟公司前董事长海沃斯勋爵的话："随着广告的实施，带来的是节省的效果。"在销售方面，它使资金周转加速，因而使零售价得以降低而不致影响零售商人的利润。

（五）树立企业的形象

广告宣传对有效提高企业声誉、树立良好企业整体形象起着重要作用。广告宣传既然能传递商品信息，当然也能扩大企业整体影响力。只要在广告所宣传的内容中有意识地突出企业形象标识，就有可能通过大量广告宣传树立企业的整体形象。近年来，企业公共关系广告的大量出现，也使得塑造企业整体形象成为广告的重要功能之一。越来越多的现代企业意识到，只要树立起良好的企业整体形象，市场就能够得到巩固和发展，所生产出来的商品也更容易受到广大消费者欢迎。

（六）完善经营管理

广告是企业在市场竞争中的主要手段之一，通过广告宣传可以促进现代企业或服务性行业生产经营能力的提高，改善整体管理水平。通过广告宣传，企业可以及时收集市场反馈信息，以便及时生产出适销对路、品质优良的商品，提高市场占有率。如今商品质量已越来越成为决定企业市场竞争胜负的关键因素，如果只注重广告宣传，不注重质量提高，最终将失信于消费者，甚至导致企业破产。

二、广告的影响

（一）广告对社会的影响

广告在当今社会中扮演着不可替代的角色，其在创造需求、推动消费方面发挥了巨大的作用。美国历史学家 D·M·波特说："广告对社会有着强烈的影响，在这点上可以与具有悠久历史传统的学校和教会制度的影响相提并论。它有力量控制媒介，促使人们形成爱好的标准，现在广告已经成为能够控制社会各种制度中的一个。"

（二）广告对科技与经济的影响

科技的发展和进步给我们的生活带来了巨大的变化，广告与科技的出现有着密切关系。由于广告媒介的发展，广告的效果越来越显著，特别是电视的发明，给广告带来了划时代的变革。科技发展带来的不仅是媒体形式的创新，更包括媒体使用方式和地点的创新。广告在给广告主带来巨大利润的同时，又刺激着广告主不断开拓新的广告媒介，在一定程度上也促进了科技的发展。

目前，电视、电话、电脑的使用非常普遍，广告发布媒介多样化并且质量、效果大幅度提高。新媒介不断出现的同时，传统媒介因为电子技术的发展和设备的更新，也在发生变化，电视与计算机的结合，使人们的沟通变为互动的双向沟通，促进了科技进步和社会发展。手机不断发展，网络不断建设，移动媒体也正在成长为一个全新的市场。

（三）广告对文化发展的影响

广告不仅传播商品信息，同时还给社会带来了大量的科学、文化、教育、艺术、卫生、体育方面的知识。既丰富了人们的文化生活，又使人们得到德、智、体、美等方面的教育。积极向上的广告不仅给社会带来了有价值的信息，还可以宣扬社会主义道德风尚，弘扬中华民族传统美德，加强人与人之间的联系，增强互助互爱的精神。广告与现代科技相结合，往往使一个城市更具现代感。在公共娱乐场所、公园、旅游风景区等适当的位置投放精心设计的广告，结合具体地点、季节介绍适当的商品和服务，这样不仅能起到推销的作用，还可以为顾客提供指导和享受。西方许多国家将广告与周围环境巧妙地结合起来，既使人们接受了广告所提供的信息，又可以使他们赏心悦目地徜徉其中，真可谓一举数得。

第三节　广告的起源与发展

一、广告的起源

广告有着悠久的历史，可追溯至古代时期的中国、巴比伦、埃及等文明古国。

它不仅是随着商品生产和商品交换的产生而产生，还是一种经济行为，同时也是人类有目的的信息交流活动的必然产物，属于一种社会行为。探讨及了解广告的起源，对了解广告发展演变规律与广告学学科总体体系及认清广告研究的主体有很大的帮助。

（一）古代广告

广告是商品经济的产物，人类社会自从有了商品生产和商品交换，就有了广告和广告活动。日本中川静教授在他的《广告与宣传》一书中指出："广告不是社会制造的，而是自然产生的。"据考古学家、人类学家研究考证，在语言和文字产生之前，人类生活中就出现了类似广告的行为和现象。人们为了联络、交流所产生的喊声、标记、石刻、岩画等，都带有广告的性质，可以算作人类历史上最原始的"广告"。在原始社会末期，随着生产力的提高，出现了剩余产品。在奴隶社会的初期，又出现了人类社会的第三次大分工，从而产生了专门从事商品买卖的商人和商业。由此为了互通信息、卖出商品，用吆喝、实物展示等手段招徕顾客的广告也就应运而生了。

1. 古埃及的广告　据历史研究证明，现在保留下来的世界上最早的文字广告，是从埃及尼罗河畔的古城底比斯发掘出土的文物——公元前 1000 年在古代埃及的首都特贝散发的"广告传单"，现保存在英国博物馆。这则广告写在羊皮纸上，是古埃及奴隶社会期间一名奴隶主悬赏缉拿逃跑奴隶的广告。其内容为"奴隶谢姆从织布店主人哈布家逃走，善良的市民们，请协助按布告所说将其带回，赏一个金币——能按您的愿望织出最好布料的织布师哈布"。

2. 古希腊的广告　在古希腊，有文字的布告也是广告的一种媒体。布告可以有内容较长的文章，它的流传性与传播性更广。在古希腊商品出售点或市集等人群聚集地已出现专门用来粘贴各种布告的板，这些布告绝大多数是寻物布告，且都是有赏金的；也有些是店主在卖东西前数日贴出的商品布告以招徕顾客。除此还有许多标记广告的出现，如古希腊历史学家希罗多德在《历史》中写道："吕底亚王库罗爱希斯最早使用了纯金和纯银的货币，并在货币上刻上代表自己的纹章、狮子头和牧牛头。"后来铸造法传入希腊，希腊各城邦为宣传产品发行自己设计的货币，像有些城邦盛产葡萄酒、橄榄油、谷物等就把自己城邦的特产刻印在货币上，起宣传作用。最著名的是宣传葡萄酒产地的货币，称为"酒币"。因货币具有双面刻印图案且可重复使用的特点，使这种宣传方式在当时十分流行。

3. 古罗马的广告　在古罗马，书籍广告也是较早出现的一种广告。它与现在的书籍广告不同，只起到一种告之作用。当时的书是卷本，内容都是手写的，在书店聚集处，许多店主都喜欢把手抄书名的传单贴在店头，告之顾客店里的书籍。诗人们写出作品后仅把作品放在书店是很难卖出去的，他们常朗诵自己的诗歌，或租用礼堂发布自己的作品，将朗诵会的预告贴在墙上或柱子上，以达到传播的目的。

4. 古代中国的广告　中国作为历史悠久的文明古国，在唐宋时期，由于经济的繁荣，商业往来更加频繁，广告形式也有了更进一步的发展。行商走街串巷，叫卖广告应运而生；坐商则利用幌子、招牌、包装纸等广告形式，介绍商店出售的商品或提供的服务，于是招牌广告开始盛行，并且一直延续到明清时期甚至现代。

从宋代张择端的名画《清明上河图》中，可以看到当时繁华的市景和众多店铺林立的广告招牌。画卷描绘了北宋都城汴京（今河南开封）东水门外直达虹桥的繁华景象，从中可以清晰地看到宋时繁复多样的广告形式，是中国古代广告难得的例证。在长 534.6cm、宽 25.8cm 的长卷中，计有幌子、旗帜、招牌、彩楼、灯箱等 40 余处，其中广告招牌 23 处，广告旗帜 10 面，灯箱广告 4 块，大型广告装饰彩楼、欢门 5 座；仅汴州城东门外附近十字街口，就有各家商店设置的招牌、横匾、竖标、广告牌 30 余块，足证宋时我国广告事业之发达。尤为难得的是，图中保留了迄今为止世界上最早的灯箱广告记载。

随着商业的繁荣、商旅往来的频繁，印刷广告、幌子广告、包装广告等广告种类日渐增多，并在商品上开始出现商家名号、商品名称等，这为商业广告的发展提供了更大的空间。在明朝，农业、铸铁业、丝织业、棉纺织业的发达及制瓷业规模的扩大促进了商业的发展，郑和七次下西洋促进了中国和亚非各国经济、文化交流，同时也刺激了中国手工业的繁荣昌盛。小说话本成为记录经济文化和刊登广告的载体，名人所题写的牌匾及灯笼广告、年画广告、公益广告、张贴广告、对联广告等新型广告形式逐渐产生。"康乾盛世"期间中国政治、经济得到空前大发展，农业、手工业比在明代有了更为显著的发展，在商业行为中，开始出现商标、字号，如"六必居""张小泉近记""翁隆盛茶号""朱养心膏药店"等及一系列的广告形式。

对联广告也是具有中国民族风格的一种文字广告形式。据传说，知名书画家赵孟頫曾为扬州的明月楼写了一副对联"春台文苑三千家，明月扬州第一楼"以为广告。另外还有"三朝御里陈忠翔，四世儒医陆太丞""干湿脚气四斤丸，偏正头风一字散"。这些都是被相关学者认可的我国最早的有记载的对联广告。清代对联广告以酒楼用得最多，如长江浔阳楼"世间无此酒，天下有名楼"及"竹叶杯中，万里溪山送闲绿；杏花村里，一帘风月独飘香"。

（二）近现代广告

1. 西方近现代广告　在印刷术传入西方之前，西方书籍都是用手抄在皮革上，直到 1450 年，德国人古登堡在中国活字印刷的基础上发明了金属活字印刷术，为广告的变革提供了物质条件。这标志着人类广告史从古代的口头叫卖、招牌、实物广告传播的时代进入印刷广告的新时代。这一时期，报纸媒体及报纸广告开始盛行，广告业发展初具规模。1609 年，德国出现了世界上最早的报纸。1650 年英国的《新闻周刊》上刊登了一则寻马悬赏启示，有人认为，这是世界上第一篇名副其实的报纸广告。1666 年《伦敦报》正式开辟报纸广告专栏，这是第一个报纸广告专栏，此后各报竞相仿效，报纸广告开始发展起来。1704 年 4 月 24 日，波士顿邮政局长约翰·坎贝尔在美洲殖民地发行了美国本土的第一份报纸——《波斯顿新闻报》，刊登了一则向广告商们推荐报纸的广告，其内容是：本报向所有需要出售或出租房屋、土地、物品、船只及其他货物的人，或寻人、寻物的人出租版面，刊登广告。1785 年，英国有影响的报纸《泰晤士报》在伦敦出版发行。19 世纪的报纸媒介发展十分惊人，世界上有影响的报刊相继创刊，如英国的《每日邮报》，美国的《纽约时报》，日本的《读卖新闻》《朝日新闻》和《每日要闻》，法国的《镜报》等。

19 世纪末至 20 世纪上半叶，广告公司得到了大的发展，公司数量不断增加，服务功能不断完善，服务领域不断扩大。这时的美国，广告观念已经相当成熟。可口可乐的诞生与百年兴盛就是一个成功的广告策略。可口可乐刚试产时，一年只有 50 美元的销售额，却拿出 46 美元做广告。到 1892 年正式成立公司时，年销售额只有 5 万美元，而广告费就有 1.14 万美元。初期可口可乐刊载的一条广告上赫然印着大标题："理想的大脑滋补品，令人爱不释手的冬夏皆宜的饮料！可治疗头痛，解除疲劳。"

20 世纪以后，随着广播、电视、电影、计算机等科学技术的发明，电子广告问世，广告媒体日益多样化，各种广告行业组织相继成立，广告理论研究不断深入，广告代理公司成倍地发展壮大，这无疑标志着人类已进入现代广告业蓬勃发展的历史时期。

美国是世界上最早开办广播电台的国家。1920 年，威斯汀豪斯公司在匹兹堡开办了 KDKA 广播电台，在申请并领取了由美国政府颁发的从事标准广告的第一张营业执照后开始营业，正式开始广播广告业务。1926 年建立的"全国广播电台"（NBC）是美国最早的广播网。到 1928

NOTE

年，美国通过无线电广播的广告费已达 1050 万美元。1930 年，美国已有一半以上的家庭拥有收音机，所以广播广告效果十分显著，这就促使广播很快成为继印刷媒体之后的第二大媒体。电视是当今最具影响力的大众传播媒介，它的问世是 20 世纪最重大的科技成果之一，是人类文明发展史上的奇迹。英国是世界上最早开播电视节目的国家。1936 年 11 月 2 日，从伦敦市郊的亚历山大宫播出电视节目，标志着电视广告时代的开始。美国从 1920 年开始试验电视，但到 1941 年才开始接受广告。20 世纪 60 年代美国电视家庭猛增，加之电视媒体自身的诸多优势，使得电视一跃成为最大的广告媒体。

20 世纪 80 年代中后期，世界新传播技术迅速发展，竞争愈加激烈。为了适应新形势，英国发展广播电视事业的指导方针也随之发生重大变化，广告的发展也由主张垄断转变为倡导向消费者至上的高级市场机制迈进，将竞争引入了广播电视领域。随着科技的发展和人们观念的不断更新，新的广告媒介层出不穷，除传统的四大媒介外，户外广告有了进一步的发展，霓虹灯广告成为最流行的户外广告，对路牌广告实行了标准化和规格化的管理。空中广告借助于先进技术，引人注目。售点广告（POP）开始流行，并以其显著的直销效果，深受广告主的青睐。邮递广告由于针对性强，在一些西方国家得到广泛运用。除此之外，诸如交通广告、广告衫、广告帽、广告袋，甚至厕所广告等也多被采用，广告表现形式更趋多样化。

2. 中国近现代广告　中国近代广告发展的标志是报刊广告的出现。鸦片战争前后，外国传教士在中国创办了一批教会报纸，包括第一批近代化的中文报刊。《察世俗每月统记传》是1815 年英国传教士米怜在华创办的第一份中文报纸，其内容以阐发基督教义为主，该报刊登的"告帖"是我国近代报刊最早的广告。鸦片战争以后，外国人来华创办的中外文报纸有 200余家。首开中文印刷广告之先的是 1853 年在香港创办的《遐迩贯珍》，除经营广告业务外，还率先宣传广告对商业的作用。1872 年由英国人美查在上海创办的中文报纸《申报》，是我国历史最悠久、影响最大的商业性报纸。《申报》从创刊号起就刊登广告，而后广告版面逐年增加，一般都在 50% 以上。随着外国人在中国办报活动的开展，从 1873 年起，由华人创办的报纸也陆续创刊，主要有《中外新报》《昭文新报》《汇报》《述报》及《循环报》等，这些报纸多数刊载国货广告。

中国的现代广告业开始于 20 世纪 20 年代，而后得到较大的发展。在广告宣传媒介方面，除报刊广告外，其他一些形式的广告也陆续出现：20 世纪 20 年代我国的路牌广告已很盛行；1925 年上海出现了橱窗广告；1926 年首次出现了霓虹灯广告；中国第一座广播电台是由美国商人奥斯邦的中国无线电公司 1926 年在上海创办的，1927 年在奉系军阀的支持下中国人自己创办的广播电台——哈尔滨广播电台开播，至此中国的广播广告诞生。除此之外，交通广告、样品广告等形式也相继出现。而我国传统的招牌和幌子等广告形式，得到了进一步的发展，并衍生出许多新形式的广告，如招贴画广告、烟盒广告等。

随着广告活动的逐步开展，20 世纪 30 年代后，我国的广告代理业开始出现，且广告代理商的数量增长很快。1921 年，杨本贤于北京创办了我国最早的一个广告社，为在京各报承揽广告业务，后来发展到兼营电台和影院广告。成立于 1926 年的华商广告公司和成立于 1930 年的联合广告公司，是中国人创办的规模较大的广告公司。为了维护和争取同业的利益，便于解决同业间的业务纠纷，1927 年，上海六家广告社组织成立了"中华广告公会"，这是我国最早的广告同业组织。

新中国成立以后，我国广告业走过一个曲折的过程。党和政府采取了科学而有力的措施，逐步对旧的广告行业进行彻底改造，并开始建设新中国的广告事业。首先，颁布施行了一些新的广告管理法规，1949 年 4 月，天津市人民政府发布了《广告管理规则》，随后各地也先后发布广告管理规则，并逐步修改完善管理办法。其次，国家对私营企业进行利用、限制和改造，整顿私营广告业，并将旧广告业逐步改造成具有社会主义性质的广告公司。再次，报纸、广播媒体刊播商业广告，橱窗、路牌及传统的广告形式都在不同程度上服务于经济的发展。同时积极开展与国外广告界的业务交流。1957 年春，广交会首次举办，出口商品对外广告宣传也随之出现。1958 年 5 月 1 日，我国第一座电视台——北京电视台试播，9 月 2 日正式开播。10 月 1 日，上海电视台建成，标志着电视广告媒体在我国出现。

"文化大革命"期间，我国的社会秩序被打乱，国民经济无法正常运行，广告事业也遭到了毁灭性的破坏，广告逐步失去存在的意义，许多广告信息被取缔，广告媒体逐渐被取消，广告管理机构逐渐被撤销，商业广告基本绝迹。

我国广告业重新恢复和发展始于 1979 年。同年 11 月，中共中央宣传部发出《关于报刊、广播、电视台刊播外国商品广告的通知》。此后我国广告业务大幅度增加，广告从业人员队伍迅速扩大，广告管理不断完善。

改革开放以来，新技术被广泛采用，广告媒体日益繁荣，广告设计制作水平及广告发布质量明显提高。我国广告业刚恢复时，全国仅有报纸 180 种、杂志 948 种、广播电台 93 座、电视台 32 座，而 1998 年已有 2000 多家报纸经营广告业务，报纸的种类增加，版面增多，内容覆盖面广，信息含量大；到 2000 年，成立了 15 家报业集团，使资源得到更有效的配置。各级广播电台已发展到 900 座，各具特色的专业台纷纷建立。20 世纪 90 年代中期以来，媒介日趋多元化。我国 1998 年拥有 800 多家电视台，电视栏目、频道不断增加，各地有线电视网的普及，使广告信息传递更加便利，而广告市场竞争日益激烈。杂志媒体发展迅速，2000 年全国各类杂志有 8000 多种。随着广告经营单位对杂志媒体重要性认识的提高，杂志广告收入呈不断增长之势。除此之外，其他类型广告媒体也有较大的发展。1995 年，ChinaNet 正式对国内开放，标志着我国互联网进入商业化阶段。而网络广告的出现，使广告市场进一步拓宽。

二、广告的发展现状与趋势

20 世纪以来，世界各国经济都取得了迅速发展，国际市场形成并扩大，商品市场全球化趋势的发展异常迅猛。世界经济政治格局出现重大变化，泛亚共同市场、欧洲共同市场、中南美自由贸易区、北美共同市场作为一体化过程中的集团化经济已经出现。21 世纪中叶以前，世界将形成三个大的经济圈：以美国、加拿大、墨西哥为中心的美洲经济圈；以中日韩、东南亚国家为主的亚太经济圈；以欧洲经济共同体为核心的欧洲经济圈。三个经济圈之间相互竞争，又相互合作，它们之间由对外封闭转向互相开放市场。

（一）广告的发展现状

当代广告业已经成为社会经济中的一股重要力量。当前，世界有三大广告市场：北美、欧洲、东南亚。美国是世界第一广告大国，美国广告是美洲广告业中的主导力量，德国、英国、法国、意大利等国家的广告业在欧洲广告业中占有重要地位，日本广告业在东亚广告业和世界

NOTE

广告业中都占有重要地位。由于中国经济的快速发展，中国广告业日益在亚洲广告市场中显示出自己的力量。北美、西欧和东南亚占了世界广告市场的绝大部分。从全世界范围内来看，有些城市的广告业非常发达，如美国的纽约，中国的香港、北京、上海，日本的东京，英国的伦敦，法国的巴黎，德国的法兰克福，意大利的米兰，澳大利亚的悉尼，巴西的圣保罗，韩国的首尔等。许多世界著名的广告公司的总部都设在这些城市。美国的纽约更是被称为世界广告之都，2002 年，按照核心广告收入进行排名的世界前十位的广告公司（单体）中，有 7 家总部设在纽约（另外有两家总部设在东京，一家总部设在芝加哥）。

20 世纪 90 年代末，国际经济活动全球化与数字化的特征越来越明显。由于经济活动关联性日益增强，各国之间的经济形成千丝万缕、密不可分的关系，国际贸易数量有增无减。全球大市场的形成，加速了跨国大企业的对外扩张倾向和活动。同时，互联网以惊人的速度普及，数字卫星电视频道不断开通。数字化使信息沟通的速度和效率都在加强，双向式的信息沟通更为有效。数字化正逐渐改变着人们的生活和消费，也在逐渐调整着经济的结构和产业的形态。经济活动的这两个趋势自然而然地影响到对新变化无比灵敏的广告活动，广告活动的变动反过来又促进经济活动朝全球化和数字化发展。

（二）广告的发展趋势

1. 广告传播空间和方式正在发生巨大的变化　当今世界已步入一个信息时代，高新技术的发展促成了广告信息流量的飞速增加，广告媒体正随着信息流量的增加而不断发展。计算机、通信卫星等电子传播技术的运用，使广告传播空间发生了巨大的变化，加速了电视、报纸等新闻媒体的发展与更新，催生了一些新型的广告媒体，如 Facebook、Twitter 等。电子广告将成为越来越重要的广告传播媒体，成为最具有吸引力的现代广告，为广告业开拓了更为广阔的前景。由于大规模应用现代通信技术和计算机信息处理技术，广告活动朝着向广告主提供完善的信息服务方向发展，为生产企业在市场调查、产品设计、生产和销售及售后服务等方面提供全面的咨询服务，并帮助企业进行形象分析、决策分析。而这种发展倾向的集中体现，就是广告活动整体策划技术的普遍推广。

2. 广告活动正在走向国际化　广告公司集团化适应了经济全球化的发展趋势，广告代理商必须向跨国公司客户提供更具全球影响力的促销活动，这进一步加快了当前世界广告业的集团发展趋势，促使全球广告业掀起兼并、收购与联合热潮，国际化的加深是 21 世纪世界经济发展的必然趋势。随着国际经济的日益融合，必然出现日益增多的国际广告活动，国际广告市场也将日益融合起来，广告公司必将面向跨国方向发展，国际广告业的合作将会进一步发展。"经济无国界，文化无国界，艺术无国界"，将会使"广告也无国界"，共同构建国际广告业的新格局，将会是一种不可忽视的发展趋势。

3. 广告策略和整合营销传播将成为广告活动的核心　市场活动已进入战略和策略经营阶段，市场竞争机制已渗透到现代广告活动的各个领域，广告策略竞争已成为市场竞争的一个重要方面，成为现代广告活动能否取得成功的关键。广告整体性策划是为取得良好效益进行的有目的、有计划的广告活动谋划，已成为成功的广告活动的核心。科学的整体策划和有效的整合营销传播是取得广告效益的重要手段。广告活动要达成预期的目标，必须科学系统地有计划进行，必须对市场、产品、消费者需求、竞争对手、企业营销策略等因素进行全面的研究和分析。是否具有为企业进行广告整体策划服务的能力，已成为判断一个广告公司服务能力高低的标准。广告在现代社会的高速发展中将变得更为专业化，其中包括理论的建立、市场调查、消费者了解、形象设计、媒介运用、竞争策略、专题研究等，广告公司将更加专业化，更加注重广告策略的重要性，帮助客户解决市场推广的全部问题，提供全面服务。

4. 创意在广告活动中占有重要地位　在现代市场激烈的竞争中，产品的竞争已上升为广告的竞争。广告要获得消费者的好感，并促使其产生购买行动，除了广告的产品自身具有一定的优势外，还必须运用杰出的广告创意，将广告的主题绝妙动人地传达给目标消费者，以期打动和说服消费者，刺激其产生购买欲望，才能实现广告的使命。日益激烈的广告竞争，实质上已成为广告创意的竞争。广告创意的卓越与否，已成为能否赢得消费者、打败竞争对手的关键环节，成为广告是否具有竞争力的重要元素。

5. 新合作关系与人才竞争将是未来广告业发展的焦点　今天的市场更加复杂，竞争更加激烈，广告主更多地希望代理公司能够成为真正的经营伙伴，帮助提供企业发展方向、企业战略等方面的咨询服务，也就是代理公司应当具备参与企业经营层面、做企业智囊的能力。反过来，代理公司由于参与到企业的经营层面，也有可能更牢固地维护已有的客户。广告活动的对抗与较量，实质上是人才和智力的对抗与较量，许多出色的、成功的广告活动，正是由一些有远见卓识、思想敏锐、足智多谋并具有创新精神的广告策划创意人才正确策划出来的。要想取得竞争的优势，必须具有人才上的优势，这是广告业成败的大事。为了赢得自身的发展优势，世界上许多国家如美国、日本等都十分注重广告人才的培养，许多著名的广告公司不惜重金网罗优秀广告人才以扩充自身的实力。世界优秀广告公司取得成功的一条经验，就是培养人才、选拔人才、善用人才。

第四节　学习和研究广告学的方法

一、广告学的性质及其研究内容与对象

广告学是什么性质的学科？它的研究对象和内容是什么？人们对这些问题的看法，目前尚不尽一致。相当一部分人仍把广告学局限在市场学的范围之内，因而认为广告学的研究对象自然就是市场活动了。另外还有一种意见认为，广告学属于边缘学科，其研究对象没有确定的边际，凡是与广告学有关的心理学、市场学、传播学等学科，都与广告学相互渗透，共同构成广告学。广告学是在许多边缘学科的基础上发展起来的一门研究广告活动及其发展变化规律的科学，其研究对象是广告信息传播的过程、效果及其活动规律，其侧重点在于经济、市场信息的传播规律。美国学者斯科特（Walter Dill Scott）于 1901 年第一次提出"广告学"这一术语，在 1903 年的《广告原理》和 1908 年的《广告心理学》中，他又进一步解释了这个概念。之后，美国商学院、新闻学院开设了广告学专业。广告学在我国是一个年轻的学科，从 1983 年厦门大学新闻传播系第一个开设广告学专业以来，迄今只有 20 多年的时间。目前全国已有近200 所高校开设了广告学专业。

NOTE

（一）广告学的性质

1. 综合性 广告学是建立在传播学、市场营销学、心理学、文化学等基础上的，其理论来源具有综合性。现代广告是在复杂多变的社会、经济、文化环境里进行的，要实现广告的有效传播，需要吸收与运用许许多多相关学科的知识。广告实践也具有综合性。

2. 应用性 现代广告是每时每刻都在进行的信息传播活动，实践性特别强。广告学的研究是为具体的广告传播服务的，不是为研究而研究、为学术而研究。广告学的应用性特点使其尤为注意总结新鲜的实践经验，并为现在和将来的广告实践提出可操作的原则和方法。

3. 新兴性 广告学的研究在世界范围内已有近百年的历史，拥有丰硕的成果，但是我国的广告学研究起步较晚，广告学只是一门新兴的学科，目前还没有形成独具特色的学科体系。加之新技术的不断出现，广告形式及其所处的市场社会环境都有了快速的变化，学科研究也需要保持创新。

（二）广告学研究的内容

现代广告学的研究内容不再局限于印刷广告及单纯的推销功能，而是全方位、多层次、多视角地对广告进行系统审视。最突出的特点是将传播学和市场营销学引入广告学研究中，作为学科的理论基础，并注意吸收心理学、公共关系学、消费者行为学、美学等学科知识；将社会、政治、经济、文化、心理等作为研究的大环境要素，不仅研究广告本身的传播，还研究广告业与其他社会子系统的关系，探究广告业的发展机制。具体而言，广告学的研究内容可分为两大块：在理论层面，它包括广告历史运动规律、中国广告沿革、中国现代广告业、世界广告发展、广告基本原理和方法、广告学理论问题、广告热点问题的研究、广告基础理论的研究、广告学教育等角度的研究；在实践层面，它包括广告运作规律的研究，广告主、广告信息、广告媒体、广告对象、广告效果等广告要素的研究及广告组织、广告管理、广告人等广告管理的研究。

（三）广告学研究的对象

广告学作为一门独立的学科，虽然历史较短，但和其他的学科一样，也有自己特殊的研究对象，需要揭示广告的矛盾运动、内在机制和基本范畴与规律。广告学是研究广告活动现象及其发展变化规律的科学，它以广告基本理论、广告发展规律、广告运作的基本原理和策略、广告市场与广告组织、广告监督管理作为研究对象。

1. 研究广告的基本理论 这是广告学的核心内容和理论基础，研究广告学中带有根本性和指导性的理论和原则。

在广告学的理论研究方面，需要从宏观上探讨广告的基本性质、社会功能、类别、构成要素，广告运动的过程、规律、原则，广告与诸学科之间的关系等方面。在此基础上，需要着重研究现代广告的基本运作原理与方法，包括市场调查理论、定位理论、传播理论、心理理论、策划理论、创意理论、文案理论、设计理论、宣传理论等，这些基本理论是把握现代广告学科研究对象的基本依据。同时，广告学也研究广告学的基本范畴，如广告主体与客体、广告信息与符号、广告传播与公众接收等。对广告基本范畴的研究，不仅是从事广告工作的认识论基础，也是策划广告宣传活动的方法论。

2. 研究广告的发展规律 广告学通过对广告活动的产生、演进的过程及其发展规律的科学透视，来分析和认识广告的基本发展阶段、广告发展的社会条件和现代广告未来发展的基本走向。具体研究对象如下。

（1）广告发展的历史阶段 一般认为，仅从广告宣传所依赖的主体媒介的标志性演变角度看，广告发展的脉络大致为：以实物中介、口头叫卖和招牌为主要形式的古代广告时期，发展到以印刷广告为主体的近代广告时期，直至以现代电子技术为主的现代广告时期。

（2）广告发展的社会条件 广告的发展，是与不同时期的经济、社会、科技进步及人们对广告的认识程度密不可分的。经济发展是广告业繁荣的决定性因素；社会生产力水平的提高，是促使广告不断发展的现实条件；科技进步为广告的发展提供了许多现代化的制作工具和传播手段；人们对广告作用的理解，广告社会地位的提高，为广告的发展奠定了社会基础。

（3）广告实务运作的发展脉络 通过对广告业的发展过程、广告媒体的演变、广告设计制作的创新等方面的研究，使人们对现代广告的特征有更深入的把握，为广告活动的进一步发展提供历史经验。

3. 研究广告运作的基本原理和策略 广告学是一门综合性的应用学科，具有很强的实践性，因此要研究广告运作的规律、广告应用性规律和整体操作机制。这部分内容主要涉及广告实务方面，包括广告战略的制定与实施、广告创意与定位、广告的设计与制作、广告媒体的选择与组合、广告效果的测定。通过对广告实践活动的归纳和总结，为运用各种广告策略提供依据和方法。

（1）研究广告市场与广告组织 广告市场与一般商品市场不同，在这部分中主要研究广告市场的构成与运行特点，以及影响广告市场运行的环境因素。广告活动是通过广告组织进行的，为此要研究不同形式的广告组织在广告市场中的地位与作用，以及广告运作的一般程序与基本方式。

（2）研究现代广告管理 广告管理也是现代广告学研究的重要组成部分，主要研究国家和政府制定的广告法律、专门广告法规的管理及行政管理、广告行业法规的自律管理、消费者及其组织对广告活动的社会监督管理。目的在于完善广告管理机制，促进广告业的良性发展。

二、广告学的研究方法

广告学是一门实践性很强的学科，不仅要从广告自身，而且要全方位地从社会、经济、文化等大的背景下来考查、把握广告活动。下面介绍几种常见的研究方法。

（一）比较借鉴法

比较借鉴法是把广告学的概念、范畴及相关广告理论进行比较性研究。借鉴成功的广告和广告思想，探索出规律性认识的方法。

（二）定性与定量结合法

在广告活动和广告理论中，应该在广告的确定与评析上，学会运用定量化的内容来界定其确定性。要把统计的方法应用于广告之中。坚持定性与定量相结合的方法，就是要尊重广告效果客观事实，尊重社会公众认可标准的观念。

（三）理论与实际操作结合法

广告理论必须运用于广告实际，在实践中以广告效果来评判和修正、完善。广告理论必须以广告实践来检验，而且只能用广告实践来检验。广告理论的是与非、优与劣绝对不能用纯粹逻辑方法来推论。从概念到概念，从理论到理论研究广告现实，往往只能为空中楼宇。坚持理论与实际操作相结合的方法，是培养广告思想的基准。

(四) 系统动态研究方法

系统方法是近几十年发展起来的一种现代科学研究方法，是一种立足于整体，筹划全局，使整体与部分辩证统一的现代思想方法。学会系统性和动态性分析与研究广告学理论，就会培养自己对于广告学的完整性、严谨性和科学性研究作风。

在建立一个完善的广告学科体系过程中，还必须学会运用比较、借鉴的方法。任何学科理论的建立，都有一个借鉴、继承和扬弃的过程，必须认真学习和借用一切有用的经验，包括西方发达国家的先进技术和有益经验。通过对比分析研究，做到博采众长，融会贯通，推陈出新，在比较中丰富和发展广告学。

【案例】

斯达舒——广告"恶俗"有业绩

斯达舒是得益于成功的广告策略的又一个典型案例。在强手如林的胃药市场，斯达舒只是一个毫无根基的小字辈。不管是产品的特点，还是品牌的基础，都无法在强手众多的市场中占有优势。由于斯达舒名字难记，在广告创意之初，如何能快速让消费者记得产品的名字、扩大知名度成为中心目的。于是有了那个令人感到"恶俗"的广告：紧张的鼓点节奏下，一位年轻的母亲焦急地翻找着抽屉，原来丈夫胃病又犯了，找不到胃药，年轻的母亲急忙让儿子去找斯达舒，结果儿子却找来了一个呆头呆脑的男人，原来是所谓的四大叔。妈妈气鼓鼓拿出真正的斯达舒胶囊纠正了儿子的错误。该广告很快在央视大量投播，一时间"四大叔"家喻户晓，偶尔会成为人们茶余饭后的"幽默"话题，而斯达舒的品牌知名度不知不觉地在全国范围内建立起来。

在完成了知名度的提高之后，斯达舒立马转向诉求症状，将胃病一网打尽地总结为"胃酸、胃胀、胃痛"三大症状罗列了出来，告诉人们胃酸、胃胀、胃痛要用斯达舒，表达比较平实。可就是这朴实无华的诉求却简单、直接、实用。新一版主打广告"胃篇"，通过丰富的想象力、幽默的人物形象、夸张的动作设计来重新诠释斯达舒的卖点："胃痛、胃酸、胃胀。"分"两步走"的策略，成就了"斯达舒"，使其曾一跃位居国内胃肠药销售排名第一，近几年来也一直和西安杨森的吗丁啉及江中制药的健胃消食片成为胃药市场的前三名。斯达舒的成功，再一次验证了"消费者讨厌广告和讨厌产品是两码事"。广告真的很"恶俗"，甚至让人受不了，但产品也真的卖得很不错。

虽然修正药业认为：斯达舒的知名度得益于广告，但广告又不是斯达舒成功的决定性因素，而是企业苦练内功的结果。但"非常有创意的广告才有非常的销量"，这一已被公认的OTC类产品市场销售的金科玉律，自然也在斯达舒身上得到充分体现。修正药业在消费者心中牢牢地建立起"胃痛、胃酸、胃胀，快用斯达舒"的概念，自然是广告的功劳。否则营销队伍再专业、促销活动再好，要想产品快速实现质的飞跃是不太可能的。

（资料来源：改编自"九大药品广告营销成功案例解析"
http：//www. domarketing. org/html/2012/ad_ 0321/3212. html）

讨论：

结合案例谈谈看你对胃药市场不同产品吗丁啉、斯达舒、健胃消食片等广告的看法。

【思考题】

1. 什么是广告？如何理解广告的含义？

2. 根据不同的分类标准，可以把广告分为几类？尝试举例说明一则广告按不同的分类方法分类。

3. 广告的功能有哪些？

第二章　广告组织

【学习目标】
1. 掌握广告组织系统的构成和广告代理制度的基本内容。
2. 熟悉广告公司的职能。
3. 了解广告代理制的产生与发展。

广告组织是指广告人及广告相关人士，为了实现共同的目标组成具有稳定的活动关系与社会关系，从事广告经营或其他广告活动的经济组织或社会团体。广告组织是一个大的系统，它对广告活动进行计划、组织、监督、调节和指挥等管理。没有广告组织，广告活动就失去了生存和发展的依托。

第一节　广告组织系统

一、广告组织系统的构成

在广告组织系统里，广告主、广告公司和广告媒介是广告组织的三大主体。只有这三大主体之间的关系协调一致，整个广告组织系统才能有效运转。只有这三大主体之间保持协调适应、平衡互动，广告业的生态环境才会向健康、良性的方向发展。

二、广告主

（一）广告主的含义

广告主是指发布广告的主体，包括自然人、法人和其他经济组织三个不同层次的市场经营主体，是广告活动的委托人和直接受益者。如工厂、商店、公司等生产、经营者，他们是广告市场中的消费者。他们做广告的目的，是为了推销商品或劳务服务，并从中获取经济利益。

广告主一方面利用公开付费的方式，委托广告经营者为自己设计制作并发布广告，另一方面又通过广告的发布与消费者建立起信息沟通的关系。

1. 自然人　自然人在这里特指具有合法生产经营资格的个人，或者具有特定行为资格的个人。前者包括农村承包户和城乡个体工商户，后者的范围相对较宽，没有明确的范围界定，如著作权人、专利权人等，都可以成为合法的广告主。

2. 法人　法人是"自然人"的对称，是一个法律概念。它是指具有民事权利能力和民事行为能力，依法独立享有民事权利和承担民事义务的组织。广告主概念中的法人主要是指企业法人，并不包括不具备合法生产经营资格的机关事业单位法人和社会团体法人。

NOTE

3. 其他经济组织　主要是指虽然具备了一定的生产经营能力，但不具备企业法人资格的经济组织，如企业法人的分支机构、私营企业中的合资企业等。

现代商业的空前发达，商品的生产和销售已成为企业经营的整体，在这种情况下对具体的广告主的层次划分并不是很明晰，而且往往出现联合广告主，即不同层次的广告主间进行合作，联合进行广告活动。这已经成为当今广告发展的一大趋势。

（二）广告主的角色

作为出资方和服务对象的广告主，在广告活动中扮演着至关重要的角色。广告主的基本角色就是——广告支持者。在具体的广告活动中，因为每一个广告主所持的观点、所做的具体工作、所起的具体作用是极不相同的，这就关系广告主的职责问题。要当好这一角色，广告主就要在广告意识、机制和策略等方面做出不懈的努力。

1. 要有发掘产品市场的潜力　很大一部分广告主及他们的广告公司喜欢在遇到麻烦的产品上耗费大量的时间，但是对已经取得成功的产品却只花很少的时间去为其更上台阶而耗费心思。广告主的企业实体及产品本身是有市场潜力的。如果一个广告主花费的广告费在同行中名列前茅，其产品却依然没有前途，这家广告主有再多的钱也不会是一个好的广告主。

2. 要有良好的信用和健全的财务制度　广告主可靠的保证是有健全的财务制度，这是广告活动在策划和实施得以顺利进行的保障。许多广告公司和广告主合作时会出现这种情况：不是凭几个人的口头承诺就可以支付大笔款项，就是在该款项付款时或提前或推后。表面上看这些现象对广告活动的策划和实施无关紧要，实际上常是未来双方发生争执的严重隐患。

3. 要有明确的营销策略来指导广告　广告主在有明确的产品营销策略指导下制定广告，才是完善的策略，因为广告活动的调查具有主观性。在广告主没有明确的营销目标的情况下，做出的广告方案很可能是意见不统一的。正是因为没有明确的营销思路，仅从广告活动出发制定的广告策略就会出现这样的问题。

（三）广告主的职能

1. 制定企业的广告规划　广告主最重要的工作就是企划广告活动，因此广告主必须做出短期策划和长期策划，要像熟悉广告那样熟悉市场营销，向高级主管提出广告相关问题的建议并且向他们请示有关广告事宜。所有的这些，都要求广告主熟知市场营销和传播的各个环节。每个企业都有自己的市场目标，广告活动以实现企业的市场目标为目的，因此，广告主的广告活动计划必须确定在哪种程度上开展广告活动，以确定广告目标。

2. 编制广告预算　广告预算是广告主对于开展广告活动的投资匡算，是企业在一定时期内为进行广告宣传活动而计划投入的费用总额。它规定了广告计划期内从事广告活动所需的经费总额、使用范围和使用方法，是企业广告活动得以顺利实现的保证。广告预算提出了在广告计划期内，广告费用可以开支的数目和具体的分配方案，它是广告策划中一项极其重要的内容。制定广告预算方案，并取得上级对广告预算的认可，特别是在有效广告预算方案上尽最大的努力，广告主与广告公司及本公司的其他高级主管共同商定广告预算。

3. 选择广告代理　选择一家合适的广告代理公司并尽量与之保持良好的关系，是广告主的重要职责之一。因为广告代理公司是广告主的长期事业伙伴，选择好广告代理公司是企业广告走向成功的重要一步。广告主应及时与广告代理公司沟通，使广告信息更有效地渗透到目标市场。

NOTE

4. 实施广告计划　在制订广告计划时，必须确定一个清晰的对象，即目标消费者。广告定位应该精确而"尖锐"，不要期望打动所有人，只要打动目标对象就行。如果一个少女用品的广告出来后，却只受老年人欢迎，就说明这个广告的目标定位错了。在做广告计划之前，应该先对目标对象做大量研究，这样做出的广告才能取得好的效果。

5. 监督与评估广告活动　对开展的广告及广告活动，如公共关系、宣传、促销、市场调查等进行监督和评估，综合运用这些广告活动，在监督与评估中促进广告活动产生真正的效果。

三、广告公司

（一）广告公司的含义

1. 广告公司的概念　广告公司是广告代理公司的简称，是根据广告主的立场制订广告方案，并根据这一方案购买广告媒介并实施广告活动的机构。根据广告公司的服务功能、经营范围，可分为全面型广告公司和专业型广告公司。

2. 广告公司的角色　在市场竞争日益激烈的今天，广告公司所扮演的角色是敏锐的观察者、缜密的思考者、伟大的创造者和迅捷的行动者。

（1）广告公司只能为自己的客户服务　这由他们的道德准则、伦理准则、法律准则和财务政策所决定。正如一家经营良好的企业向律师、银行家、会计师或者职业经理人寻求帮助一样，广告主也是出于追求企业效益的不断提高才来求助广告公司。所以广告公司要有专一性的服务。

（2）广告公司要有丰富的员工资源　广告公司雇用的员工，既有创意方面的人才又有工商业方面的人才，包括财务人员、行政管理人员、营销主管、调研人员、市场分析员、媒体分析员、美工和文案人员等。他们与公司外部进行图片创作、摄影、广告拍摄、修版、印刷和录音等工作的专业下游公司保持着密切的联系，社会资源相当丰富。

（3）广告公司的独立性　广告公司是独立的，它不属于广告主，也不属于媒体，更不属于下游公司。正是因为这样，广告公司给广告主的业务能带来客观的外部观点，这也是广告主自身所不能做到的。

（4）广告公司为客户提供媒体专业化服务　广告公司为客户提供的另一种服务就是调查，代表广告主和各种电子媒体、印刷和数字媒体等进行谈判，签订有关广告空间和时间的合同。广告公司出色的媒体专业化服务，可以为广告主节省资金和时间。

（5）广告公司宽泛的营销面　好的广告公司每天接触的营销面是很广的，对国内外的最新动态又了如指掌，能给广告主提供各种各样的服务，再加上在现代科学技术的影响下企业活动能轻松地跨越国界，广告业也自然而然地在全国各地蓬勃发展。

随着科学技术的发展，广告公司必须找准自己的定位，必须从单纯的执行层面向全方位的沟通转变，从平面服务向立体服务过渡，以适应瞬息万变的社会。

（二）广告公司的类型

1. 全面型　全面型广告公司也就是综合广告代理公司，它们具备提供、传播和推广有关的各方面服务能力。一旦广告主与全面型广告公司合作，就不会再去找其他的专业型广告代理公司。全面型广告公司向广告主提供非广告和广告范围的所有整体服务。

2. 专业型 在广告业中，除了向广告主提供全面服务的全面型广告公司外，还有一种就是只为广告主提供一项服务的广告公司，即专业型广告公司。常见的专业型广告公司有调查公司、策划公司、创意公司、设计公司和制作公司。

（1）调查公司 调查公司是专门从事广告调查的专业公司。作为专项服务的广告调查公司，为客户提供专业系统的市场调查、市场分析、市场调查研究等，准确提供各行业的市场调查统计数据、商业资讯、市场调查报告、市场分析报告，提供及时的市场调查信息。因为专业，所以专门的调查公司信息和数据更全面、精细。

（2）策划公司 策划公司是专门从事广告策划的专业公司。广告策划是一个现代的概念，策划公司更是以策划为主体，以创意为中心，进行科学管理的广告部门。专业的广告策划公司职能划分非常精细，包括调查分析、决策计划、执行实施、评估总结一系列完整的策划程序。

（3）创意公司 创意公司是专门从事创意概念的文案、开发和广告表现艺术的公司。这种公司可以为广告主在信息主题或独立广告中注入更多的创意。如果广告主想要的只是创意，就是要在大量的创意中进行挑选，并按照自己的心愿组合，那么他们就会去找专业的创意公司。

（4）设计公司 设计公司是专门从事广告设计的公司。专业的设计公司有自己精干的设计队伍，其设计过程更精确化、专业化。收集信息、设计分析、方案构思、方案呈现、方案筛选到最后的测试、评估和优化都是由专业的人员设计制定的，这就是专业设计公司的优点。

（5）制作公司 制作公司是专门从事广告制作的公司。为了制作广告，制作公司会招揽专门的业务人员，如导演、插画师、摄影师等。在全部广告制作过程中，文案与美术指导也常常是制作公司的一员。在整个广告制作过程中，从组织会议到确保在期限时间内完成，从制定预算到管理预算等，这一系列的制作都是由专业的制作人员完成。

四、广告媒介

（一）广告媒介的种类

随着社会的发展，各种广告媒体层出不穷，从传统媒体到互联网、移动终端再到商务楼宇联播网，品类繁多，不胜枚举，对广告媒介的分类也各不相同。在这里主要划分为两种，一种是大众传播媒介，另一种是小众传播媒介。

1. 大众传播媒介 大众传播媒介主要是指报纸、杂志、广播、电视等，这些传播媒介传播信息具有速度快、范围广、影响大等特点。大众传播媒介具有五项功能，即宣传功能、新闻传播功能、舆论监督功能、实用功能和文化积累功能。

大众传播媒介主要分为两大类：印刷类和电子类。这两类媒介都有各自的特点。印刷类大众传播媒介主要包括报纸和杂志，电子类大众传播媒介主要包括广播和电视。报纸是受众面最大的印刷类大众传播媒介，电视是受众面最大的电子类大众传播媒介，都是企业比较青睐的传播工具。

2. 小众传播媒介 是指网络上的微博、朋友圈、新闻组、BBS、E-mail，以及其他形形色色的POP、DM宣传单页、车体、户外、产品包装捆绑等。这些媒介虽然受众面较小，但由于传播速度快，时效性高，越来越成为广告发布的热门选择。

随着大众媒体的分化，产生了如此多样的广告新形式，再加上诸多现代的小众传播媒介，

NOTE

使得广告战略中的媒介选择必须走上精细化组合的道路。广告媒介选择的精细化组合，使得符合不同细分的小众传播媒介特征的广告信息创设，也必须在精细化基础上得到组合。

（二）广告媒介的分析与选择

广告媒介的分析与选择就是在具体地分析评价各类媒体的特点和局限性的基础上，找出适合广告目标要求的媒体，使广告信息顺利地到达目标顾客。

1. 分析的内容　对广告媒介进行分析是选择适当媒介的基础性工作。广告主、广告公司和广告媒介单位，在一定程度上都需要对广告媒介进行评估。广告主分析媒介是为了在企业内部进行广告规划时，对外界媒介有一个大致的了解，同时对广告公司提交的媒介选择方案做出判断。广告媒介的分析内容主要有以下几种。

（1）广告印象次数和试听率　广告印象是广告信息接触受众成员的机会。只要知道受众规模，就可以计算出某一媒体广告排期中广告总印象次数。广告总印象次数是受众规模和信息次数的乘积。试听率是指接收某一特定电视节目或广播节目的人数的百分比。这一术语最初是用来调查广播、电视节目的收视情况的，后被广告主用来分析广告节目的收视情况，以此预测广告效果。

（2）受众规模　是指接收广告信息的人群数量，包括报刊、书籍的读者，广播听众，电影电视观众，网民及其他广告媒介信息的接收者。不同广告媒介受众规模的计算方法也不同。每个广告主都希望拥有最大限度的受众量，在进行媒体策划时最关心的也是受众规模。

（3）到达率　到达率是指一定时期内目标受众当中有多大比例会看到、读到或听到所传播的广告信息。第一，接触某一广告的人数不可重复计算，一个人可以多次接收到广告，但只算一个人。第二，到达率是对传播范围内的总人数而言的，并不是只对有可能接触到广告媒介的人来说的。第三，到达率所表现的时间长短依媒介的不同而不同。对广播、电视媒体而言，到达率一般是以30天来表示，因为研究资料的收集、提供通常以30天作为到达率的计算周期加以制表。对于杂志、报纸来说，一般以阅读寿命作为计算标准。比如杂志刊发到最后读者的阅读时间为60～90天，因此杂志的到达率一般以60～90天作为计算标准。户外广告到达率的表现时间，要经过4～6周。

（4）暴露频次　暴露频次，也叫频次或频率，是指在一定时期内，每个人接收到同一广告信息的平均次数，表明媒体排期的密度，以媒体或者节目重复暴露为基础。频次的计算以个人接触的媒体平均数计算。广告要达到理想的暴露频次是很困难的，一是因为各影响因子对频次的影响不等值，二是因为营销、创意、媒体三因素的影响。营销因素包括品类的生命周期状态、市场份额、品牌忠诚度、购买周期、使用周期、品类关心度；创意因素包括信息沟通复杂度、创意冲击力、广告运动形态、销售立场、创意版本数量、创意单位大小；媒体因素有媒体、媒体注目率、媒体排期、媒体间的分散度、媒体工具的重复使用度。在量化这些指标时还要照顾到品牌形象、目标市场层次、广告目的等因素的特殊性。

（5）信息力度与毛评点　将几种媒体的试听率相加，便可以判断某一排期的信息力度。毛评点指各次广告传播之后，接触该广告的人数与传播范围内总人数的比例之和，是一则广告在媒体推出数次后所能达到的总的效果。毛评点是可以重复记录的，一个人如果同时接收到不同媒体的同一则广告10次，那么这10次接收效果都应计入毛评点的计算当中，这与到达率的计算是不同的。一般来说，毛评点要经过具体的调查统计才能得出，它既可以综合反映每则广告的总效果，又可以反映同一广告中不同媒体的推出效果及媒体的使用价值。所以，毛评点能够较好体现广告的信息力度，是一个很有价值的媒介评价指标。

2. 选择的因素　进入新世纪，市场更加变幻莫测。新事物的不断涌现，增加了市场的不确定性，同时也使得企业的经营活动越来越呈现多元化的走向。广告活动也是如此。传统的以产品为导向的广告宣传越来越力不从心，"一切从消费者出发"成为营销界的共同呼声。对于媒介投放而言，"因势而变"成为其唯一的选择。除受大环境的影响外，媒体选择还受到多种因素的制约。品类适应性、品牌形象和个性、消费者习惯、竞争态势等都是广告媒体选择必不可少的考虑因素。

（1）**品类适应性**　品类适应性指的是品类本身和媒介之间的相互适应的关系。在产品方面，凡品类关心度较低的产品，如饮料、日化品等，可选择高关注度、强制性媒体；凡品类关注度低的产品，像汽车、家电等，可适当地选择以报纸、杂志为代表的低关注度、非强制性媒体。在媒体方面，电视媒体一般适应讯息活泼、画面动态的商品；报纸媒体多适应讯息量大、信息真实、比较性强的商品；而杂志媒介常适应那种对画面质量要求高、私密性较强的商品。不同的媒介，不同的产品，它们的适应性是不同的。

（2）**品牌形象和个性**　"品牌如人"，有着自己的形象和个性。在选择媒介时，应尽量根据品牌的特征来选择相应的媒体和载具。如 IT 产品就要选择跟 IT 有关的环境，而日用品则最好选择和家庭主妇关系紧密的媒体。如此类推。

（3）**消费者习惯**　消费习性与媒体选择的关系在于商品购买行为与媒体接触时空的关联。媒体的选择应该首先把握受众的生活习性。以轿车广告为例，其目标受众多为事业有成的白领人士，这些人一般夜生活较多，回家晚，所以媒体选择时应当考虑到目标受众的这一特征，然后采取行动。

（4）**竞争态势**　在瞬息万变的今天，竞争法宝就是"唯快不破"，在采取攻势的同时，竞争对手也在积极谋求对策。他会采取种种方式，对你的广告信息进行干扰，使之不断稀释。因此，媒体选择也应根据竞争形势求得变化。

（5）**注意品牌形象和媒介的适切性**　不同的品牌有不同的形象。媒体选择应从品牌形象出发，为品牌形象服务。对于那些品牌形象高贵的产品，有必要给它一个高雅的媒介环境。如高档化妆品、高档服装，可以从高档印刷媒介入手，对其进行宣传。对于那些平民化的产品，则尽量选择那些与消费者日常生活联系紧密的媒介。

（6）**注意点、线、面结合，走整合营销传播的道路**　整合营销传播把商品陈列、商品包装、售后服务、广告、促销、公共关系、直接营销都看成是传播的一部分，要求企业在广告活动过程中综合运用各种传播手段，全员参与，有针对性地、持续地"坚持一个观点，一个声音"，以取得最大的传播效率。因此，在媒介选择方面，可以做到点、线、面结合，把多种媒介整合起来，让传播活动为企业和品牌发出"One voice"。

总之，媒介选择是一项科学、细致的工作，应当从整个广告流程的角度出发，系统、谨慎地看待。随着众多新情况的出现，媒体选择所面临的任务更艰巨，机遇与挑战并存。

（三）广告媒介的职责

1. 发布广告　广告媒介是实施广告的工具和手段，是传播广告信息的载体，其主要任务就是发布广告。广告的来源主要有两方面：一是直接受理的广告客户的广告；二是广告公司代理承揽的各项广告业务。媒介广告部门与本地或外地的广告公司签订合约出售一定的广告版面或广告时间，以便各广告公司有计划地安排版面或时间发布广告。

2. 审查广告内容　大众传播媒体传递的所有信息都应对社会和公众负责。媒介组织广告部门加强对广告内容的审查把关，自觉抵制和杜绝违法广告和不良广告传播，是广告业自律的重要内容，也是该部门的重要职责。目前，我国审查广告的法律依据主要是以《中华人民共和国广告法》为核心的有关广告管理法规。审查主要包括四个方面：①广告主的主体资格是否合法；②广告内容是否真实有效；③广告内容和表现形式是否合法；④收取查看广告证明。

此外，还要根据中国国情，清理消除一切不道德、不健康、不文明的广告信息内容，保证发布的广告合法、真实、健康、有益，符合社会主义精神文明建设和良好的社会风尚。

3. 设计制作广告　广告媒介的来源主要有两个，一是广告公司或者其他机构代理推荐；二是直接承揽的广告业务。前者的广告业务主要由广告公司完成，广告公司主要是协助安排发布日程，并根据媒体的传播特点，对广告作品的终稿完善提出建议，进行广告发布计划和广告排期。对于后者，广告媒介部门主要是负责策划、设计、制作广告作品。但总体上看，直接承揽的广告业务量并不算大。报刊广告主要是小广告、分类广告等类型；广播电视广告主要是声像比较简单、时间较短及临时需要处理的广告内容。较复杂的广告制作，还应交由广告公司。重要的是要配合广告公司，精心做好媒体计划，善于安排适当的广告时段和版面，提高有效收视率和阅读率，增强广告传播效果，以吸引更多的广告主。

4. 对广告效果的监测与评估　对广告投放前、投放中、投放后的效果实施监测和评估，并不是个孤立的过程，需要把监测数据进行整理，并建立一个系统的数据库，同时评估结果将会被录入历史投放效果中，以对下次的广告投放起到一个很好的借鉴和参考，并为今后企业广告往更好的方向发展起到引领作用。

第二节　广告代理制度

广告代理制度是指在广告活动中，广告主委托广告公司实施广告宣传计划，广告媒介通过广告公司承揽广告业务的一种机制和经营体制，也可以说是一种由广告公司为客户全面代理广告业务活动的经营体制。广告代理制是伴随着广告经营活动规模的扩大和专业化分工而自然形成的制度安排。

一、广告代理业的产生与发展

广告代理制主要包括广告公司的客户代理和媒介代理、代理服务的业务范围及代理佣金制等内容。广告代理制是企业、媒介和广告公司之间在广告活动中交易的基本结构。在广告活动中，广告主、广告公司、广告媒介之间明确分工，广告主委托广告公司制定和实施广告传播计划；广告媒介通过广告公司寻求广告客户，其执行的基础是固定的代理费；广告公司作为代理的主体，其基本职责是对广告主和媒介进行双向代理服务。

（一）广告代理制的实质

作为国际上通行的广告代理机制，它由广告客户委托广告公司实施广告传播计划，媒体通过广告公司承揽广告业务。在广告活动中，广告公司处于中介位置，为客户和媒体提供双向服务，发挥主导作用。广告代理制是广告业务发展到一定阶段的产物，是衡量一个国家广告业成熟与否的主要标志之一。在广告业比较发达的国家和地区，广告业都已步入广告代理制阶段。广告主的广告业务一般由广告公司全面代理，媒体只与广告公司打交道，除分类广告外，不直接承揽广告业务。

（二）广告代理业的产生与发展

1488 年，法国散文家蒙太尼提出了一则倡议，其内容为："任何人想出售珍珠，想找个仆人或伴侣去巴黎旅游，可将想法及要求向一位负责这项事务的官员提出。"这对于建立为客户办理广告及服务业务的专门机构即后来的广告公司来说，具有重要的启示作用。17 世纪，在英国出现了广告代理店。广告代理店的出现，是当时社会对广告需求不断增加的结果。1610 年，英王詹姆士一世让两个骑士建立第一家广告代理店。1612 年，在法国创立了"高格德尔"广告代理店。1729 年，美国广告之父富兰克林在美国创办了《宾夕法尼亚时报》，并把广告栏设于报头和社论之间，向广告客户出售报纸版面。富兰克林既是出版商和编辑，又是广告作家和广告经纪人。1841 年，胡柏和帕尔默分别在美国纽约和费城创办广告公司。当时帕尔默作为广告经纪人，劝诱人们在其父办的报纸——《米勒》上刊登广告，他向广告主无偿提供各种报纸资料，并为广告主创作简单的广告文案，收取 25% 的广告代理费。广告代理业的雏形开始出现。1865 年，美国乔治·P·罗威尔成为第一个典型的广告代理业者。他不仅从报纸上取得广告费，而且采取大量购买地方周刊报纸的版面，然后直接转销给广告主的做法。由于他能代广告主预付广告代理费，所以一开始就受到媒介的普遍欢迎。可以说这是一家大规模专门出售广告版面、作为报刊独家广告经纪人的广告公司，由此独家广告代理业开始兴起。1869 年，美国"艾耶父子广告公司"在费城成立，其经营重点从单纯为报纸推销广告版面，转到为客户策划、设计、制作广告，建议和安排适当的媒体等全面的服务。1876 年开始，又采取了公开合同的制度，加强同企业的联系，使该公司成为第一家具有当今广告公司运作特点的广告代理公司。1894 年，英国的美瑟暨克劳瑟公司（奥美广告公司的前身）也提供与艾耶父子广告公司类似的深度服务，此时该公司的规模已达 100 人。据统计，这一时期在美国建立的广告代理公司约有 1200 家，显示出以美国为代表的广告代理业正在逐步走向成熟。

（三）中国的广告代理制的建立

在广告学研究上，广告代理业务的变化过程、内容和时期一般以中国台湾地区广告学者樊志育提出的四个阶段来阐述。它以服务的内容和现象为线索大体分四个时期：为媒体服务时期、为广告主服务时期、全面服务时期和整合传播时期。

1993 年，我国在一些经济发达的大中城市及沿海开放城市进行广告代理制的试点，要求广告客户必须委托有相应资格的广告公司代理广告业务，不能直接通过报社、广播电台、电视台等发布广告。广告公司在为广告客户代理广告业务时，不仅要为广告客户提供市场调查服务及提供广告活动全面策划方案，而且能够帮助落实媒体计划。广告公司为媒体承揽广告业务，应有与媒体发布水平相适应的广告设计、制作能力，能够支付广告费的经济担保。

实行广告代理制度在我国更有其特殊意义，它是社会主义市场经济体制完善深化的要求，是广告业发展的必然阶段；是规范、完善我国广告市场的重要任务。实行广告代理制是我国广告业与国际接轨的一个重要手段。

NOTE

二、广告代理制的基本内容

根据国家工商行政管理局《关于进行广告代理制试点工作的若干规定（试行）》中，对广告代理制的基本内容做了规定，具体有以下几个方面。

1. 广告客户必须委托有相应经营资格的广告公司代理广告业务，不得直接通过报社、广播电台、电视台发布广告。对于分类广告，如简短的礼仪、征婚、挂失、书讯广告和节目预告等可除外。

2. 兼营广告业务的报社、广播电台、电视台，必须通过有相应经营资格的广告公司代理，才可发布广告（分类广告除外）。报社、广播电台、电视台的广告经营范围核定为："发布各类广告（含外商来华广告），承办分类广告。"

3. 代理广告业务的广告公司要为广告客户提供市场调查服务及广告活动全面策划方案，提供、落实媒介计划。广告公司为媒介承揽广告业务，应有与媒介发布水平相适应的广告设计、制作能力，并能提供广告客户广告费支付能力的经济担保。

4. 报社、广播电台、电视台下属的广告公司，在人员、业务上必须与本媒介广告部门相脱离，不得以任何形式垄断本媒介的广告业务。

5. 实行广告代理制后，广告客户和广告媒介可以自主地选择服务质量好的广告公司为其代理广告业务。广告代理费的收费标准为广告费的15%。

三、广告代理实施的条件和意义

（一）广告代理制实施的条件

首先是需要有与之相匹配的完善的市场经济环境和成熟的广告市场环境，这是实施广告代理制度的必要条件。没有经济的繁荣，没有发达的市场经济体制和良好的行业环境，广告代理制就不可能顺利推行。

其次，广告公司自身的状况和能力也是制约实施广告代理制的决定性因素。广告代理制的实施，牵涉广告市场中广告客户、广告公司和广告媒介这三个主体。而在以广告代理制为基础的广告经营机制中，广告公司处于广告市场的主导地位，从本质上说，广告公司是实行广告代理制的中心环节。

广告公司要从事广告代理活动，首先必须获得有关政府管理部门的认可，并取得合法的代理资格，才能在规定的范围内从事相应的广告代理活动。即广告公司代理广告业务必须得到广告客户或广告媒介的认可与委托。其次，提高广告公司自身的代理能力是增强其竞争能力的唯一途径，而高水平的各类广告专业人才、精良的广告制作设备和先进有效的内部管理机制是实现这一途径的有力保障。再次，具备充足的流动资金和雄厚的经济实力是媒介代理的前提。

（二）广告代理制实施的意义

广告代理制度的实施，其意义主要体现在以下几个方面：有利于促进广告行业的科学化、专业化建设，有利于提高广告业的整体水平和消除行业内的不正当竞争，明确广告客户、广告公司、广告媒介各自的权利和义务。

广告代理制的最大优势是使一家企业或者一个产品的形象在跨越时间与地域时有一定的连续性并保持其整体风格的一致性，如此才能将广告的本质发挥得淋漓尽致。通过广告代理制，广告公司有足够的时间来了解客户，了解其产品，从而与客户共同创造一个品牌。

广告代理制的实行，要求广告公司处于广告经营的主体地位，明确广告公司、广告客户、广告媒介各自的权利和义务，使其功能不再彼此交叉。广告客户根据自身的需要选择广告代理公司，确立投资决策；广告公司负责整理广告活动策划、创意与实施；广告媒介公司负责广告信息的发布。

广告代理制是随着广告业的发展而逐步形成的，是广告业发展到一定历史阶段的产物。在当下中国特有的经济环境、广告环境和媒介环境共同作用下，随着媒体品质的全面提升，有竞争力的媒体不断增多，广告主的媒体投放呈现出多元化的态势，媒体资源的供求关系随之发生变化。广告主直接和媒体谈判的成本也随之升高，强势广告主随着经济的增长越来越多，媒体无暇和每个广告主直接谈判。这时，只有广告代理制才能为媒体争得广告，为广告主取得理想的折扣。因此，广告代理制的实行在今后的广告业中具有极其重要的意义。

1. 帮助企业科学合理地使用广告经费　实行广告代理制能消除广告活动无整体计划、效益不佳等弊端，帮助企业科学合理地使用广告经费，取得较好的广告效果。

2. 有利于媒体合理有效地发挥资源优势　实行广告代理制能促进媒体全面提供信息服务，合理有效地发挥资源优势，促进传播业的繁荣和发展。媒体的主要功能是向社会大众提供各种真实有效的信息服务，同时通过广告信息服务等获取补偿和充实进一步发展的资金。

3. 突出专业广告公司的主导作用　实行广告代理制能突出专业广告公司在广告活动中的主导作用，使其能超越不同媒体所具有的功能，向客户提供全面优质的服务。

4. 加强广告公司的专业服务性，提升管理水平　①广告代理制的实行有利于实现广告专业化、社会化，可提高广告策划、创意水平，提高广告的社会经济效益。②有利于加强广告业的宏观调控，政府有关部门可以采取措施，扶持各种类型的广告公司，促进完善其经营机制与提高从业人员素质，还可提高广告业全面服务水平。③可以集中力量，抓住广告管理重点，防止虚假违法广告的产生，有利于制止广告业中不正当竞争。

5. 可以促使广告业内分工明确　只有真正全面推行国际通用的广告经营机制——广告代理制，才能使广告市场的三个主体各司其职，各就其位，充分发挥广告业对经济发展的巨大促进作用，使我国广告业朝着健康、规范的方向发展。本土广告公司在我国加入世界贸易组织后，在面临跨国广告公司、国际性传播公司、营销顾问公司等业内、业界间的激烈竞争时，只有不断提高自身实力，改变服务观念和方式，从零散运作转向集约运作，从经验型服务转向专业化和科学化服务，才能在资本力量和专业化服务的新一轮洗牌中不被淘汰出局。只有这样，我国广告业才能迅速地适应并融入国际大市场中，顺利实现与国际市场的接轨，在激烈的国际竞争环境中求得生存与发展。

【案例】

世界十大广告公司简介

1. 奥姆尼康——全球规模最大的广告与传播集团

全球广告业收入排名：第1位。

下属主要公司：天联广告（BBDO）、恒美广告（DDB）、李岱艾、浩腾媒体。

2. Interpublic——美国第二大广告与传播集团

全球广告业收入排名：第2位。

下属主要公司：麦肯·光明、灵狮、博达大桥、盟诺、万博宣伟公关、高诚公关。

麦肯·光明：全球仅次于电通的第二大广告代理公司。

3. WPP——英国最大的广告与传播集团

全球广告业收入排名：第3位。

下属主要公司：奥美（Ogilvy & Mather，O&M）、智威汤逊（J Walter Thompson，JWT）、电扬、传力媒体、尚扬媒介、博雅公关、伟达公关。

WPP的广告客户：喜力啤酒、亨氏食品、诺基亚、罗氏制药、辉瑞、福特汽车、英美烟草、美国远通、AT&T、格兰素史克、IBM、雀巢、联合利华和菲利浦 – 莫利斯等超大型跨国公司的知名品牌。

目前其在中国的客户包括IBM、摩托罗拉、宝马、壳牌、中美史克、柯达、肯德基、上海大众、联合利华和统一食品等。

4. 阳狮集团——法国最大的广告与传播集团

全球广告业收入排名：第4位。

下属主要公司：阳狮中国、盛世长城、李奥贝纳公司、实力传播、星传媒体。

5. 电通——日本最大的广告与传播集团

全球广告业收入排名：第5位。

下属主要公司：电通传媒、电通公关、Beacon Communications。

6. 哈瓦斯——法国第二大广告与传播集团

全球广告业收入排名：第6位。

下属主要公司：灵智大洋、传媒企划集团、Arnold Worldwide Partners。

7. 精信环球——最具独立性的广告与传播集团

全球广告业收入排名：第7位。该公司为宝洁服务的时间超过40年。

下属主要公司：精信广告、Grey Direct、GCI、领先媒体、安可公关。

8. 博报堂——日本最具创意的广告集团

全球广告业收入排名：第8位。

下属主要公司：博报堂广告——是日本排名第2的广告与传播集团，也是日本历史最久的广告公司。1996年9月与上海广告有限公司合资成立上海博报堂广告公司，并于1998年和2000年先后在北京和广州设分公司。

9. Cordiant——全球第9大广告集团

全球广告业收入排名：第9位。

下属主要公司：达比思广告。

2003年6月，全球第3大广告集团WPP在与第4大广告集团"阳狮"及主要债权人"赛伯乐"（Cerberus）的竞标中胜出，以4.45亿美元收购陷入财务危机的Cordiant。

10. 旭通——日本第三大广告与传播集团

全球广告业收入排名：第10位。

下属主要公司：旭通广告、ADK 欧洲。

（资料来源：智库百科 http://wiki. mbalib. com/wiki/世界十大广告公司）

【思考题】

1. 简述广告公司的历史与发展。

2. 广告公司有哪几种类型？

3. 广告公司的组织类型有哪些？

4. 为什么中国的广告代理制度在现代才出现？

5. 简述广告代理制度的内容。

6. 请查阅相关资料，对我国排名前 10 位的广告公司做一对比分析。

第三章　广告受众

【学习目标】

1. 掌握广告受众的概念、广告受众的心理特点、广告受众的权利、影响广告受众购买行为的因素及广告信息传播过程的要素。

2. 熟悉广告受众的类型、广告受众特征及广告对受众行为的影响。

3. 了解广告受众的购买行为模式、广告受众的心理活动过程及广告信息处理理论。

广告要取得好的效果，离不开对广告受众的深入了解与把握。尤其在营销以消费者为中心、传播以受众为导向的今天，企业如果对广告受众一无所知，将无法使其产品发挥应有的市场效应。要了解广告受众就要理解广告与受众的关系，熟悉广告信息传播的方式，抓住不同媒介受众的特征制作和投放有针对性的广告。制作广告时不能无视广告受众的权利和心理，只有尊重他们的权利，制作符合他们心理特征的广告，才有可能被他们接受，否则再有创意的广告也不会达到预期的效果。

第一节　广告受众的类型和特征

广告受众就是指广告的诉求对象，也就是根据广告的目标要求来确定广告活动的特定诉求对象。广告活动由广告主和广告公司来运作，针对目标市场中的消费者进行信息的发布，这就产生了传和受的关系。广告主和广告公司作为信息的发送方，广告受众作为信息的接受方，形成一个传播的过程。传播者和接受者的信息沟通是通过传播过程来完成的。从表面上看，广告通过大众媒介和非大众媒介传播，能够对所有接触到广告的媒介受众发生作用，媒介的所有受众都能够成为广告受众。但从科学的角度来讲，广告是对特定的目标消费者进行诉求并发生作用的，并不是针对所有人进行的，因此，可以把广告受众分为实际受众和目标受众。

一、广告受众的类型

广告受众的多样性决定了广告活动的复杂性。虽然广告受众具有一些普遍的共性特点，但是广告宣传总有一定的目的和意图，受众也有自己的兴趣和爱好。如果传播者传出的内容正是受众所需要的，那么此时的广告效果最佳。要想达到最佳的传播效果，关键在于了解不同类型的受众，从而使广告更有针对性。就商业广告来说，广告受众主要有四种类型。

（一）普通消费者

普通消费者即为满足个人生活需要而购买商品的消费者大众，由个人和家庭组成，是广告活动的主要传播对象，也是广告的主要行动对象。在极其宽泛的"消费者广告"这个名目下，广告主可以对受众特征进行更为精细的区分，诸如女性、20~40岁、年收入不低于6万元；儿童、0~6岁、幼儿园阶段等。普通消费者既是广告的主要行动对象，又是生产企业和商业企业最终以产品和服务满足其需求的对象。

（二）生产企业

生产企业是大宗货物购买者，主要包括生产设备、原材料和软件等生产资料的生产者。针对这类受众的产品和服务虽然主要是人员推销，但利用广告可以在潜在购买者中传递产品信息，创造知名度和美誉度，培养积极态度。

（三）商业企业

商业企业主要包括零售商、批发商等。生产企业只有通过商业企业的销售活动，产品才会到达消费者和用户。因此，生产企业的广告必须针对市场中的商业环节，充分激发商业企业经销商品的积极性。同时，广告的条款在双方的合作合同中也占有很重要的地位。一般情况下，如果生产企业不能提供充分的广告支持，商业企业就只能自己出钱进行广告宣传，这样就增加了经销商的经营成本。因此，提供充分的广告支持也成为生产企业吸引商业企业积极经销商品的重要条件。

（四）专业人员

接受过专业培训或持有证书的专业人员构成广告的特殊目标受众，诸如医生、营养师、律师、会计、教师等。一方面，这类受众具有特殊的兴趣和需求，针对这类人员的广告应着重表现专门为满足其需求而设计的产品和服务，且在广告中使用来源于专业人员公认的专业术语和特殊的环境。另一方面，由于这些专业人员具有专业的权威性和影响的广泛性，往往成为其他消费者或用户购买行为的重要影响者。例如，患者只有凭借执业医师处方可购买处方药，且在医师、药师或其他专业人员指导下购买非处方药等。因此，将专业人员单独划分并进行研究是十分必要的。

企业的广告活动，可能以普通消费者为目标对象，也可能以生产企业、商业企业、专业人员为目标对象。具体如何决定，取决于企业在特定营销环境下的广告目标。由于普通消费者是所有产品和服务的最终消费者，生产企业、商业企业对产品的需求是由普通消费者的需求派生出来的，因此，企业的广告活动最终都要以普通消费者产生实际的购买行为为宗旨，普通消费者是企业广告活动的最终归宿。

二、广告受众的特征

把握住广告受众的特征对了解受众如何接受广告信息和影响具有重要作用。只有把握广告受众特征，才能对广告受众有完整的理解。常见广告受众主要有以下三方面特征。

（一）集群性

广告受众接触广告信息，往往是以个体、家庭的形式出现，处于分散的状态。但由于受到受众个体的特性及社会、经济和文化等多种因素的影响和制约，他们又会形成观念和行为相近或相同的群体。这些群体会产生相近或相同的消费特征，而不同的消费群体也成为不同企业或同一企业不同产品的目标市场，也就成为不同广告的诉求对象。因此，广告受众不是单个的社会人、单个的消费者，而是一个具有相同或者相近的观念和行为的群体。广告战略、广告策略等广告活动中的决策也要依据这个群体中具有普遍性的特征进行。

NOTE

（二）自主性

作为广告受众的每一个人，都有鲜明的个性特征，如强烈的自主意识、创造意识、自尊心等。他们对传播信息的选择、理解和判断，并不轻易被传播者所左右或支配。他们对广告信息的接受从来就不是强制的、被动的、消极的、盲从的，而是自觉自愿的、积极主动的、自主自由的。在广告活动中，广告主以广告受众的需求、喜好为指向，广告公司和广告媒介的工作成效最终要受到广告受众的检验。

（三）互动性

在广告传播过程中，广告受众是受作用的一方，无处不在，无时不在。广告信息作为社会文化的一部分，不仅改变着广告受众的消费观念和消费行为，使其发生趋向于企业预期的变化，也潜移默化地影响着广告受众的价值观念、道德观念和社会行为。但实际上，广告受众在此过程中却是能动的，他们能够对广告活动中的广告信息及信息发送方产生反作用。一方面，广告受众消费需求的扩展、消费欲望的增加，以及消费心理和行为的改变，会促进企业进行生产和销售的革新、广告策略的调整，以及广告信息传播质量的改进；另一方面，广告受众的媒介接触心理和媒介接触行为又是制定广告说服策略和传播策略的根本依据。因此，广告客体对媒介和社会的发展也起到了很大的促进作用。所以，作为客体的广告受众与作为主体的广告主和广告公司之间存在着密切的互动关系。

第二节　广告受众的心理

广告受众并不是被动接受广告信息、消极接受刺激、做出预期反应的客体。相反，他们是信息处理的主体，根据自己的兴趣和需要对广告信息主动地进行选择和加工。广告宣传的终极目的是促进受众对产品的选择，实现购买行为，这就要求商家必须准确地了解和把握受众的消费心理特点，才能对自己的产品营销趋势心中有数，知道自己产品能否吸引消费者，畅销还是滞销，能否给自己带来利润等。可以说，了解并掌握受众心理是广告成功的关键所在。

一、广告宣传与受众心理

广告宣传的效果与受众的广告心理密切相关。一幅优秀的广告作品能醒人耳目、易于理解并牢记于心间，从而感染人的情感、影响人的态度、激发人们购买的欲望并采取购买行动。而且人们由于广告引导购买此商品后，如发现它名副其实，就会更增强对此商品及其生产厂家的好感，对广告宣传也就更加信赖。所以衡量一个广告的成败、好坏的重要标准，就是看广告是否切中受众心理，是否具有感染力，也就是说广告诉求所给予消费者的许诺能否满足消费者的某些动机和需要。

依据传播学的相关理论，影响传播效果的受众方面的因素包括以下几方面。

（一）受众的心理定势

人们在理解活动开始之前，都会不同程度地根据自己的生活经验而预先设定理解对象的应有面貌。这种预先设定事物格局的心理定势常常导致对真实对象的歪曲。

（二）受众的文化背景

受众的行为、观念、习惯是特定文化塑造和熏陶的结果，其对事物的理解也就不可避免地带有鲜明的文化烙印。这种文化背景根植于每一个广告受众的心理图式里，像"过滤器"一样，下意识过滤掉与受众累积起来的传统文化基因相异或相斥的广告讯息，选择性接触、理解、记忆与之一致的广告讯息。因此，理解和把握影响广告受众的文化背景十分重要。

（三）受众的情绪和态度

受众在接触广告时的情绪和态度也直接影响广告的传播效果。愉快的情绪、友好的态度会使受众对理解对象产生积极、正面的理解；反之，则会产生消极、负面的理解。

（四）受众对信息的选择性

选择性是受众接受、理解和储存信息的基本特性，包括选择性接触、选择性理解和选择性记忆方面。选择性接触是人们尽量接触与自己的观点相吻合的信息，而避开相抵触的信息的一种本能倾向；选择性理解是受众依据自己的价值观和思维方式对接触到的信息进行与自己原有的认识一致的，而不是冲突的解释的一种倾向；选择性记忆是受众从已被接收和理解的信息中选出对自己有用、有利、有价值的信息储存在大脑中的过程，这一过程是在无意识中进行的。

（五）受众对传播媒介的接触习惯和认识

不同的受众有不同的媒介习惯，由此决定了受众对不同的媒介具有不同的接触率，从而带来了不同的传播效果。同时，传播媒介在受众看来越可信、越权威，传播的动机越无私、客观，传播的说服效果就越好，反之就越差。

广告心理学认为，消费者选购商品的行为是在为满足某种需要的动机推动下进行的。需要是个体在一定的生活条件下感到某种欠缺而力求获得满足的一种内部状态，是机体延续和发展生命对所必需的客观事物的欲求的反映。人的需要是多层次、多方面的，按照美国心理学家马斯洛的需要层次理论，人的需要从低级（生理性）到高级（心理性）可划分为 5 个阶梯层次，分别是生理需求、安全需求、社交需求、尊重需求和自我实现需求，并且有时是几种需要并存的。

动机是在需要的基础上产生的，是直接推动一个人进行活动以获取满足其需要的事物的内部动因或动力。人的动机也是复杂多样的，一般说来，可以划分为自然动机和社会动机两种。前者与生理需要相联系，后者和社会需要相联系。动机作为一种活动的动力，具有三种功能：一是引起和发动个体的活动；二是指引活动向某一目标进行；三是维持、增加或制止、减弱活动的力量。正是由于具有上述作用，动机的性质和水平也必然会影响到活动的水平和效能。消费者的动机是决定购买的重要因素。

需要和动机对广告宣传的影响有两个方面：一方面，人的需要和由此决定的购买动机通常是由多方面因素决定的；另一方面，在广告宣传中，需要与动机表现出来的某些规律性，如商品购买中的求实、求廉、求新、求异、求美的心理特点，以及求知、求情、求乐的心理惯性特点。可以说，广告宣传中并不一定要特别突出广告对注意、感觉、知觉的功能，但却需特别突出人的需要和动机。广告宣传的心理学方法，就在于对广告宣传对象和广告宣传过程的社会动机进行分析。在广告活动中，消费者心理需要所具有的伸缩性、复杂性、发展性和可变性等特点，直接影响并指导着广告的宣传。因此，广告宣传就必须适应和满足消费者的心理需要，必须想方设法让消费者选择你所宣传的商品。同时，广告宣传还必须明了所宣传的商品与人们选

NOTE

择之间的关系，即对商品进行定位，解决人们所担心的问题，打动人们的潜在需要；密切注意人的需要和动机的变化性，及时改变广告宣传策略。

二、广告受众的心理活动过程

广告受众的心理活动过程是指消费者在其购买行为中心理活动的全过程，是消费者不同心理活动对商品的动态反映，一般包括认知过程、情绪过程和意志过程三个部分。

（一）广告受众的认知过程

认知过程指的是消费者对商品的形状、颜色、体积、气味等个别属性相互间加以联系和综合反映的过程。消费者购买行为的心理活动，是从对商品的认知过程开始的，这一过程构成了消费者对所购买商品的认识阶段和知觉阶段，是消费者购买行为的重要基础。在这一过程中，消费者通过自身的感觉、记忆和思维等心理活动，来完成认知过程的全部内容。

消费者通过一定途径获得有关商品的各种信息及其属性的材料，如品名、商标、规格、功能、产地和价格等，产生对商品孤立的和表面的心理印象，然后经过思维加工，在头脑中形成进一步反映商品的整体印象。在这一过程中，消费者始终保持着商品的个别属性与整体形象的联系，以继续发挥感知和表象的认识功能，从而使认识的两个阶段相互转化、交替发展、相互制约和相互促进，完成对商品的认知过程，进而直接影响消费者的购买决策。

（二）广告受众的情绪过程

消费者对商品的认知过程是采取购买行为的前提，但并不等于其必须采取购买行为。因为消费者是生活在复杂的社会环境中的具有思维能力的人，是容易受影响的个体，因此，他们在购买商品时将必然地受到生理需求和社会需求的支配，两者构成其物质欲求的强度。由于生理需求和社会需求会引起消费者产生不同的内心变化，可以造成消费者对商品的各种情绪反应。消费者对待客观现实是否符合自己的需要而产生的行为态度，就是购买心理活动的情绪过程。情绪过程是消费者心理活动的特殊反映形式，贯穿于购买心理活动的评定阶段和信任阶段，因而对购买活动的进行有着重要影响。

消费者的情绪表现，大多数是通过其神态、表情、语气和行为来表达。各种情绪的表达程度也有着明显的差异。消费者在购买活动中的情绪表现，大致可分为三大类：积极的、消极的和中性的。在购买活动中，消费者的情绪主要受购买现场、商品、个人喜好及社会环境的影响。消费者由于有着各自不同的心理背景和美感能力，必然使他们在购买过程中对客观事物或社会现象的反应具有不同的情绪方式，从而导致不同的购买行为。假如情绪反应符合其消费需要，就会产生愉快、喜欢等乐观态度，从而导致购买行为；反之，如果违背其消费需要，则会产生厌恶的悲观态度，就不会产生购买行为。

（三）广告受众的意志过程

在购买活动中，消费者表现出有目的地和自觉地支配和调节自己的行为、努力克服自己的心理障碍、实现其既定购买目的的过程，为消费者心理活动的意志过程。它对消费者在购买活动中的行动阶段和体验阶段有着较大影响。

消费者的意志过程具有两个基本特征：一是有明确的购买目的。消费者的购买行为都是有一定目的的，都是为了满足某种需要，有意识、有计划实行的，这种意识与目的性的联系，集中体现了人的心理活动的自觉能动性。二是排除干扰和困难，实现既定目的。一个复杂的意志过程，是在确立购买目的之后，从拟定购买计划到实现购买计划，往往还需要付出一定的意志努力，克服内在困难，排除外在障碍，才能把决定购买转化为实行购买。

总之，广告受众心理活动的认知过程、情绪过程和意志过程三者相互依存、密不可分。意志过程有赖于认知过程，并促进认知过程的发展和变化；同时，情绪过程对意志过程也具有深刻的影响，而意志过程又反过来调节情绪过程的发展和变化。

三、广告受众的心理特点

任何一则广告都是通过影响受众心理，从而启迪受众或引发受众的购买行为而发挥作用的。这就决定了广告设计和受众心理之间的密切联系，即受众心理是广告设计的前提或基础。为了有效地发挥广告的引导和促销作用，广告设计人员应研究受众的各种心理现象，了解受众心理的基本特点，根据受众心理进行广告设计。也只有以受众心理为导向，才能增强广告设计作品的心理渗透力，使之更有效地影响受众，实现广告宣传的预定目标。

受众心理指广告受众对客观现实，如企业形象和商品形象的客观的综合能动反应。研究受众心理实质是研究其基本特点，进而在把握它的基础上，有的放矢地进行广告设计。而一般来说，受众心理的基本特点主要体现在以下几个方面。

（一）需求心理

需求心理是受众普遍存在的心理现象。它与受众的各种心理活动都有密切关系，并对受众的行为产生重要影响。为此，广告宣传要特别突出受众的需求，并适应和满足受众的需求心理。

（二）好奇心理

好奇心理也称喜新心理，是一种直接兴趣，是不需引导即可产生的一种关注与感兴趣的心理指向，它不是出于得益动机，而是一种无专门目的的、感受上的愉悦与满足。在广告宣传活动中，受众对于奇怪、少见的宣传信息和反常、超常的宣传形式，常常会表现出强烈的关注和浓厚的兴趣，这就是好奇心理的反应。因此，广告设计可以广告内容的新奇来满足受众的接受需求，以手法新奇来刺激、引起受众的集中注意。

（三）从众心理

从众心理或称遵从心理。在这种心理状态下，个体的行为总是尽可能地与群体的总趋向相一致，使群体影响由压力变为动力。当受众感知所属群体对某种广告信息持肯定或否定态度时，就易采取与群体相一致的态度；当群体中的各个小团体意见不一致时，受众就会感到矛盾和不安，并最终倾向于选择与优势团体相一致的广告信息。而且，在广告宣传实践中可以发现，受众对于被群体认同的广告更容易产生共鸣。

（四）表现心理

表现心理即在群体面前显示自己优势的一种欲望，这种心理现象与从众心理相互联系、相互补充。人们在遵从优势力量的同时，潜藏着使自己成为优势力量的愿望，希望得到群体的肯定或奖励，其表现的最高程度便是成为英雄或主角。表现欲进一步发展，便是领导欲和支配欲，其心理机制与从众欲相通。

总之，广告与受众的心理关系是密不可分的，一个成功的广告设计师必须要了解广告受众的心理，才能事半功倍，设计出优秀的广告作品。否则，其设计的广告作品就不易为受众所接受，达不到广告的推销或说服目的。

第三节　广告受众的权利

广告受众在广告传播活动中虽处于一种相对被动的状态，但这并不意味着广告受众在广告活动中无所作为，任凭广告传播者控制。相反，随着社会文明的进步和受众权益保护观念的发展，有着特定角色的广告受众在广告活动中也就有了相应的权利，广告传播者应当尊重广告受众的权利。广告受众的权利主要包括以下几方面。

一、接收真实信息的权利

获得真实而完整的信息，是受众判断消费价值，并采取合理的购买行为的基本依据。由于广告传播特性的制约，广告受众难以直接从广告作品中获取比较完整的商品和服务信息，所以，广告作品中传达的有限信息的真实性就显得尤为重要。广告受众有接收真实信息的权利，对此，世界各国的受众权益保护法和广告法都做了相应的法律规定。在我国，广告受众的这一权利是受国家法律保护的，如《中华人民共和国广告法》中的许多条款，对此都有比较细致的规定。在《中华人民共和国消费者权益保护法》中，将利用广告欺骗受众的行为视为非法行为。另外，在《中华人民共和国反不正当竞争法》中，还将虚假广告列为不正当竞争行为的具体表现形式之一。上述各项法律对虚假广告的法律责任，还做了严格的规定，充分说明国家对保护广告受众这一权利的重视。

二、利益不受侵害的权利

广告是有一定社会影响的劝说性传播活动，广告活动的社会影响不仅在于其信息传播的广泛性，更重要的是其对广告受众实际消费行为的诱导、激发和推动。虚假广告的危害也不仅在于其信息的虚假欺骗了广告受众，更在于使受众受其影响而采取了实际购买行为或其他消费行为，使受众的物质利益受到了实际损害。对此，受众不仅有接受广告传播者更改悔过的权利，更有向有关当事人进行物质索赔、保证物质利益不受侵害的权利。这也是法律确定并予以保护的权利之一。如《中华人民共和国广告法》规定："发布虚假广告，欺骗和误导消费者，使购买商品或者接受服务的消费者的合法权益受到损害的，由广告主依法承担民事责任；广告经营者、广告发布者明知或者应知广告虚假仍设计、制作、发布的，应当依法承担连带责任。广告经营者、广告发布者不能提供广告主的真实名称、地址的，应当承担全部民事责任。"

三、质询的权利

广告受众在接收到广告作品中的有关信息后，有向广告传播者一方的有关当事人就信息的真实性、确切含义等问题提出质问和咨询的权利，广告传播者一方的有关当事人也有义务向提出质询的广告受众做出证明或说明。

四、人格受尊重的权利

人格受尊重的权利具体体现在两个方面：一是广告受众的人格，不因性别、年龄、民族、宗教、种族、健康等因素，被广告传播者在广告作品中歧视和侮辱。在这方面，性别歧视是比较多见的一种表现。二是广告受众的判断力不被愚弄。现代大众传播媒介的影响力是巨大的，一般受众对大众传播媒介都抱有比较信任的态度，有的广告传播者即利用人们的这种心态玩弄一些文字游戏，使广告受众的判断力受到愚弄，同时也使广告受众的人格尊严受到侵害。

五、社会良好风尚不被嘲弄和违背的权利

社会良好风尚是为社会普遍尊重和遵守的道德规范和行为准则，对这些道德规范和行为准则的嘲弄和违背，实际上也是对社会大众总体人格的一种亵渎，是侵害广告受众人格的一种表现。

六、诉讼的权利

从法律角度来看，广告行为实际上就是一种民事法律行为，比如，从合同法的角度来看，广告活动实际上就属于一种合同法律行为。有些类型的广告作品的发布活动属于合同行为中的要约引诱，如广告作品中标有产品价格、邮购方式等具体内容的广告作品的发布，就是一种要约，广告传播者一方的各有关当事人在实施这些行为时，也就意味着承担了相应的法律责任。而作为这种民事行为的另一方当事人的广告受众，在其合法权益受到侵害时，就有提出民事诉讼的权利。

第四节　广告受众的购买行为

一、影响广告受众购买行为的因素

不管广告受众采取哪种购买行为，都有其原因，影响其行为的因素主要有以下几点。

(一) 文化因素

文化是人类欲望和行为最基本的决定因素。人类创造了文化，又无时无刻不受文化的影响和制约。我国当代的文化形态是传统文化、西方文化、意识形态文化相互冲撞、相互接纳的产物。亚文化是一种文化中更有个性的一部分，指某一文化群体所属次级群体的成员共有的独特信念、价值观和生活习惯，是与主文化相对应的那些非主流的、局部的文化现象，如中原文化、楚文化、老乡文化、打工文化等。许多亚文化（如老年群体）构成了重要的目标市场。人类的文化认同、文化归属特性，使广告传播有可能借助于文化与受众沟通。

(二) 社会因素

人是社会关系的总和，各种社会因素对消费者的购买行为有非常大的影响。家庭是社会中最主要的购买组织，同样的家庭角色在不同的国家和地区在相同的产品购买上，具有不同的影响力。就我国目前而言，妇女和儿童的作用在逐渐增强。

相关群体是直接或间接影响受众的群体，包括家庭、朋友圈、同事、邻居等成员群体，希望从属的崇拜性群体，拒绝接受的隔离群体等，其中的"意见领袖"（Opinion Leader）是撬动市场的杠杆。

不同的社会阶层有不同的价值观和行为方式，也有不同的产品偏好、品牌偏好、审美偏好和广告偏好等。按照社会学家陆学艺的观点，当代中国可分为十大阶层，即国家与社会管理者、经理人员、私营企业主、专业技术人员、办事人员、个体工商户、商业服务人员、产业工人、农业劳动者、城乡无业及失业和半失业人员。这些不同社会阶层的受众在产生购买行为时往往结合自己的角色和地位来考虑。

（三）个人因素

影响购买行为的个人因素主要有生理因素、心理因素、现实需要、职业、经济支付能力等。性别导致不同的消费取向和选购考量，在商品类型、购买方式等方面存在很大的差异。相貌的差别也造成在商品购买方面的不同。年龄导致的家庭生命周期（包括单身阶段、新婚阶段、满巢阶段、空巢阶段、鳏寡阶段）和心理生命周期（依赖、独立、再依赖），在不同的阶段有不同的消费侧重。个性和自我概念（实际自我概念、理想自我概念、他人自我概念）也会影响到消费者对商品种类、品牌的选择。

（四）来自企业自身因素

受众的需求和购买行为是通过企业的供应活动实现的，因此，影响消费需求与购买行为的许多因素来自于企业。产品是消费者需求与购买的对象，产品的内在质量、功效、规格、包装等都是影响消费需求与购买行为的重要因素。

二、广告受众购买行为基本模式

广告受众购买行为研究的关键是弄清受众在以下一系列问题上的决策：谁参与购买活动（Who）？他们购买什么商品（What）？他们为什么要购买（Why）？他们在什么时候购买（When）？他们在什么地方购买（Where）？他们准备购买多少（How many）？他们将如何购买（How）？

这些决策是受众在外部刺激下产生心理活动的结果。外部刺激被受众接收后，经过一定的心理过程（购买者的黑箱）而产生的看得见的行为反应，叫作受众购买行为模式。所谓"黑箱"，是指人们不能或暂时无法分解、剖开以直接观察其内部结构，或分解、剖开后其结构和功能即遭到破坏的系统。黑箱概念只有相对的意义：同一系统对不同主体来讲，可能是黑箱，也可能不是黑箱；随着主体认识的提高，黑箱也可转化为灰箱或白箱。因为受众心理过程对企业而言是不易捉摸的，故借用此概念。而对于企业来讲，对受众购买行为的分析和研究中最重要的恰恰是对受众黑箱中发生的情况的分析和研究，以便安排适当的"市场营销刺激"，使受众产生有利于企业市场营销的反应。经验表明，受众黑箱中包括两个主要方面，一是"购买者特性"，它会影响购买者对外界刺激的反应；二是"购买者决策过程"，它会直接决定购买者的选择。

购买者行为的基本模式是：营销刺激和其他刺激——购买者的黑箱——购买者的反应。

三、广告对受众行为的影响

广告的功能是使受众对商品形成明确的概念，诱发受众的感情，引起购买欲望，促使购买行为发生。通过对受众行为的分析，进而力求使一则广告包含更多的信息量，以便有针对性地作用于受众购物的全过程，增强广告的效果。受众购买决策过程一般包括五个阶段：认识需要、收集信息、评估选择、购买决策和购后行为。

（一）认识需要

购买过程开始于认识需要——购买者认识到一个问题或需求。需求可能由内部刺激引起，也可能由外部刺激引起。如饥、渴可以驱使人寻求可供吃、喝的东西；而超市里诱人的食品、饮料，也会引发人的饥渴感。

广告人应了解与广告产品种类有关的实际的或潜在的需要、在不同的时间里这种需要的程度，以及这种需要会被哪些诱因所触发。这样，可以通过合理的、恰当的广告引导，在适当的时间、地点，以适当的方式引起需要。

（二）收集信息

如果引起的需求很强烈，周围又有现成满意的产品，那么受众极有可能进行直接购买；但若不能立即得到该产品，强烈的需求就会使受众产生注意力去寻求更多有关该产品的信息资料。受众可以从下列来源中寻求信息：个人来源，如家庭、朋友、邻居、熟人；商业来源，如广告、销售人员、经销商、包装、陈列；公共来源，如大众媒体、受众信誉机构；经验来源，如接触、检查及使用某产品。广告在这个阶段要通过多种媒介来引起受众的需求，并帮助人们记忆广告的内容，以便完成从知觉到坚信的心理程序，达成购买决策。

（三）评估选择

受众利用从广告传播得到的资料，进行分析、对比，评价商品，做出选择。为了让受众做出有利于自己的选择，广告设计人员应了解评估选择，即受众如何利用信息来评价可供选择的品牌而做出抉择。第一，受众会把产品看成是一系列产品属性的集合；第二，受众会根据他（她）独特的需要和希望而区别不同属性的重要性程度；第三，受众会形成一系列关于各个属性中不同品牌的性能如何的品牌信念；第四，受众期望的产品的满意程度随不同的属性水平而变化；第五，受众通过某种评价程序而形成对不同品牌的态度。

（四）购买决策

并非所有感到需要的人都会进行购买，有些人的需要在购买前的心理过程中会逐渐衰退，或徘徊于"不确定"之中。采取购买行为之前，需要做出购买决策。购买决策是许多项目的总抉择，包括购买何种商品、品牌、款式、数量等。受众对某一项目做出抉择时，又会受到很多因素的影响与制约，如个人行为因素、环境因素、经济因素等。经过比较，在众多的商品里挑出自己最钟爱的商品。

因此，在受众的购买决策阶段，一方面，要向受众提供更多详细的有关产品的情报，便于受众比较优缺点；另一方面，则应通过各种销售服务，形成方便顾客的条件，加深其对企业及商品的良好印象，促使其做出购买本企业商品的决策。

（五）购后行为

受众购买商品后，往往会通过使用，或通过家庭成员与亲友的评判，对自己的购买选择进行检验，重新考虑购买这种商品是否明智，是否符合自己的预期，这就形成了购买后感受。由于有的受众过高地估计了商品的质量，购买后容易产生疑虑，怀疑自己所做的购买决策是否适当，即产生认识的不和谐性。这种不和谐的程度，随着使用中预期效果的实现程度和需求的满足程度而发生变化。

购买后感受是一种重要的信息反馈。行为影响态度，态度又影响以后的行为。如果已购买

NOTE

的产品不能给受众以预期的满足，使其产生失望的情绪或在使用中遇到困难，受众就会更正其对该商品的态度，并在今后的购买行为中予以否定，不仅自己不会重复购买，而且还影响他人购买。如果所购买的产品使受众的需求得到满足，就能使销售者和受众建立起良好关系，并因此吸引更多的顾客。因此，企业的明智之举是定期评估顾客的满意程度并采取额外的行动来减少顾客购买后的不满意程度。

广告受众指的是广告信息的接受者与消费者。两者的关系既有统一性又有背离性。广告首先强调的是传播效果，受众面越广越好。其次要在沟通的基础上诱导受众成为商品或劳务的消费者，这是广告成功的关键。而把广告信息的受众转化为消费者还需要一个过程。

制作符合受众心意的广告首先要研究受众的特征、权利与心理，满足了受众的需要，才能达到预期的效果，否则，广告只能是无源之水，无本之木。

现代广告的指导思想以消费者为中心。消费者了解了广告信息并不等于就会去购买该产品，因此，广告人还应分析其消费动机与特性，因势利导，使广告有针对性地作用于消费者购物的全过程。

第五节　广告受众的信息传播处理过程

一、广告受众的信息传播过程

广告作为一种信息传播过程，其有效性要从信息传播的角度来度量。广告信息传播由发送者（sender）、接受者（receiver）、信息（message）、媒体（media）、编码（encoding）、解码（decoding）、反应（response）、反馈（feedback）及噪音（noise）9个要素构成。

在信息传播整个过程中包含了传播参与者、传播工具、传播功能和外部影响四类要素。其中发送方（信源）与接受方是主要的传播参与者，信息、信道是信息工具，编码、解码、反应和反馈四项是主要的传播功能，而噪音则是参与传播并损害传播效果的各种无关的外生变量。发送方（信源）经过编码就成为广告信息（包括直接信息和间接信息），进入信道，这一过程涉及的范围称为发送方经验区。通过信道，信息由接收方接收并解码，即进入消费者知觉范畴，这一过程所涉及的范围称为接收方的经验区。接收方对广告知觉进行处理，产生某种消费行为就是其对广告信息的反应，这种反应效果通过种种途径被广告发送方（信源）获知，称广告信息的反馈。整个广告信息传播过程常常会受到无关因素，即噪音的影响。

二、广告受众的信息处理过程

广告信息经过接受方解码后，就进入了广告信息的处理过程。"涉入理论"和"精细处理可能性模型"对广告处理进行了更深入的研究。

（一）涉入理论

1. 涉入的概念　涉入（involvement）指在特定状态下由某刺激引发的、被认知的关联性及个人的重要性程度。消费者涉入与动机密切相关，根据动机的特性又可以分为认知涉入和情感涉入，或称理性涉入和感性涉入。认知性（cognitive）涉入是由个人关联性的利益动机引发的，而情感性（affective）涉入是由价值表现（或自我形象表现）引发的。例如，为获得有关品牌的信息而看电视广告的消费者就属于认知性涉入，而以浓厚兴趣来看电视广告的消费者就属于情感性涉入。

2. 涉入强度 消费者涉入强度是指在特定状况下由刺激引起的心理能量的程度，一般用高涉入和低涉入来区分。沃恩（Vaughn）和贝格（Berger）提出了著名的FCB矩阵。FCB矩阵从高涉入、低涉入和理性、感性两维角度对产品进行分类，并按类型提出消费者购买决策模型和相应的广告战略。

（二）精细处理可能性模型

精细处理可能性模型（ELM）描述了信息处理深度或认知涉入程度对态度改变的影响。该模型的内容大致如下。

广告刺激的信息处理通过两条线路来进行，即中枢线路（central route）和边缘线路（peripheral route）。在实际广告传播情境中，广告刺激通过哪一条线路依据受众的认知处理深度而定。如果受众进行认知精细处理，即深度处理，那么广告内容就遵循中枢线路。换句话说，处理程度越高，中枢线路就占主导。反之，当处理程度低时，边缘线路就成为处理广告内容的主要途径。

中枢线路信息是产品的主要信息和品牌信息，如产品的性能、特性、用途等。边缘线路传递的信息是指广告情境及一些次要的品牌特征，如背景音乐、广告布景、模特和产品外观等。如果边缘信息存在，消费者就会发生暂时的态度改变；如果边缘信息不存在，消费者就会保持或重新获得原来的态度。

两条线路的说服效果是不一样的。中枢线路的说服效果比较持久，对消费者的行为变化有着较强的预测力。边缘线路的说服效果很短暂，消费者的态度即使有所改变，也可能因时间的推移而逐渐恢复原来的态度。由此可以得到一个重要的启示：在广告中，最好提供强有力的论据，对受众进行理性的说服，促使其产生持久积极的态度变化。如果做不到这一点，那么至少也要提供一些重要的边缘信息，促使消费者发生暂时的态度变化。

【案例】

王泉诉东方肾脏病医院邮购药品赔偿纠纷案

一、基本案情

东方肾脏病医院（以下简称肾病医院）在《四川日报》刊登了《治疗肾脏病尿毒症的新希望<东方肾脏病医院全息根治疗法>》，该广告对肾脏病、尿毒症的中医全息根治疗法的特点、疗效、治疗方式等进行了介绍，王泉看到这则广告后，向肾病医院进行了咨询，该医院对王泉的咨询信件做了回复，内容为其医院中医全息根治疗法能从根本上治疗肾脏病。2003年10月~2004年10月，王泉向肾病医院购买价值20180元的"东方生力散""东方肾病胶囊"和"GS系列全息治疗仪"。王泉服用所购药品并使用所购治疗仪后，病情未得到改善。2005年2月，王泉以肾病医院的广告宣传不实，向山东省潍坊市工商行政管理局做了反映，该局回复已对肾病医院违反广告法发布的医疗、内部制剂广告问题进行了立案调查处理，并责令其停止发布违法广告。据此，王泉向四川省泸州市江阳区人民法院起诉，要求肾病医院和《四川日报》双倍返还医疗费用40360元。一审中王泉撤回对四川日报社的起诉。

二、裁判结果

一审法院认为，肾病医院刊登的广告内容和出具给王泉的信件中隐含了能够根治肾病的信息，误导王泉接受肾病医院的治疗，使王泉花费了不必要的治疗费。这种误导行为损害了王泉的合法权益，应当承担民事责任。王泉要求肾病医院双倍返还医疗费的主张合法，该院予以支持。该院依照民法通则第122条、消费者权益保护法第49条的规定，判决肾病医院赔偿王泉40360元，一审诉讼费由肾病医院承担。肾病医院不服一审判决，以其未损害王泉的合法权益为由向泸州市中级人民法院提起上诉，请求该院撤销原判，驳回王泉的诉讼请求。

二审法院认为，肾病医院在报纸上刊登虚假广告的行为，违反了广告法第14条的规定，即广告不得含有不科学的表示功效的断言或者保证，也不得有说明治愈率或者有效率的内容。王泉因受该医疗广告的误导，购买了肾病医院的药品及治疗仪器，从而遭受经济损失。作为广告主的肾病医院应当承担赔偿责任。根据广告法第38条的规定，广告经营者和发布者应当承担连带责任。但王泉自愿申请撤回对四川日报社的诉讼，是其对诉讼权利的处分。本案不是基于药品或者治疗仪导致人身伤害而产生的损害赔偿诉讼，而是基于违法广告误导了王泉，使其在信任肾病医院能够根治肾病的情况下，购买该医院的药品和治疗仪，经过治疗后未达到广告所宣传的效果，从而造成的经济损失。该院依照消费者权益保护法第39条、第49条和当时的民事诉讼法第153条的规定，于2007年2月判决驳回东方肾脏病医院的上诉，维持原判。

（来源：中国法院网 http：//www.chinacourt.org）

讨论：

试分析本案中的广告受众王泉属于哪种广告受众的类型，案例中的违法广告违反了哪些规定。

【思考题】

1. 广告受众心理的基本特点主要体现在哪几个方面？
2. 影响广告受众购买行为的因素有哪些？
3. 广告受众的权利包含哪些内容？
4. 广告受众购买决策过程包括哪些阶段？
5. 广告信息传播过程的9个要素是什么？

第四章　广告计划

【学习目标】

1. 掌握广告计划的内容和程序及广告预算的编制方法。

2. 熟悉广告预算的含义、内容和作用。

3. 了解广告计划的含义、分类、特点和作用。

广告计划是根据企业的营销目标、营销战略和广告目标等要求所制定，并通过文字、图表等形式说明的有关广告活动的具体执行方案和行动指南。完整的广告计划主要包括以下内容：广告的市场分析、广告战略、广告策略、广告预算、广告效果预测。企业应遵循组织原则和内容拟定原则，按照工作程序拟定详尽可行的广告计划书，指导企业广告活动的开展。

第一节　广告计划概述

一、广告计划的含义

计划是管理的首要职能，没有计划就没有管理。把计划放在管理职能的首位，不仅是因为从管理过程的角度来看，计划先行于其他管理职能，而且因为在某些场合，计划是付诸实施的唯一管理职能。计划的结果可能得出一个决策，即无需进行随后的组织、领导、协调及控制工作等。计划居于首位的原因还在于计划影响和贯穿于组织、领导、协调和控制等各项管理职能当中。广告计划是企业一定时期内广告活动的全面规划和整体安排。广告计划的具体表现形式就是广告计划书。

二、广告计划的分类

根据市场环境和产品特点，企业需要制定不同类型的广告计划来开展广告活动。

（一）按广告计划的时间性划分

按广告计划的时间性，可以分为长期广告计划、中期广告计划和短期广告计划三类。

1. 长期广告计划　长期广告计划的期限一般为 2～5 年，是根据企业的长期发展战略和市场营销任务的要求来制定的。长期广告计划具有长期性、系统性、全局性和动态性的特点。长期广告计划应当根据市场环境的变化和企业发展战略规划的实施情况，不断进行调整和修订。

2. 中期广告计划　中期广告计划也称年度广告计划，是企业在一年内按季分月制定的系列广告活动规划。中期广告计划是依据企业年度经营目标和销售计划制定的，主要包括明确本年度内广告目标及编制广告预算等内容。中期广告计划操作性比较强，广告计划的内容要求全

NOTE

面具体，指标量化，切实可行。一般而言，企业较常采用中期广告计划。

3. 短期广告计划　短期广告计划又叫临时广告计划，是指企业针对临时性的广告任务所制定的广告计划。这种广告计划带有明显的机动性和灵活性，是中长期广告计划完成过程中的补充和完善。短期广告计划期限一般为一个月至半年，是对一次广告活动的安排，目的是为了在较短时间内促进产品的销售。

（二）按广告性质划分

按广告性质可划分为战略广告计划和战术广告计划。

1. 战略广告计划　这是另一层意义上的长期广告计划，它是在企业长期发展战略的基础上制定的，是关乎企业长期广告活动的发展战略。如结合企业营销目标和产品的生命周期曲线，决定何时何地、以何种形式在市场上推出新产品，达到多大的市场占有率，并提高企业和产品的知名度和美誉度。

2. 战术广告计划　这是企业为组织某一项特定广告活动或为了达到某一广告目标而制定的广告活动规划，如短期广告计划。战术广告计划的内容具体，操作性强，广告效果明显，极受企业的青睐。

（三）按广告媒体划分

按广告媒体可以分为组合媒体广告计划和单一媒体广告计划。

1. 组合媒体广告计划　组合媒体广告计划是指运用两种及两种以上媒体的广告计划。如利用报纸、杂志、广播、电视、网络等媒体组合，宣传某一产品或服务的广告计划。

2. 单一媒体广告计划　单一媒体广告计划是指仅利用一种媒体进行宣传的广告计划。如公交站牌广告计划、车身广告计划等。

（四）按广告内容划分

按广告内容可以分为专项广告计划和综合广告计划。

1. 专项广告计划　专项广告计划是在企业营销过程中，对单项产品、具体劳务及形象所制定的广告计划。

2. 综合广告计划　综合广告计划是指在企业整体活动过程中，对各项产品、各种劳务及综合形象所制定的广告计划。

第二节　广告计划的特点与作用

一、广告计划的特点

（一）目的性

广告计划的制定最终是为了目标的达成。在广告计划中，规定了某项广告策划活动所要实现的目标，并对如何完成这一目标、企业所面临的问题及市场机会等加以阐述。

（二）针对性

广告计划具有较强的针对性。一方面，广告计划要考虑企业开展广告活动所处的市场环境，包括宏观环境和微观环境；另一方面，广告计划也要考虑本企业的实际情况，包括企业的营销目标、营销战略和资源条件等。总之，从实际出发制定出来的广告计划，才是有意义、有价值的广告计划。

（三）可行性

广告计划应当可行，需要将多方面的工作用文字的形式表达出来，标明完成相关广告工作所要采取的步骤、时间安排等，用以指导和控制整个广告策划活动的运作。广告策划者可以根据广告计划有条不紊地开展广告宣传活动。

（四）约束性

广告计划一旦制定，就成了广告活动必须遵守的行动准则和努力方向，因此广告计划具有一定的强制性和约束性。无论是集体还是个人都必须按广告计划的内容开展工作和活动，不得违背和拖延。虽然不排除计划中所做的灵活性安排，但这种灵活性只是在一定范围内的有限的灵活。

二、广告计划的作用

（一）广告计划是广告活动的依据

广告计划不仅在宏观上规划着整个广告活动的发展方向，指导着广告策划活动的全过程，还对广告各个环节具有微观指导作用。广告计划对广告产品、广告媒体等各项策略都要做出说明，在微观上规定着各种广告策略及实施方法，指导着广告活动各个具体环节的进行。

（二）广告计划是合理配置资源、减少浪费、提高效益的手段

广告计划工作的重要任务是使组织的有限资源得到更合理的配置，使企业的广告活动均衡发展。预先进行认真的广告计划能够消除不必要广告活动所带来的浪费，能够避免在今后的广告活动中由于缺乏依据而进行轻率判断所造成的损失。由于有了广告计划，广告工作中成员的努力将合成一种组织效应，这将大大提高工作效率从而带来经济效益。

（三）广告计划是降低风险、掌握主动的手段

未来的情况是不断变化的，广告计划是预期这种变化并且设法消除变化对广告活动造成不良影响的一种有效的手段。广告计划作为对企业广告活动的一种筹划，必然会对未来的各种情况进行预测，针对各种变化因素制定各种应对措施，使企业未来广告活动的风险大大降低。

（四）广告计划是制定控制标准的依据

广告计划的重要内容是广告目标，它是制定控制标准的主要依据。有了控制标准才能衡量广告活动实际实施的效果，发现偏差，及时纠正，使广告活动不脱离管理者所期望的发展方向。

第三节　广告计划的内容与程序

一、广告计划的内容

广告计划内容丰富，涵盖了广告活动的全部领域。在广告策划活动中，企业可以根据自身营销战略和发展目标的需要，选择不同的广告计划类型，突出不同的内容和重点。一般来讲，

NOTE

完整的广告计划主要包括以下内容：广告的市场分析、广告战略、广告策略、广告预算、广告效果预测。

（一）广告的市场分析

广告的市场分析是在广告调研的基础上，对所获得的资料进行研究。它是编制广告计划、开展广告活动的前提，是广告策划活动取得成功、实现广告目标的基础。主要包括宏观环境分析、企业分析、产品分析、消费人群分析、竞争对手分析等。

1. 宏观环境分析　广告的宏观环境包括政治法律环境、经济环境、社会文化环境和科学技术环境。宏观环境发挥着很大的作用，它不但从根本上决定广告的生存和发展，而且对广告内环境发生作用。如经济环境是广告生存和发展的决定性因素，它全面影响广告内环境、广告本体和主客体；科学技术环境主要影响广告的技术水平；社会文化环境的影响则主要体现在对客体需求、广告的文化内涵、不同社会文化环境中的受众对广告的接受程度的影响。广告策划人员对宏观环境进行分析时，主要从以下几个方面着手：①政治法律环境。政府的政策是否有利于企业开展广告活动，广告相关法律法规的制定对广告活动的影响。②经济环境。经济的内在需求、发展进程及经济景气与否。③社会文化环境。社会发展程度、人们生活方式的转变、不同地区人们的文化背景等。④科学技术环境。信息传播技术、广告制作技术水平的发展与提高。

2. 企业分析　如果广告着重的是对企业的宣传，就应对企业的经营历史、技术水平、经营特色及在市场中的地位，特别是企业的发展战略目标等进行深入了解，从中发现企业的亮点，为确定广告主题提供素材。广告策划人员对企业进行分析时，主要从以下几个方面着手：①企业的经营历史、规模、特色、文化、声誉及业绩。②企业在市场中的地位，是领导者还是挑战者、追随者或利益者。③企业的技术水平、新产品研发能力、员工的知识背景和能力。④企业过去的广告宣传情况、广告主题的确定、广告媒体的选择及广告宣传的效果。

3. 产品分析　广告计划中对企业产品进行分析，目的是了解产品的特征，决定广告宣传时的诉求重点。具体包括以下内容：①产品的功效、质量、价格、包装、技术含量及售后服务。②产品品牌的历史背景、市场定位、品牌资产及与产品属性之间的联系。③产品的延伸价值。④产品的市场销售状况及成长趋势。⑤消费者对产品的认知度、好感度和美誉度。⑥该产品过去广告宣传的主题、广告创意、常用的传播媒体。

4. 消费人群分析　广告计划书中应当对消费人群进行分析。在广告调研的基础之上，分析此产品的主要消费人群，掌握他们的消费偏好和习惯。消费人群分析应包括以下具体内容：①目标市场的规模，即消费者和潜在消费者的人数。②目标市场上消费者的人口统计方面的特征，如年龄、性别、职业、收入水平、宗教信仰、受教育程度、所处社会阶层等。③消费者的购买习惯、购买心理、媒体习惯及需求趋势。④消费者对产品及其价格的态度，对产品附加价值的要求、对产品及品牌的认知程度及忠诚度。⑤广告对消费者的影响程度。

5. 竞争对手分析　在市场经济中，竞争无处不在，知己知彼方能百战不殆。广告计划书应当详细地分析竞争对手的状况，主要包括以下几个方面：①企业的直接竞争对手、间接竞争对手有哪些。②竞争对手的优势和劣势是什么，有哪些经营特色。③竞争对手在市场中的地位、营销策略、广告主题、广告内容、创意及媒体组合。④竞争对手在广告中失败的教训和成功的经验。

（二）广告战略

广告战略指的是广告发布者在宏观上对广告决策的把握，它是以战略眼光为企业长远利益考虑，为产品开拓市场着想，也就是所谓"放长线钓大鱼"。制定广告战略的目的是为了提高广告宣传效果，使企业以最低的开支达到最好的营销目标。在当今市场竞争日趋激烈的情况下，一个企业、一种产品要在市场上取得立足之地，或者为了战胜竞争对手以求得发展，几乎都与正确地运用广告战略有着密切关系。在广告计划中，广告战略主要解决的是广告活动所要达到的目标，广告投放的区域，广告投放的目标人群及广告诉求重点等问题。

1. 广告目标　广告目标指广告活动所要达到的具体目标或通过广告的传播所要获得的效果。任何广告的目标都有一致性，即通过广告传播来刺激消费者产生购买欲望，进而产生购买行为，在促进产品销售的同时树立企业的良好形象。但不同企业在不同时期所面临的广告任务不同，其所追求的具体目标也不一致。因此，企业应针对自身的实际情况，制定出具体的广告目标。

2. 广告投放区域　广告投放区域主要是指广告信息的传播地区。在广告计划中，一般要根据市场调研和产品定位的结果，决定产品的目标市场及广告投放区域，并说明选择该市场的理由，明确广告传播的具体区域，为广告创意策略和媒体策略的决策提供依据。

3. 广告受众　广告受众是指广告投放所面向的特定人群，也就是广告的传播对象和诉求对象。在广告计划中，一般要在市场和产品分析的基础之上，根据企业自身形象和产品特色，说明广告受众的人口数量、地理分布、所在区域、年龄、性别、职业阶层、收入状况等情况，以及广告受众的生活方式和消费习惯，以确定相应的广告策略。

4. 广告诉求重点　广告诉求重点一般是指广告的宣传重点，也就是"卖点"。在广告计划中，主要是要考虑产品价值、功效及消费者心理，明确以怎样的方式突出广告宣传的重点，并能为消费者所理解和接受，以达到广告计划所追求的目标。

（三）广告策略

广告策略是指广告策划者在广告信息传播过程中，为实现广告战略目标所采取的对策和应用的方法、手段，主要包括媒体策略、创意策略和信息传播时机策略。

1. 媒体策略　媒体策略指选择并运用广告媒体的方法。在广告计划中，媒体策略主要说明媒体的选择运用、媒体的组合计划及广告的发布频率、发布日期、版面大小、时间长度等。不同的媒体策略对广告费用、广告设计风格、广告效果产生的影响都不同。广告媒体策略就是要在众多的媒体中做出选择，以最经济的广告支出实现最佳的广告传播效果。

2. 创意策略　创意策略指广告信息的创意构思和创作风格。在广告计划中，通常要根据广告战略，说明广告主题的选择及表现方式，提出广告设计、制作方案的基本要点，交付有关部门进行具体设计制作。目前比较常采用的广告创意策略有 USP 广告策略、品牌形象策略、广告定位策略等。

3. 信息传播时机策略　信息传播时机策略主要是把握广告信息如何在恰当的时间以适当的方式传递给广告受众。主要有集中时间策略、均衡时间策略、季节时间策略、节假日时间策略。

（四）广告预算

广告预算是广告活动所需费用的匡算，是企业投入广告活动的资金使用计划，是广告计划

NOTE

的一个重要组成部分。广告预算是广告活动得以顺利进行的经济保证，它不仅制约着广告的制作，而且制约着广告媒体的选择和发布频率。在广告计划中，要提出广告费用的总额和经费分配方案，具体说明经费使用项目和相应数额，并详细列出媒体价格。如有必要，可以用文字与表格相结合的方式，说明经费的具体开支、使用情况。

（五）广告效果预测

广告效果预测是指对广告活动所要达到目标的预先估计。在广告计划中，广告效果预测主要包括广告沟通效果预测和广告销售效果预测两项内容。

1. 沟通效果预测　这是对广告沟通效果的预先估计。在广告计划中，通常要说明广告宣传所要达到的视听率、知名度、理解度、偏爱率等指标，并交代测定这些指标所采用的方法，如问卷法、座谈法、回忆测定法等。

2. 销售效果预测　这是对广告宣传所取得销售效果的预先估计。在广告计划中，通常要说明广告宣传所要达到的销售率、市场占有率、指名购买率等经济效益指标。

二、广告计划的程序

编制广告计划是一项科学活动，不能盲目进行，而应按照一定的方法和步骤进行。就广告活动的一般规律而言，广告计划的程序可以依次分为四个阶段，即市场调查与分析阶段、拟定广告计划阶段、执行计划阶段和评价总结阶段。而每一个阶段又可细分为不同的步骤。

（一）市场调查与分析阶段

市场调查与分析阶段主要是进行市场调查与分析，收集有关信息和资料，在此基础上有针对性地制定出广告战略和广告策略。

第一步，成立策划小组。调查分析工作由广告策划小组分工安排进行。小组成员一般包括业务经理、策划人员、文案创作员、美术设计人员、摄影人员、市场调研和分析人员、媒体联络员、公关人员。

第二步，进行商品研究。由专案策划小组将广告主委托的商品，就其生产过程、品质成分、包装、品牌、价格、分销渠道、消费者、市场销量等进行研究。

第三步，进行竞争状况研究。由专案策划小组针对市场中各类品牌的同类商品，分别就其生产、品质成分、包装、价格、品牌、分销渠道、消费者、市场表现、广告费用、广告策略等详加调查研究，并和广告主委托的商品详加比较。

第四步，进行消费者调查。收集市场上与广告产品有关的消费者行为特征。如人们喜欢哪种产品、在什么时候购买、为何喜欢此种产品、人们如何使用产品、购买频率、购买偏好等，尤其要着重分析消费者的购买动机和心理。

第五步，对所收集资料进行统计与分析，并写出市场调研报告，为后续的广告决策提供依据。

（二）拟定广告计划阶段

拟定广告计划阶段是对广告活动的整体过程和具体环节进行战略和策略的决策及计划。

第一步，进行广告战略决策，着重解决以下四方面问题：①制定广告目标。它确定了广告活动的基本任务和发展方向。②确定广告投放区域。确定是进行全面性的广告投放，还是区域性的广告投放。③明确广告的目标受众。根据受众的特点选择恰当的广告主题、恰当的广告表现形式及恰当的媒体组合。④确定竞争对手。

第二步，制定具体、可操作性强的广告策略。

第三步，编制广告预算。费用编制要求精细，做到表格化，一目了然。

第四步，编写广告计划，由负责的策划人员编拟完整的广告计划。广告计划书是广告计划的文稿表现，写好广告计划书是完成拟定广告计划的基本要求。一般来说，完整的广告计划书主要包括标题、目录、正文、署名和日期四个部分。

（1）标题　标题是广告计划的名称，一般由两种因素构成。一是内容因素。广告计划的标题应高度概括广告计划的内容，通常要说明某产品或某企业的广告计划，如"某产品 2015 年度四川地区广告计划书"或"2016 年度某公司广告计划书"。二是文体因素。广告计划的标题还应说明文体，通常要标明"计划书""策划书"等。如果是未定稿，还应标明"初稿""草案"等字样。一般说来，广告计划的标题应具体、规范、简明扼要。

（2）目录　目录指广告计划的内容简目。通常篇幅较长的广告计划，要在正文之前，标题之后附上目录。广告计划目录的作用有两个：一是便于说明内容，使读者在不用读完广告计划全文的情况下，根据目录对广告计划内容有一个大概的了解；二是便于查阅，使读者根据目录提示方便地检索感兴趣的部分。因而，广告计划的目录应该是说明广告计划各部分内容的小标题或提纲，是拟定计划提纲阶段的工作成果。

（3）正文　正文是广告计划的主要部分，一般由前言和内容两部分组成。

前言，也称引言、摘要，是简要概括广告计划内容的文字。写作前言的目的是使管理部门能快速了解计划，并在需要时翻阅有关详细内容。一般说来，前言应简单说明广告计划的目标、广告战略和广告策略等。因而，前言的写作要求突出重点、简明扼要。

内容是广告计划书的主体。广告计划的内容着重说明广告目标及任务，完成目标的策略、措施、时间及理由。要求文字表达具体明确、规范清晰，表格表述应布局合理、一目了然。

（4）署名和日期　署名和日期是对广告计划拟定人和拟定时间的说明。署名有三种形式：一是署上计划部门名称，如某广告公司；二是署上法人代表名字，如某广告公司某经理；三是署上广告计划执笔人姓名。日期则是广告计划拟定的具体时间。

（三）具体执行计划阶段

具体执行计划阶段主要是执行并实施广告决策与计划。广告计划经批准后，即可进行广告的设计制作，制成广告作品，然后定稿并按计划发布。

第一步，决定广告表现。在这一步骤里，要进行广告文案、广告构图、广告色彩的设计与表现。

第二步，进行广告制作。广告制作是整个广告创作的后期工程，制作水平的高低直接影响到广告效果。

第三步，根据确定的广告目标，明确广告发布的地区、时间、媒体组合等，将广告正式文本提交媒体单位，正式推出广告。

（四）评价总结阶段

评价总结阶段主要是对广告发布后的传播效果和销售效果进行评估。

第一步，收集广告信息反馈，测定广告效果。

第二步，总结广告活动经验，写出总结报告，为以后的广告活动提供参考。

NOTE

第四节　广告预算

一、广告预算的含义

广告预算是企业和广告部门对广告活动所需费用的计划和匡算，它规定了广告计划期内开展广告活动所需的费用总额、使用范围和使用方法。

广告预算是广告战略策划的一项重要内容，是一项系统性工程。广告所有活动的实施，要以广告预算来支持。多数企业是依据广告预算来制定广告策略的，即有多少广告费用投入，决定进行多大规模的广告活动。

广告预算与广告费用是两个紧密相连的概念，但两者也有着很大的区别。广告费用，一般是指广告活动中所使用的总费用，主要包括广告调研费、广告设计费、广告制作费等；广告预算，是企业投入活动的费用计划，它规定着计划期内从事广告活动所需总额及使用范围。

广告预算可以按照不同的标准划分为许多种类。按广告计划期限长短可分为长期广告预算和短期广告预算；按广告计划范围大小可以分为总的广告预算和单一商品的广告预算；按产品所处生命周期阶段，可以分为新产品广告预算和成熟产品广告预算。另外，按不同媒体、不同广告地区，还可以划分多种不同种类的广告预算。

二、广告预算的内容

在企业所有财务费用中，应当清楚哪些开支属于广告费，哪些开支不属于广告费，这是编制广告费用预算的基础，也是广告预算的重要内容。早在1983年，国家工商行政管理局和财政部在《关于企业广告费用开支问题的若干规定》中，就已明确将广告费用列入企业销售成本中，因此哪些费用能列入广告预算就变得更加重要。

广告费用的内容：

1. 广告媒体费　主要指购买媒体的时间和空间的费用，占广告费用总额的80%~85%。

2. 广告设计制作费　主要包括广告设计人员的报酬及广告设计制作的材料费用、工艺费用、运输费用等，占广告费用总额的5%~15%。

3. 广告调查研究费　包括广告调研、咨询费用，购买统计部门和调研机构的资料所支付的费用，广告效果检测费用等。这一部分经费约占广告费用总额的5%。

4. 广告部门行政费用　包括广告人员的工资费用、办公费、广告活动业务费、公关费与其他营销活动的协调费用等，占广告费用总额的2%~7%。

（一）广告费用范围

广告费用又可详细划分为以下种类：

1. 必须列入的广告费用

（1）购买广告媒介及其他广告费用　报纸、杂志、电视、广播、户外、剧场、店堂、邮寄广告；宣传小册子；商品目录；电影、幻灯、POP、车厢、印刷品、出口、经销商广告。

（2）管理费用　广告部门有关人员的工资，办公费用，付给广告代理和广告制作者及顾问的手续费、差旅费。

（3）制作费用　美术设计、文字编辑、印刷、制版、纸型、照相、电视录像、广播录音、包装设计。

（4）杂费　广告材料的运费（包括邮费及其他投递费）、陈列橱窗的装修服务费用，涉及以上各项活动的杂费。

2. 酌情列入的费用　包括样品费、推销表演费、商品展览费、广告部门的存货减价处理费、电话费、广告部门其他各项经费、推销员推销费用、宣传汽车费用、有关广告协会和团体费用、商品目录费用、研究及调查费用。

3. 不能列入的费用　免费奉送品、邀请游览费、商品陈列所的目录费，以及给慈善、宗教、互助组织的捐献品和费用；包装费、标签费、新闻宣传员的酬金、推销员的名片费、报纸杂志费、行业工会费、接待费、陈列室租金、推销会议费、推销样本费、工作人员的生活福利活动费、娱乐费。

三、影响广告预算的因素

编制广告预算时，除了确定广告费用的范围，明确广告预算的内容外，还必须了解有哪些因素影响广告预算。一般说来，影响广告预算编制的主要因素有以下几项。

1. 产品因素　大多数产品在市场上都要经过引入期、成长期、成熟期和衰退期四个阶段，处于不同阶段的同一产品，其广告预算有很大的差别。企业要在市场上推出一种新产品，广告预算无疑要大一些，以使产品被大众所接受。当产品进入成熟期，广告预算的费用则应稳定在一定的水平上，以保持产品的畅销状态。而一旦产品进入衰退期，广告费用将大幅消减。因此，产品因素往往影响着广告预算。

2. 销售量与利润率因素　企业为了增加销售量，往往会采取增加广告投入的方式。一般情况下，广告费增加了，企业的销售量和利润也相应有所增加和提高。反之，如果增加了广告投入，销售量和利润却上不去，那么肯定要挫伤企业的积极性而减少广告投入，削减广告预算。因此，广告产品的销售量与利润因素也是影响广告预算的一个方面。

3. 竞争对手因素　广告是企业进行市场竞争的一个手段，广告预算也因而受到竞争对手的影响。竞争对手之间进行市场竞争，往往以广告宣传的形式表现出来。在一定程度上，广告的竞争就演变为广告预算的竞争。即使竞争对手增加微弱的广告预算，企业为与其抗衡，也会迅速做出反应。

4. 企业实力因素　广告预算的高低受企业财力状况、技术水平、生产能力和人员素质的影响。企业的规模大、实力强、产量高、资金雄厚，当然可以把广告预算制定得规模宏大。反之，如果企业的资金、产品规模都比较小，则在编制广告预算时应量力而行，不可盲目求大。

5. 消费者因素　消费者是市场的主体，也是广告宣传的受众，消费者的行为不仅影响市场的走向，也影响广告预算的制定。当消费者对某种商品反应较为冷淡时，企业应该加大广告的宣传力度，刺激消费，使消费者逐渐认识商品；当广告商品已被消费者认同，在消费者心目中有较高的地位时，企业可以适当地控制或减少广告预算规模。

6. 媒体因素　不同的传播媒体有不同的广告受众、不同的广告效果和不同的媒体价格。一般来说，电视广告的费用最高，其次是报纸、广播和杂志，因特网上的广告费用相对较低。

NOTE

而电视和广播节目因其覆盖范围的大小、收视率的高低、报纸杂志的发行量大小，以及这些媒体的权威性、最佳播出时间和最佳版面等不同，其广告的价格费用也有明显的差别。因此，在制定广告预算时，必然要考虑媒体因素的影响。

另外，影响广告预算的因素还有许多，诸如广告的制作水平、企业的声誉和形象、企业领导者的决策水平及社会经济发展水平等，它们对广告预算的影响程度不一，在此不再列出。

四、编制广告预算的方法

广告预算是一件复杂而又困难的工作。作为广告策划的一项重要内容，广告预算是以经费的形式对广告活动的规划。编制广告预算，除了要分析影响因素外，还必须采取正确的方法，以保证广告预算编制的科学性。现介绍一些主要的预算方法。

1. 百分比率法　就是以一定期间的销售额或利润额的固定百分比编制广告费用预算。它又可以分为以下两类。

（1）销售额百分比法　销售额百分比法是以一定期限内的销售额的一定比率，预算广告费用的方法。其中，销售额包括以下内容：①根据历年销售额的平均数；②根据报告年度销售额；③根据计划年度预测销售额；④根据前三项的平均数，或其中两项的平均数。其基本计算公式为：

广告费用 = 销售总额 × 广告费用与销售总额的百分比

例如，某公司上年度的销售总额为2000万元，今年拟投入的广告费用占销售总额的5%，那么，今年的广告预算为：

广告费用 = 2000万元 × 5% = 100万元

这种方法简便易行，其优点是：计算简单，广告支出与产品销售状况直接挂钩，销售状况越好，广告费用也越高，企业不至于感到财务压力。但该方法也有很大缺陷，即因果倒置。广告活动的目的是要创造消费，提高销售额，而不是以销售来决定广告。因此，在广告实践中，这种方法很容易造成广告费用支出的机械性。当市场景气时，广告支出多；而当销售量降低时，广告支出反而减少了，从而市场形势会进一步恶化。

（2）利润额百分比法　就是根据一定期限内的利润总额比率，预算广告费用的方法。根据利润额的不同含义又分为净利润额百分比法和毛利润额百分比法，其广告费用的计算公式与销售额百分比法相同。

利润额包括以下内容：①根据历年利润额的平均数；②根据报告年度利润额；③根据计划年度预测利润额；④根据前三项的平均数，或其中两项的平均数。

利润额百分比法把广告费用和利润直接挂钩，适合于不同产品直接的广告费用的分配。但该方法不是以广告促进销售作为出发点，而是首先考虑利润有多少。利润多，便多支出一些广告费；利润少，便少支出一些广告费。如果企业没有利润，停止广告宣传，则显然是不合适的。如新产品上市初期，尽管利润尚未实现，却仍然需要支出大量的广告费，以宣传和推销新产品。所以，利润额百分比法是一种较为被动的方法，宜慎重采用。

在销售额和利润额中，使用纯销售额或纯利润额，比使用总销售额或毛利润额更为合适。而使用利润额又比使用销售额更合适。固定的百分比率法计算方便，适用于增长率稳定、统计资料齐备及预测能力强的企业。不足之处是不能灵活地适应市场上复杂多变的情况。

2. 变动比率法　即根据商品生命周期变化情况，以及市场环境变化情况编制广告预算。在商品寿命周期初期，销售额及盈利额很小，而广告费很高；在成长期，销售额及盈利额很快上升，而广告费用呈现下降趋势；在成熟期，销售额及盈利额继续增长，广告费用也继续增长；到了饱和期和衰退期，销售额及盈利额很快下降，广告费用也急速下降。这种方法主要考虑到商品生命周期，同时也应酌情考虑市场上其他变动情况，以合理确定广告费用的比率。

3. 销售单位法　就是根据预测计划期销售量乘以每个销售单位规定的广告费用，得出计划期总的广告费用。例如，计划期销售冰箱 5000 台，规定每台广告费用 15 元，则计划期广告费用预算为 75000 元。这种方法对于商品品种少、生产标准化或专业化的企业较为适用；而对于生产、经销许多种商品的企业或零售商业则不适用。

4. 目标达成法　就是根据计划期广告活动目标，来确定计划期完成广告活动目标所需要的经费，从财务方面确保目标能够顺利达到。但此法编制预算有一定的难度，且在执行过程中不容易调整经费。美国市场营销专家阿尔伯特·费雷将目标任务法的操作程序归纳为 6 个步骤，具体情况如下。

（1）确定企业在特定时间内所要达到的营销目标。

（2）确定企业的潜在市场并勾画出市场的基本特征，包括：①值得企业去争取的消费者对广告产品的知晓程度；②消费者对广告产品的态度；③现有消费者购买产品的情况。

（3）分析潜在消费者对广告产品的态度变化及广告产品的销售量变化情况。

（4）选择适当的媒体开展广告宣传，提高产品的知名度。

（5）制定恰当的广告媒体策略，确定为达到既定广告目标所需要的广告暴露频次。

（6）确定最低的广告费用即广告预算总额。

5. 购买者数量法　就是根据预测的计划年度的购买者数量，乘以预定的对每位购买者应支出的广告费用，求得计划年度的广告费用预算。计划年度的购买者数量，可通过市场调查或购买者的历年增长速度来预测。对每位购买者应支出的广告费用，可参考报告年度数额，如物价指数变动大，要扣除物价变动因素。

6. 通信定货法　就是通过邮售单位商品广告费来推算计划年度的广告费用预算。通信定货法是邮售商品和通信定货中常用的方法。其中，单位商品广告费可根据商品目录印刷费、征订信件印刷费及邮费之和除以销售数量求得。再根据计划期的销售量乘以单位商品广告费，就可以得出计划期的广告费用预算。

这种方法的优点是把广告费用与广告活动的效果直接联系起来，既有利于确保广告预算的动态平衡，又有利于对广告活动进行监控。但其缺点也是明显的，由于直邮广告的反馈需要一段时间，这就为确定某次直邮广告的效果带来了一定的困难。

7. 市场占有率法　就是根据计划期市场占有率的高低，来确定广告费用预算。根据企业报告期或过去历年的统计资料，计算出 1% 市场占有率所分摊的广告费用，再根据预测的计划期市场占有率乘以 1% 市场占有率所需的广告费用，得出计划期广告费用预算。

8. 任意法　主要是根据预算编制者的经验和直觉，对报告期的广告费用进行任意增减，作为计划期广告费用预算。这种方法不依据客观数字，主要凭经验和推测，有主观任意性，容易产生偏差，但在缺乏资料和调查研究手段的情况下，仍然可以使用。

9. 竞争对抗法　就是以主要竞争对手的广告费为基础，确定能与其竞争的广告费用预算。

运用竞争对抗法，必须了解竞争对手的广告费用和市场占有率。如果竞争能力大致相同，本企业要想能与竞争对手保持比较稳定的市场占有率，那么广告费用预算就不能低于竞争对手。

运用竞争对抗法确定广告预算，其主要缺点首先是广告费用大，容易造成浪费。其次是由于竞争对手对其广告费用情况的封锁，使信息不实，容易造成失误。因此，资金不足的中小企业在采用这种方法时要特别慎重。如果企业的资金雄厚，企业为了在市场上建立强有力的地位，则运用这种方法常常是行之有效的。

10. 支出可能法　就是根据企业财务的可能承受能力，来确定广告费用预算。这种根据财务能力确定预算的方法，符合"量入为出"的经营原则。企业在繁荣时期多投入广告费，可开发更大的市场，有利于实现长远的经营目标，使资金发挥更大的经济效益。使用这种方法要注意预算的计划性、合理性和周密性，尽可能地减少盲目性。

五、广告预算的分配与管理

确定适当的广告预算后，并不能保证广告计划的顺利执行和广告活动取得预期的效果，还要对广告预算做出合理的分配，对广告费用的使用进行严格管理，才能使广告预算发挥应有的作用。

（一）广告预算的分配

在大致确定了广告预算后，要结合广告计划的要求和广告活动的实际情况，将广告预算的总额分摊到各个环节。一般说来，广告预算的分配主要有以下几种方法。

1. 按广告时间安排分配　即按照广告各项活动的时间安排，有所侧重地分配广告经费。它又可分为两种情况：①按广告活动期限进行经费分配。不同的广告活动，对时间长短有不同的要求。长期的广告活动，有年度广告经费的分配；中短期的广告活动，则有季度、月度的广告经费分配。②按广告信息传播时间进行经费分配。许多产品的销售经常随着时间和季节的变化而变化，尤其是服装、空调、冰箱、热水器、冷饮等季节性产品。对这类产品，合理地把握广告时机是抢占市场制高点的关键。因此，广告经费的分配要满足市场销售时机的要求。

2. 按市场区域分配　即将整个目标市场分解成若干部分，而后按各个区域来分配广告经费。一般来说，广告经费在产品销售有基础的地区要比在新开发的市场少，在人口密度大的地区要比在密度小的地区多，全国性市场的广告经费要大于地方性市场的广告经费。当然，由于各地区情况不同，企业在每一地区的广告目标要大于地方性市场的广告经费，而且企业在每一地区的广告目标也有所区别。因此，最基本的广告预算分配要以保证企业在该地区预计实现的广告目标为基础，其最低界限不应少于维持产品在该区域竞争地位所需要的基本费用。

3. 按产品类别分配　即在对其生产产品组合进行评价分析之后，针对不同类型的产品分别确定相应的广告预算。不同的产品，由于其行业发展前景不同、市场占有率不同、市场竞争状况不同及产品所处生命周期不同，其销售潜力、利润水平和产品在企业产品体系中所处的地位也是不一样的，这就使得企业在分配广告经费时，应有所侧重，不能一视同仁。一般来说，广告预算的这种分配方法对企业的发展具有战略意义。

4. 按广告对象分配　即按照广告计划中的不同广告对象，也就是广告产品的消费者，分别确定相应的广告预算。一般说来，以工商企业、社会团体用户为对象的广告，可以少使用广告费；而以最终消费者为对象的广告，所占广告预算费用比重较大。

5. 按传播媒体分配　　即根据广告计划所选择的广告媒体及媒体刊播频次计划，分配广告经费的方法。这种预算分配的目的在于使用综合的传播媒体，来实现广告规划所预期的信息传播的范围和效果。这种分配方法一般有两种形式：其一，传播媒体之间的分配。即根据广告计划所选定的各种媒体进行广告费用的分配。其二，是传播媒体之内的分配，即根据对同一媒体不同时期的广告需求来分配广告经费。按传播媒体分配广告费用，要根据产品的种类和定位、产品的销售区域、媒体的使用价格等综合考虑。在广告预算中，首先应该保证的是广告媒体的使用经费。

（二）广告预算的控制和管理

广告预算在付诸实施后，企业和广告代理商就必须加强对广告预算的有效控制和管理。为了保证广告规划的执行，达到预定的广告目标，使广告费用用得适度、合理，减少或避免偏差和失误，对广告预算进行严格的管理是有必要的。

1. 控制和管理的前提　　广告预算的管理是建立在明确的广告计划基础上的，计划越具体、越明确，越能进行有效的控制和管理。如果企业不清楚广告规划的目标和广告计划，就不可能合理分配广告预算，更谈不上对广告预算的管理。

2. 广告预算管理的内容　　广告预算管理就是以广告计划中的各项目标和指标，去衡量广告预算的执行情况，纠正执行过程中的失误。从广告预算使用来看，管理行为是和广告活动同时开始的，在广告活动的每一个环节，只要有广告费用的使用，就有广告预算的管理。

3. 广告预算管理的组织机构　　广告预算管理要有明确的组织机构或有专人负责。企业自营广告业务需要有专门机构或专人负责控制和管理广告预算，企业委托广告代理时，除了代理商进行预算管理外，企业也要有效地监督广告预算的使用。

六、广告预算的作用

广告预算作为对广告活动所需费用的匡算，对广告活动具有计划上和控制上的作用。作为计划手段，广告预算是以经费形式说明广告计划；作为控制手段，广告预算在财务上决定广告计划执行的规模和进程。因此，广告预算在企业广告策划中具有以下重要意义和作用。

（一）提供广告活动的控制手段

广告预算是一个系统性的工程，它对广告费用的多少、如何分配、怎样分配都做了明确的规划，这些规划又直接影响到广告的时空、广告的设计与制作、广告媒体的选择与使用等。这就为企业有效地对广告活动进行管理和控制提供了手段，保证广告目标与企业营销目标一致，以确保广告活动按计划进行。

（二）提供效果评价的指标

广告预算为企业广告效果的评估提供了经济指标。广告预算对广告经费的使用提出了明确的目标，可以使广告活动的每一具体步骤尽可能达到较理想的效果。同时，由于广告预算对广告经费的每一项具体开支都做出了规定，这样，在广告计划实施结束后，就可以比较每一具体的广告活动所支出的费用与所取得的广告效果。因此，广告预算可以成为衡量广告效果的经济标准，并评估广告活动的经济效益。

（三）确保经费使用合理

广告预算可以规划广告经费的使用。广告预算的主要目的就是有计划地使用广告经费。广告预算对每一项活动、每一段时间、每一种媒体上应投入的费用多少都做了合理分配。这就保证了广告经费的合理支出，避免不必要的浪费。

（四）提高广告效率

广告预算可以提高广告活动的效率。一方面，通过广告预算可以增强广告人员的责任心，监督广告费用开支，避免出现经费滥用或运用不良现象。另一方面，通过广告预算对广告活动的各个环节进行财务安排，发挥广告活动各个环节的工作效率，也可以促成广告活动的良好效果。

【案例】

2015 年处方药电视广告投入 TOP10，辉瑞位居榜首

Fierce Pharma 基于 iSpot. tv 数据给出了 2015 年电视广告投入最多的处方药 TOP10，辉瑞是最舍得在电视上花钱打广告的公司，有 5 款产品位居 TOP10 之列，Lyrica（乐瑞卡）和 Prevnar 13 疫苗（沛儿13）占据前 2 位，抗凝药阿哌沙班、类风湿关节炎药物托法替尼、戒烟药伐尼克兰分别位列第五、第六和第九。

电视广告对制药公司来说仍然是最主要的媒体推广渠道，不过纸质媒体、数字媒体及其他媒体渠道在制药公司的广告预算中仍占有较大比例。根据 iSpot. tv 对电视广告的实时监测，制药及医疗保健公司在糖尿病、关节炎/骨质疏松症等疾病药物上的广告预算都有明显增加。

特别是在 SGLT－2 抑制剂类糖尿病新药面世以后，糖尿病领域的电视广告投入由 2014 年的 1.94 亿美元增长至 2015 年的 4.68 亿美元（+141%）。2014 年共有 7 个糖尿病药物的 20 支广告在美国本土电视频道上曝光 29000 次。2015 年则有 11 个糖尿病药物的 31 支广告累计曝光了 66000 次。其中，强生在推广自己的糖尿病新药 Invokana 上投入了超过 1 亿美元的电视广告。

关节炎和骨质疏松领域的电视广告投入则高达 5.24 亿美元（+10%，含 OTC 药物），共有 38 个药品的 144 支广告累计曝光 205000 次。与其他产品通过电视广告提高药品处方量不同，赛诺菲不得不在电视上大力推介 Auvi－Q 更多是出于实际应用中可能会搞错肾上腺素给药剂量的担心。

（资料来源：2015 年处方药电视广告投入 TOP10：辉瑞的推广效果并不理想？http：//www. 360doc. com/content/17/0416/22/42029820_ 646142126. shtml）

讨论：

请结合案例分析，制药公司应该如何合理而有效地编制广告预算。

【思考题】

1. 编制广告计划的程序？

2. 广告计划一般包括哪些内容？

3. 编制广告预算受哪些因素的影响？

4. 广告预算的作用？

第五章　广告调查

【学习目标】

1. 掌握广告调查的内容及主要方法；广告媒体调查的主要量化指标。
2. 熟悉广告调查的含义；不同广告媒体的常用调查方法。
3. 了解广告市场调查相关概念及内容。

广告调查是指企业组织为有效地开展广告活动，利用科学的调查研究方法，对与广告活动有关的资料进行收集、整理、分析和解释。广告调查的目的是为成功地开展广告活动提供准确的、有效的信息，它是广告运动的基础。

第一节　广告调查概述

一、广告调查的含义

广告调查是市场调查的一个组成部分，是整个广告活动的开端和基础。为了实现广告目标，需要广泛收集信息，广告调查就是为达到这个目的而进行的。具体地说，广告调查是指采用科学的方法，按照一定的程序和步骤，有计划、有目的、有系统地收集、分析与广告活动有关的消费者、传播媒体、产品和企业，以及广告效果信息等的调查活动。广告调查对于编制完善的广告计划具有重要的意义与作用。

（一）广告调查为制定广告目标和广告策略提供依据

广告目标和广告策略是广告计划的核心。要制定正确的广告目标和广告策略，必须建立在对市场、商品、消费者、生产者、经营者、竞争者、广告媒体等有关情况进行调查研究的基础上，从而为制定广告计划打下可靠的基础。

（二）广告调查为广告设计提供资料

广告设计是体现广告计划的重要形式和手段。广告设计需要有明确的主题、新颖的创意和丰富的题材；同时，要想获得理想的效果，就必须对市场、产品、消费者行为、营销策略等情况进行深入的调查研究和分析提炼，这样才能达到诉求重点突出，有强力的吸引力。

（三）广告调查为检验广告效果提供依据

广告效果的测定是广告计划的重要内容之一。完成一则广告作品，其效果如何，必须在事先进行测定。为测定广告作品的效果，必须进行必要的广告调查才能得出结论。广告作品发布之后，要了解其实际效果，总结成功经验与失败教训，也需要通过广告调查来实现。

二、广告调查的内容

广告调查的内容主要包括四个方面，分别是广告市场调查、广告主企业调查、广告媒体调查和广告效果调查。

（一）广告市场调查

一般来说，广告市场调查的内容极为复杂，范围极为宽广，从不同的角度出发，就会对市场调查的内容和范围有不同的理解。但只从广告运作的规律考虑，广告市场调查的内容和范围主要有市场环境调查、消费者调查、竞争者调查和产品调查等几项内容。

1. 市场环境调查　市场环境调查主要是围绕企业所处的宏观环境展开调查，以一定的地区为对象，有计划地收集有关人口、政治经济、社会文化、科学技术、自然环境和风土人情等信息。在现代市场经济中，市场营销离不开所处的市场环境的影响，因此，对市场环境的分析研究就成为广告策划和创意的重要课题。

2. 消费者调查　消费者调查是广告调查中最主要的部分，其内容主要包括目标消费者的一般情况调查及需求、动机、行为的调查。

（1）目标消费者的一般情况调查　广告首先要明确目标受众是谁，再分析目标消费者年龄、性别、职业、文化程度、经济收入、社会地位，研究目标消费者的需求、购买方式、购买决策等，为确定广告目标的广告策略提供依据。

（2）目标消费者的需求、动机、行为的调查　消费者购买产品，最关心的是产品能否满足自己的需要，而只有真正能满足消费者需要的广告诉求，才能引起消费者的注意。需求是引发动机的内在原因，而动机则是行动的动力，消费者具体购买什么产品来满足自己的需求取决于其购买动机。购买行为的调查主要包括购买方式和购买决策的调查，如消费者一般在什么时间、什么地点购买，一次购买多少，多长时间购买一次，购买决策主要受哪些因素的影响等。

3. 竞争者调查　商场如战场，每一个企业及其产品要想在激烈的市场竞争中占有一席之地，就必须对市场的竞争态势进行分析，了解竞争对手，尤其是主要竞争对手的情况，这样才能"知己知彼，百战不殆"。

（1）正确识别竞争对手　竞争对手可分为直接竞争对手、间接竞争对手和潜在竞争对手。例如，海尔的直接竞争对手是长虹、康佳、海信等同行业者；治疗同类疾病的化学药品和中成药即形成间接竞争；目标市场相同或相似的企业都可以看作自己的潜在竞争者。广告策划者首先要正确识别产品的竞争态势，调查了解目前是否存在竞争；市场上有多少竞争对手；直接竞争对手、间接竞争对手、潜在竞争对手分别是谁；在众多竞争对手中，主要的竞争对手是谁等。

（2）调查主要竞争对手的基本情况和产品情况　了解主要竞争对手的生产经营历史、生产规模、设备技术、资金状况、组织管理能力、营销能力、创新能力、领导及员工的整体素质等基本情况是竞争者调查的主要内容。通过对主要竞争对手的综合调查分析，可以了解竞争者的长处和弱点，并与广告产品进行比较，认清广告产品在市场中的位置，这样可以利用对方的弱点或失误之处，制定相应的策略，抢占市场份额。

（3）调查主要竞争对手的广告情况　对主要竞争对手广告情况的调查，包括其以往及目前的广告目标、广告定位、广告诉求对象、广告诉求点、广告表现形式、媒体策略的运用、广告费用的投入、广告效果及广告与其他促销方式的配合等。通过对主要竞争对手广告情况的调查，分析总结竞争者在广告方面的优势和劣势，并与自身相比较，找出差距，对于自身有利的方面，在今后的广告宣传推广中继续保持，对自身不利的方面要及时改正。

4. 产品调查　美国广告大师威廉·伯恩巴克曾说过："如果我要给任何一个广告人忠告的话，就是在你开始工作之前，先要彻底地了解你所要宣传的产品，你的聪明才智、你的煽动力、你的想象力和创造力，都是从对产品的了解中产生的。"这句话再一次印证了产品调查的重要性。产品调查主要包括产品生产工艺与特性的调查、产品生命周期调查、产品品牌形象的调查等，根据这些可以判断此类产品在市场上是否适销，可以为企业的营销战略和广告策划提供参考。如康必得十年如一日以"康必得治感冒，中西药结合疗效好"为广告口号，建立了"中西医结合疗效好"的核心价值；草珊瑚牙膏广告，突出了其防止牙疼的功效；洁银牙膏广告，则突出了其防止牙周炎的功效；冷酸灵牙膏广告，则以"冷热酸甜，想吃就吃"，突出了其抗过敏的独特功效；再如色彩型符号设计典型代表：三精葡萄糖酸钙口服溶液以一个独有的蓝瓶包装确立了自己的品牌风格，使蓝色成为三精独有的品牌符号。

（二）广告主企业调查

无论是产品广告，还是企业形象广告，对广告主企业的调查都非常重要。广告主企业调查主要包括基本情况的调查和企业形象的调查。

1. 广告主企业基本情况调查　广告主企业基本情况调查主要包括：企业历史、企业在同行业中的地位、企业规模、设备技术、资金、人员素质、经营理念、经营方向、经营范围、经营状况、管理水平、营销能力、营销战略目标等。对广告企业基本情况的调查，是为制定有的放矢的广告战略目标和广告策略服务的，特别是对实施企业的观念诉求，这种调查尤为重要。

2. 广告主企业形象调查　消费者在购物时，往往会凭借企业形象来选择商品，因此，广告策划者要了解广告主企业在社会公众中的形象如何，从而确定其广告目标和广告诉求重点。

（三）广告媒体调查

在广告活动中，由于媒体刊播费用在总费用中所占的比重较大，因此广告媒体调查是广告调查的重要组成部分。广告媒体调查，是指对传递广告信息的各类媒体在性能、特征、科技手段、传播地位与形象、信誉、媒体受众等信息的调查。其主要内容包括媒体的基础资料，包括目标区域的媒体拥有量及其分布，各具体媒体的投资背景、节目内容、广告价格及相关广告刊播政策等。媒体的质化资料，包括媒体的侧重内容、编辑风格、传播形象与地位、公信度等的调查。媒体的量化资料，包括媒体的受众数量和受众成分构成等资料。例如，对印刷媒体的销售份额、读者层、阅读率、发行频率、每千人成本费的调查；对电子媒体的传播区域、视听率、视听者层的调查；对大众媒体以外的媒体，如户外广告、邮寄广告、橱窗广告、交通广告等媒体的量化调查。

除此之外，目标消费者的媒体接触习惯也是媒体调查的主要内容。上述资料的获得是制定广告媒体策略和计划的基础。

（四）广告效果调查

广告效果调查，是对某一产品的广告活动效果的测定。它是全面评估广告活动得失，并为今后的广告活动提供借鉴的重要依据。它包括经济效果、心理效果和社会效果的调查。

NOTE

1. 广告经济效果调查　广告经济效果，是指广告主通过广告活动所获得的经济收益或带来的损失，即由广告活动而引发的商品和服务销售及企业利润的变化。广告主运用各种传播媒体，把产品、服务及观念等信息传播出去，其根本目的就是刺激消费心理、促进购买、增加利润。因此，广告经济效果是广告主最关心的问题，是企业广告活动最基本、最重要的效果，也是测评广告效果的主要内容。

2. 广告心理效果调查　广告心理效果，是指广告刊播后，受众对广告的印象及引起的各种心理效应，表现为广告对受众的直觉、记忆、理解、情感、态度和行为等方面的影响。广告活动能够激发消费者的心理需要和购买动机，培养消费者对品牌的信任和好感，树立企业的良好形象。广告的心理效果是广告效果的核心，它是一种内在的、能够产生长远影响的效果，其大小取决于广告表现效果和媒体效果的综合作用。

3. 广告社会效果调查　广告社会效果，是指广告对整个社会道德、文化教育及伦理等方面的影响和作用。对广告所倡导的消费观念、道德规范、文化意识等都会产生一定的社会影响。因此，广告的社会效果不容忽视。

第二节　广告调查的方法

广告调查属于社会调查的范畴，因此，广告调查的方法主要是参考、借鉴一般社会调查的技术方法，并吸收了统计学、社会心理学、传播学等多学科对社会调查方法的研究成果。就实际运用来看，广告调查最常用的两种方法是文献调查法和实地调查法。实地调查法具体又包括观察法、实验法、访谈法、问卷调查法等。

一、文献调查法

文献调查法是指利用现有的文献、档案等既存资料进行广告调查的方法，它是对二手资料的调查研究，属于间接调查方式。这种方法的最大优点就是省时、省力、省费用，且资料广泛；缺点是由于现在市场瞬息万变，二手资料容易过时，因此采用这种方法时要做好甄别工作。同时，也要做好资料的筛选和整理工作，使之类别化、条理化和系统化，以便后续使用。

文献资料主要是指企业内部资料和外部资料两类。文献调查要求熟知文献来源和资料检索方法。广告调查的文献来源非常丰富，主要有广告主自己的资料库、档案库所存留的营销记录与相关资料，以前的调查研究资料，包括来自市场调查咨询公司、媒介调查与研究公司、社会及高等院校图书馆、研究所、互联网、各类出版物及政府机构、行业协会、商会、消费者组织等各个方面的数据。随着计算机在信息处理及调查研究领域的广泛应用，调查人员已经能够轻易地获得大量相关信息，分享其他研究人员的研究成果。而广告公司和广告企业对信息的日益重视及不断完善的数据库，也为文献调查提供了更加便利的条件。

二、实地调查法

实地调查是指通过对调查对象进行实际调查，而直接获取一手资料的方法。这种方法的最大优点是真实，能够及时发现市场机会和威胁，但比较费时、费力，且费用高。常用的实地调查法有观察法、实验法、访谈法、问卷调查法等。

（一）观察法

观察法是指广告调查人员根据研究目的，通过在现场对调查对象行动、反应等情况的直接观察记录而获取第一手资料的调查方法。在广告调查中，观察法常用于检测销售点的客流量，某地段的人流量、车流量，某户外广告的注目率等，也可以通过观察消费者的行为，来测定某品牌的市场偏好和促销效果。随着科学技术的发展，人们设计了一些专门的仪器来观察消费者的行为，如摄像机、照相机、监视器等，但使用较多的还是人员的现场观察。

观察法的优点是非常明显的，由于是在被调查者不知不觉中进行的观察，所获取的资料比较真实、客观，具有较高的准确性和可靠性。特别在研究对象不配合的情况下，更显示出观察法的价值。但这种方法只能观察外部现象，难以深入了解被调查者的深层心理状况，而且要得到较完善的调查结果，往往需要时间较长、费用较高。因此，使用观察法必须具备三个条件：第一，所需信息必须是能观察到的，或者是能从消费者行为中推断出来的；第二，所要观察的行为必须是重复性的、频繁的；第三，所要观察的行为必须是相对短期的。

（二）实验法

实验法是把实验对象置于一定条件下，通过小规模的实验来了解广告受众的评价意见，以及通过实验对比获得有关资料的方法。它一般分为实验室测试和市场测试两种，通常用在广告活动开始前探究消费者对产品口味、包装、价格的反应，或在广告推出前探究消费者对广告主题、广告文案的反应等。

市场测试是广告调查中最常用的方法。例如，某连锁超市要检验店内两种售点广告的效果。该连锁超市根据店面大小、地理位置、交通流量、经营年限，选择了12家在统计上具有可比性的超市。从这些超市中随机选出4家使用第一种售点广告，另外4家被随机地选出使用第二种售点广告，剩下的4家则不使用任何售点广告。调查人员分别收集各家超市在实验前7天、4周实验过程中和实验后7天的销售数据。结果表明，使用第一种售点广告的超市销量至少翻了一番，而使用第二种售点广告的超市的销售只有少量增加，不使用售点广告的超市则没有任何变化。根据这一结果，该连锁超市的经理认为，第一种售点广告在促进销售上效果显著，于是决定使用第一种售点广告。这就是典型的市场测试法的运用。

这种方法的优点在于科学性，通过实验所获得的数据和情况比较客观、可靠，可以为广告决策提供依据。但在实验中也会出现一些非实验因素的干扰，如消费者的偏好、竞争者的策略等，在一定程度上会影响对实验结果的比较。

（三）访谈法

访谈法是指调查人员实地与调查对象进行接触，从中了解和搜集信息的一种广告调查方法。访谈法是实地调查中获得资料的可靠途径之一，也是较常用、易用的一种方法。它的突出优点是可以在双方直接交流中考察对方对问题的反映，了解调查对象对广告产品或广告效果的意见。访谈法可以分为小组访谈法、面谈法、电话访谈法等。

小组访谈法是调查小组负责人组织有关人员参加，通过小组谈论、问答或发言等方式获取调研资料的一种信息采集方法，又分为自由谈论法和控制谈论法两种。一般来讲，小组访谈法适合那些需要一定深度的意见性问题。面谈法是调查人员以直接接触被调查对象来获取调研资

NOTE

料的一种信息采集方法，可以分为街头访问法和入户访问法。这种方法比较耗时间和人力财力，对调查人员的素质要求也较高。电话访谈法是调查人员通过电话来向被调查对象采集信息的一种调查方法。电话调查法以其操作简便、节省时间和费用低廉等优势而获得调查人员的青睐，在实际调查中被大量采用。电话调查分为传统电话调查和计算机辅助电话调查，可以借助于电话调查系统以提高访问效率。

（四）问卷调查法

问卷调查法是指调查人员将调查内容设计成问卷表，发给被调查对象，请对方按要求回答并回收来获取所需资料的一种调查方法。它的优点在于：成本低，调查范围广，被调查者有比较充裕的时间思考问题，收集的资料比较真实。但问卷调查法的效果如何，关键取决于调查问卷的质量，能否设计科学、合理的调查问卷，将直接影响到问卷的回收及资料是否具有真实性与有效性。借助问卷进行调查在广告调查活动中最为常见。常用的方法有邮寄调查法、留置法和网络调查法。

1. 邮寄调查法 是将问卷邮寄给特定的调查对象或任意的调查对象，由其填答后回寄给调查者的方法。为提高问卷的回收率，调查方应尽量创造促使问卷回寄的条件，如随邮件附上一封说明信和贴上回寄邮票的信封，或举办回寄者抽奖活动。

2. 留置法 是将问卷交由被调查者带回自行填写，以保证充分的回答时间，再由调查员亲自前往收回的方法。这种方法由于被调查者有充分的时间填写问卷，因此比较适合内容较多的问卷。但由于是调查人员亲自回收，调查的距离会受到一定限制。

3. 网络调查法 是将设计好的调查问卷公布在互联网上，由点击页面者自愿做答来进行调查的方法。利用互联网调查具有费用低，时效性、趣味性和保密性强，操作简单的优点。随着互联网的普及程度越来越高，网络调查法正成为一种非常重要的调查手段而被越来越广泛使用。

第三节　广告媒体调查

广告媒体调查是广告调查的内容之一，是指对广告信息借以传播的物质、技术手段的性能所做的调查。广告媒体调查的核心目标是：通过最低的投入、最恰当的媒体传递形式，达到最佳的广告信息传递效果。为此，选择什么样的媒体能使广告到达目标受众，成为广告主和广告公司特别关注的资讯信息。

一、广告媒体调查的主要量化指标

广告媒体评价的最重要意义在于不同媒体的适用性。具体来说有两个方面：一是广告策划工作中不断进行的媒体评价工作，是为了确定媒体的各种特点及不同媒体的适用性；二是在进行一次广告活动规划时，做媒体评价工作是以具体的广告目标来测度，以衡量不同媒体的适用性。

在进行具体媒体评价时，可从效益和针对性两个方面来考虑媒体的适用性。首先，要获得媒体效益的准备评价，需要通过指标的综合评价，得出媒体的一般性效益评价；其次，再结合广告主的具体情况，用针对性指标来确定可以最有效地同目标市场沟通的传播媒体渠道。

（一）广告媒体的综合评价指标

广告媒体的价值主要体现为量和质两个方面。量的方面主要指媒体的分布和信息所能传播到的受众的数量；质的方面主要指难以量化却又对媒体效果有重要影响的因素。

广告媒体的综合评价指标主要包括以下几个方面。

1. 权威性及影响力　权威性是指广告媒体对广告影响力的大小。广告能够对消费者产生影响，主要有两方面原因：一是广告设计创作产生的作用；二是广告在媒体上推出所产生的作用。媒体既可以给广告带来影响，也可以由权威性指标来定性衡量。例如知名度高、受各界人士重视的杂志就比一般娱乐性杂志权威性高。从广告媒体的策划角度看，当然希望所选用的媒体权威性愈高愈好，以便给广告带来重大的影响力。但是，一般说来，权威性越高的媒体，收费标准越高。此外，权威性的衡量也是相对的，对某一类广告主来讲是权威性高的媒体，对另一类广告主来讲其权威性可能并不高，这主要还得看媒体的受众情况。

2. 覆盖域　任何一种广告媒体都将在一定的范围内发挥影响，超出这一空间范围，该广告媒体的影响将明显地减少甚至消失，广告媒体主要发生影响的空间范围叫作这一媒体的覆盖域。广告主或广告公司在选择媒体时，首先要考虑的就是这一媒体的覆盖域有多大，在什么位置，以确定能否有效影响到广告主目标市场上全部的消费者，要尽可能让其中的产品销售对象接收到广告信息，促成其购买行为的发生。

从媒体策划的角度看，媒体的覆盖域与目标市场消费者分布范围之间，可有下述几种情况：第一种，覆盖域与分布范围正好吻合，这是最为理想的情况，从这一指标来看所评价的媒体十分适用；第二种，覆盖域与分布范围完全不吻合，这样的媒体是根本不适用；第三种，覆盖域中包括了分布范围，但大于分布范围很多，这样该媒体虽然可以起到影响目标消费者的作用，但却会造成浪费，所以在选用该媒体时还应该考虑更多的问题；第四种，覆盖域只包括了分布范围的一部分，这样的媒体只能影响目标消费者中的一部分，因此还需要其他媒体的配合。

【知识链接】

新浪推出的新浪覆盖广告平台，依托新浪网与新浪微博覆盖中国近八成网民的海量用户的天然优势，实现跨屏、跨产品线、混平台优质展示广告，按独立用户控频投放。"跨屏"包括电脑屏幕及移动终端屏幕；"跨产品线"则指的是门户、视频、微博、移动端等四大产品线；投放系统基于"UserID + CookieID + 用户行为日志"等多重定位的网络虚拟指纹识别技术进行用户区分，进而针对个体用户做控频投放。同时新浪覆盖广告平台全面接受第三方监测，确保推广效果可被监控。与传统网络广告投放相比，新浪覆盖广告平台在无需制定广告排期的情况下，只需要确定覆盖的人数及频次和时间即可完成投放。

（资料来源：比特网 http://net. chinabyte. com/320/12712320. shtml）

3. 触及率　一则广告借助某一媒体推出后，可能只会让部分受众接收到，媒体的触及率就是用来衡量这一比率的指标。触及率表征一则广告推出一段时间后，接收到的人数占覆盖区域内总人数的百分比。

NOTE

触及率这一指标有两个特点：其一，触及人数不可重复计算，一个人可以多次接收到广告，但是也只能算做一个触及者，而不是多个触及者；其二，触及率是对覆盖区域中所有人数而言的，并非只对有可能接收到广告媒体的人数而言，所以触及率并不能准确表示在一个具体媒体上推出一则广告，能够被这一媒体的受众群体中多少成员接收到。

触及率反映了广告媒体的一个重要特点，亦即经过一段时间后到底可能触及多少人。触及人数的多寡是广告主和广告公司选择媒体的重要指标。一般而言，触及率越高，广告媒体的可用性越强，当然这一结论尚需要受其他指标的制约。

4. 毛感点　毛感点是各项广告推出后触及人数占总人数比例之和。该指标表征的是广告在某一媒体上能够达成的总效果。对使用多种媒体的广告，亦可采用此指标去衡量其总效果。比如，一个电视节目上推出一则广告，两次各获得 20% 的总接收比例；同时在一个广播节目上推出此广告，三次分别获得 15% 的总接收比例，那么这则广告的毛感点就应该是：

$$2 \times 20\% + 3 \times 15\% = 0.85$$

这一指标的重要性在于：一是可以明确表示每则广告的效果；二是可以将不同广告的效果及同一广告的不同推出效果加起来。也就是说，毛感点是可以重复记数的，即一个人如果接收到同一则广告 10 次，这 10 次接收效果都应记入毛感点的计算当中。如上例，毛感点虽然是一个百分比的形式，但通过累加之后完全可以是一个超过 1 的数字。

虽然该指标需通过具体的调查统计才能获得，但由于它可以比较清楚地反映出在一个媒体上推出广告的总效果，所以是一个很有用的评价指标。

5. 重复率　这一指标要通过计算才能得出，表征每一接收到广告信息者平均可以重复接收此项广告的次数，用公式可以表示为：

$$重复率 = 毛感点 / 触及率$$

以重复率衡量广告媒体是基于两个原因：一是细分媒体效果，研究广告产生影响的可能性；二是借以研究媒体使用方法，制定广告的推出时间安排，可以令一系列广告获得最佳综合效果。

6. 连续性　连续性用来衡量同一则广告多次借助同一媒体推出所产生效果的相互联系与影响；此外，又可用来衡量在不同媒体上推出同一广告，或者同一媒体不同时期广告运动间的联系与影响。

广告媒体不同，对连续推出的广告效果产生的影响也不同。譬如，一般杂志上连续刊登的广告，以月为间隙触及消费者，如果某一项营销活动时效性要求较高，要求广告效果迅速产生以配合整体营销，那么杂志的连续性显然就不适宜于这一要求了。比较而言，报纸的连续性则更适合于这一营销活动。但是，对一种长期营销且针对性比较强的产品来讲，杂志的连续性应该比报纸好。

显而易见，这个指标不可能脱离具体的广告运动来评价媒体连续性的好坏，只有同广告运动的需要相比较，才能分析其是否适用。

7. 针对性　针对性是表征媒体的主要受众群体的构成情况的指标。以上各项指标没有对媒体受众情况进行评价，涉及的受众被看成是同一性的。但在实际情况中，媒体受众的多少并不是广告主及其代理广告公司考虑的唯一指标，还要看受众是否均为广告主的目标消费者，这些消费者的构成也会影响媒体的可用程度。针对性指标通常包括两项内容：一项是媒体受众的组成情况；另一项是媒体受众的消费水平与购买力情况。

8. 效益效果与每千人成本　　效益是衡量采用某一媒体可以得到的利益同所投入的经费之间关系的指标，是对媒体经济效益的度量。评价的方法应以广告运动的需求为基点，比较购买这一媒体的时间与空间所需的费用。

每千人成本（Cost Per thousand Method），简称 CMP 法，就是对指定人口（其实就是发行量）送达 1000 个视（听）众产生暴露度的成本。计算公式如下：

$$CMP =（广告费/受众人数）\times 1000$$

例：某广播电台的某一套节目 1 分钟插播费为 150 元，按一天播 4 次计算为 600 元，全国约有 3 亿台收音机和收录机，按每 4 台收音机中只有 1 人在 4 次播出中听到一次计，即按 1/16 的可能性计，收听广告宣传者为 7500 万人，把上述数据套入公式，得出广播广告每千人成本为：

$$CMP =（广告费/受众人数）\times 1000 =（600/75000000）\times 1000 = 0.008（元）$$

（二）电波媒体的评价指标

通常情况下，电波媒体可以理解成电视、广播媒体的总称。电波媒体与印刷媒体（报纸、杂志等）是具有明显特征的两类传统媒体。

1. 收视率　　收视率是指收看某一电视节目的人数或每户家庭数占拥有电视机的总人数或家庭数的百分比，这是对广播和电视这类电波广告媒体从媒体量的角度采取的定义。这个指标可以用来比较同一市场不同频道收视率的高低，以发现一个市场收视最好的频道；可以用来比较同一频道不同时段的收视表现，以发现一天中表现最突出的时段；还可以用来衡量不同目标观众对某一频道或时段的收视率的高低。

例如：有五个家庭各拥有一台电视，假设有 A、B、C 三个节目可供观看，有两家看节目 A，则 A 节目的收视率就为 40%（2/5）。

再如：各有一家在看节目 B 和 C，则节目 B 的收视率为 20%，节目 C 的收视率也为 20%。在 200 名被统计的电视人口中，有 100 名看电视，共有五个频道 A、B、C、D 和 E，其中收看频道 A 的观众有 10 名，频道 B 的有 20 名，那么：

频道 A 的收视率 = 10/200 × 100% = 5%

频道 B 的收视率 = 20/200 × 100% = 10%

频道 B 的收视率高于频道 A。

2. 开机率　　开机率是指一天中某一特定时间打开电视机的家庭与拥有电视机的家庭的百分比。例如，抽查调查五户家庭在某年某月某日 19：00 收看电视的情况。五户家庭中有 A、C、D 三家打开了电视，故开机率为 60%。

3. 毛评点　　毛评点是指特定个别广告媒体所送达的收视率总和，是一种测量媒体计划总压力和总强度的方法。它强调的是送达观众的总百分比，而不关心重叠和重复暴露于个别广告媒体的视众。

毛评点的计算方法是用每一插播播出次数乘以每次插播的收视率。它与收视率相同，也是用百分数表示，如表 5－1 所示。

NOTE

表 5 – 1　毛评点计算表

	收视率	插播次数	毛评点
节目Ⅰ	20%	2	40%
节目Ⅱ	10%	3	30%
节目Ⅲ	15%	4	60%
总计		9	130%

4. 视众暴露度　视众暴露度是指全部广告暴露度的总和。它不用百分数表示，而是用数目表示。视众暴露度同毛评点一样都是表达总视众数额的方法，所不同的是视众暴露度是去掉毛评点的百分率符号，即用拥有电视机的群体总额乘以毛评点所得的数值。假如毛评点为400%的插播广告节目在拥有 200 万台电视机的地区播放，那么广告便有 800 万户的成果或视众暴露度。

视众暴露度的另一个计算方法就是将广告排期表中每一插播所送达的视众相加求和。如表 5 – 2 所示。

表 5 – 2　视（听）众暴露度计算表

广告排期表	拥有机器家庭数	广告插播次数	视听众暴露度
节目Ⅰ	58 万	2	116 万
节目Ⅱ	42 万	3	126 万
节目Ⅲ	86 万	2	172 万
节目Ⅳ	14 万	3	42 万
总计			456 万

视众暴露度只是表示总送达数而不顾及重复。用视众暴露度资料可以进行计划选择，如表5 – 3 所示。

表 5 – 3　视（听）众暴露计划选择表

视（听）众暴露度 分配结构	Ⅰ计划	Ⅱ计划
家庭总数	200 万	200 万
女性总数	150 万	156 万
18 ~ 28 岁	50 万	80 万
28 ~ 38 岁	80 万	30 万
38 岁以上	30 万	50 万

Ⅰ计划和Ⅱ计划经费预算相同，如果广告目标是所有家庭，那么Ⅰ计划与Ⅱ计划是相同的，可以采用其中任何一个。如果广告目标是 18 ~ 28 岁的女性，那么Ⅰ计划的视众暴露度是50 万，Ⅱ计划的视众暴露度是 80 万，显然Ⅱ计划的广告效果好。这样，通过视众暴露度的资料就可以进行广告计划的选择。

（三）印刷媒体的评价指标

1998 年 11 月 26 日，香港法庭开庭审理香港英文《虎报》涉嫌夸大发行数据一案，被指控的 3 人分别是该报的总经理、财务经理及前任发行总监，他们被指控于 1993 年 10 月 13 日 –

1997 年 5 月 30 日，联合星岛集团主席胡某，以不法手段诈骗广告客户，包括每天额外印刷 1 万~2 万份报纸，借此夸大发行量，然后把多余的报纸当作废纸卖掉，并向英国出版销售公证会虚报发行净销量。香港廉政公署 1997 年 6 月接到举报后进行调查，并拘捕了几名《虎报》职员。1999 年 1 月 20 日香港法庭判决：《虎报》相关人员分别被判入狱 6 个月及支付 25 万港元、入狱 4 个月及支付 15 万港元、入狱 4 个月及支付 7.5 万港元。

此举意味着打破报纸发行"吹牛"不犯法的神话的日子离我们越来越近了。

有新闻曾经报道过，几家报社因对竞争对手在报纸上公布的报纸阅读率数据（其来源是以盈利为目的的调查公司）有异议而引发了同业之间的纠纷和官司，这表明不能如实公布经过核查公证的报纸发行数字对报业竞争带来了严重的负面影响。

发行数量是广告活动的重要依据。从本质上说，是因为报纸拥有一定的发行量及一定的覆盖面，体现着一种对社会、人群的影响力，广告主则希望利用这种影响力，达到宣传自己、推销产品的目的。一般而言，发行量的高低、覆盖面的大小，决定了报纸的广告效果。报纸的发行量资料与其他媒介的覆盖率、收视率资料一样，是广告主、广告经营者进行广告决策的重要内容。

印刷媒体的评估基础来自发行量与阅读人口的调查，发行量是广告效果的基础，阅读人口则是在刊物发行基础上经过传阅所产生的扩散效果。

1. 发行量

（1）宣称发行量 由刊物本身根据实际印制量扣除未发行份数所宣布的发行量，称为宣称发行量。

（2）稽核发行量 由独立的第三单位对刊物发行量加以查证后所提供的发行量数据。稽核发行量由于经过第三单位的查证，因此较为可信。在一般的情况下，没有经过查证的宣称发行量往往较实际发行量夸大。

ABC（Audit Bureau Circulation）即发行量稽核机构，由广告主、广告公司及刊物所合力组成的非营利性组织，通过严格的查证，提供付费发行量认证。ABC 源于美国，现已为各媒体成熟市场广泛使用。

2. 传阅率 每份刊物被传阅的比率。例如，一份刊物被 3 人阅读，其传阅率即为 3，被 5 个人阅读，传阅率即为 5，平均传阅率即为每一份刊物平均被传阅的比率。

不同于电波媒体，印刷媒体由于不会随时间消失，所以可以有传阅效果。每份刊物依其受欢迎程度、销售价格而有不同的发行量、传阅量及阅读人口。阅读人口、发行量与传阅率之间的关系为：阅读人口＝发行量×传阅率。

3. 阅读人口资讯 包括一个市场各阶层对各刊物的接触状况、一份刊物在各市场的读者组合，以及设计对象阶层在各市场对各刊物的阅读人口数量。阅读人口资讯一般通过刊物读者调查方式取得。刊物本身通过对读者的抽样调查，取得调查地区各刊物的阅读率、阅读人口、阅读时间及地点等资讯。

在发行量经过查证的情况下，刊物所提供的阅读人口资讯具有较高可信度。在一般情况下，通常使用第三方提供的资讯，因其立场较为公正，且无利害关系，资讯可信度较高。

（四）户外媒体的评价指标

前述电波媒体、印刷媒体，除少数新频道、新刊物外，绝大多数是既存于市场的媒体，因

NOTE

此可以通过对过去资料的分析预测将来的数据。户外媒体则绝大多数为原来并不存在，而是新创造出来的具有广告功能的媒体，因此很少有资讯可以利用，同时户外媒体的载具形式太过纷杂，更增加了评估的难度。

户外媒体是地区性媒体，因此评估主要集中在媒体和受众两个方面，跨区域的评估意义不大。

1. 受众方面　设定目标对象活动路线可以接触到户外广告的地缘位置价值，即户外载具所可能接触目标消费者的数量。评估的方式为在户外载具所在地，以摄像机从能见的各角度在载具露出时间摄下经过的人群，面孔正面朝向户外载具的总人数，即为该载具的接触人口，接触人口组合分析可以由街头抽样调查方式取得，或从外观判断。

2. 媒体方面　户外载具本身的形式及大小，即载具本身被注意的能力。在评估上可以从高度、尺寸、能见角度、材质区域划分及指数设定、高度指数、能见指数、材质指数等要项检视。

二、不同广告媒体的调查方法

广告媒体调查是广告调查的内容之一，是指对广告信息借以传播的物质、技术手段的性能所做的调查。

在广告媒体调查的基础上进行广告媒体选择，目的在于掌握本企业的广告媒体运用情况和竞争对手在媒体上的广告策划及经费投入，进而更加合理、有效地分配广告费，安排媒体组合，使广告主和广告公司以最少的媒体费用、最适当的媒体组合来传播广告信息，更好地满足消费者需求，并取得最大的经济效益。

（一）电视媒体的调查

电视媒体在量上的评估主要是根据抽样的收视行为调查测得。收视行为调查是通过抽样取得足够的样本数及合理的样本分布，借由样本户收视行为取得，推算整体收视状况。其调查的内容为开机率、收视人口与收视率等。主要有以下几种较为固定的调查方法。

1. 日记法　在各样本户留置收视日记，以人工填写方式，记录样本户家庭成员每天的收视状况。

2. 个人收视记录器法　在各样本户装置收视记录器，记录器上设有代表收视者的按键，收视者在收看及离开时以按键方式按下代表个人按键的"开"和"关"，以记录样本户家庭成员每天的收视状况。

3. 被动式记录器法　在各样本户装置收视记录器，先将样本户中成员的容貌扫描到记录器中记忆，当收视者在使用中的电视机出现时，记录器即自动辨认收视者并记录其收视状况，收视者收视时不必按任何按键。

在这三种收视率调查方式中，日记法为传统调查方法，个人收视记录器法则因准确率较高且资讯较快而逐渐普及，这两种方式结合使用，已成为收视率调查的主流。而被动式记录器法则因成本太高及个人隐私顾虑等因素，尚未被普遍采用。

（二）印刷媒体的调查

印刷媒体评估的基本指标是发行量和阅读人口数量，主要是由发行量稽核机构（ABC, Audit Bureau Circulation）来负责调查查证。在发行量查证的情况下，刊物所提供的阅读人口数量具有较高可信度。在一般情况下，通常使用第三方提供的阅读人口数量，因其立场较为公正，且无利害关系，资讯可信度也较高。

我国至今还没有一个公正、公开、权威的统计与公布报刊发行量的机构。目前，除了北京、上海、山东等省市的少数几家报社由公证处公证发行量以外（这种做法尚难以保证发行数据的公正、公开和权威性），一般都是由报社自己向外宣布发行量。所以，目前我国广告也急切呼吁发展发行核查机构。

（三）户外媒体的调查

在激烈的市场竞争中，户外广告载体对商家的市场营销作用越来越明显，户外广告载体的监控和评价指标调查就必须作为广告媒介调查流程的重要环节，对其作为广告媒介的业绩评价的标准——人流量的调查也就势在必行。

人流量调查主要是针对户外载体而言。衡量户外广告载体的做法有很多，涉及广告画面的规划、画面的创意设计、色彩的环境协调、牌面的周边环境、牌面的位置选择、发布位置的地理数据、实景效果的目测、夜景光源的处理、单位成本的合算、潜在价值的评估、受众的效果调研和长远影响的预计等种种因素。但是对人流量测试的主要指标，还是日均流量。日均流量指的是广告位每日的实际受众，包括人流量、车流量及自行车流量。其数据的来源有统计局、年鉴、其他统计资料来源及实地的测量。

有了日均流量这个衡量户外广告载体的人流量指标，调查者就可以很容易计算出户外广告载体的另一个衡量广告投放价值的重要指标——千人成本。

（四）网络媒体的调查

网络媒体与传统媒介在受众调查方面最大的差别是网络媒体在功能上的超越，网络媒介具有先天的"可统计性"。网络媒介凭借自身的统计功能可以独立进行在线受众调查（Online Survey），这种方法省时、省钱、省力。当然网络媒介同样需要委托专门的机构进行受众调查，这是因为网络媒介自身调查取得的结果不具有权威性，不能说服广告商和受众。

网络媒介的"可统计性"赋予网络受众调查具有费用低、可以经常调查、实时性调查、不受空间限制等特点。网络受众的调查方法常见的有注册法、软件调查法、问卷调查法、网上网下结合法。这四种方法各有优缺点，在实践中应根据具体需要选择合适的调查方法或综合利用几种方法。

【案例】

网上药店信息调查问卷

亲爱的受访朋友：

您好！耽误您一点宝贵时间做以下问卷，本次问卷调查采用匿名回答的方式，您大可放心。本问卷是针对网上药店信息发布所做的一些询问，目的是为了找到网上药店信息发布中存在的不足，完善网上药店这一新型的医疗服务行业。本次问卷主要是希望获得已有网上购药经历者、已有网上购物经历者、无网上购物经历者对网上药店信息发布的不同认知，从而整理得出网上药店信息发布的需求，现就以下问题做调查，望广大受访朋友予以配合。谢谢！

填表说明：

本问卷设有单选题、多选题和开放型题，多选题题末有说明。

本问卷不要求您有网上购药或者网上购物的经历，您可凭您的认知来填写。

一、受访者基本信息

1. 性别：男　　女（　　　）

2. 年龄：20 以下　21～30　31～40　41～50　51～60　61～70　70 以上（　　　）

3. 您是否听说过网上药店；（　　　）

A. 是　　B. 否（若选 B 则跳过第 4 题）

4. 您是否在网上药店购买过医药商品；（　　　）

A. 是　　B. 否

二、问卷部分

1. 在网上药店购买医药商品时您会首先关注哪些信息（请将您的答案用√做标记）

项目	非常关注	关注	一般	不关注	完全不关注
医药商品功效					
价格					
商家资格认证证书					
消费者评价					
在线客服					
医药商品种类					

2. 您通过查看哪些信息确定购买医药商品（多选）（　　　）

A. 价格　B. 商品功效介绍　C. 客服咨询　D. 已有处方　E. 消费者评价　F. 商家等级

G. 商品品牌

3. 您是通过哪些方式获得您所需医药商品的信息的（请将您的答案用√做标记）

项目	必须用	常用	一般	不用	完全不使用
咨询客服					
在网页查阅					
看商品说明					
曾用过，已了解					
医师指导					
朋友介绍					
其他					

4. 通常使用哪些信息来保障您的权益不受损（多选）（　　　）

A. 发票　B. 投诉客服　C. 监督部门　D. 给差评　E. 不在乎

5. 通常您在网上药店会选择购买哪些种类的医药商品（多选）（　　　）

A. 日常用药　B. 计生用品　C. 保健品　D. 当地没有的医药商品　E. 药妆　F. 孕婴用品　G. 医疗器械不全

6. 您选择在网上药店购买医药商品的原因（　　　）

A. 价格便宜　B. 隐私保密　C. 可以买到当地没有的医药商品　D. 送货上门

7. 对网上药店信息的信任度（请将您的答案用√做标记）

	完全信任	信任	一般	不信任	完全不信任
商家合格认证信息					

续表

	完全信任	信任	一般	不信任	完全不信任
商品功效说明					
商品广告					

8. 您是否看得懂医药商品信息（请将您的答案用√做标记）

	完全看得懂	看得懂	一般	看不懂	完全看不懂
商品说明书					
商品功能					

9. 是否需要发布网上药店相关工作人员信息（请将您的答案用√做标记）

	非常需要	需要	一般	不需要	完全不需要
客服人员					
在线药师					
法人信息					

10. 网上药店消费者评价对您购买医药商品的影响（请将您的答案用√做标记）

	影响非常大	有影响	一般	没影响	完全没影响
好评					
差评					

11. 您认为什么样的情况商家应当理赔（多选）（　　　）

A. 商家未说明商品情况　B. 所述商品和实际收到的不符　C. 运输中出错　D. 未看明白商品信息就购买

12. 您认为网上药店还有那些信息应该发布或完善的？

讨论：

此种问卷调查方法的优缺点及适用哪些广告内容的调查？

【思考题】

1. 简述广告调查的内容。

2. 实地调查包括哪些具体的调查方法？

3. 广告媒体调查的主要量化指标有哪些？

第六章　广告创意

【学习目标】

1. 掌握广告创意的原则与广告创意表现技巧。
2. 熟悉广告创意理论的应用及广告创意的思维方法。
3. 了解广告创意的过程。

广告创意是广告表现力与说服力的源泉，也是广告创作的首要任务之一。大卫·奥格威曾说："除非你的广告源自一个大创意，否则将如夜晚航行的船只无人知晓。"广告创意在广告中的作用犹如人们生活中不可缺少的空气与水，如果广告没了创意就没有了实质存在的意义。特别是在现在许多产品同质化的市场状况下，若没有好的广告创意来区分产品理性上或感性上的卖点，那消费者在购买产品的时候就没有必要加以选择了。因此，优秀的、专业化的创意是广告创作的核心，也是广告活动成败的关键。

第一节　广告创意概述

一个成功的广告最本质、最重要的因素是什么？绝大多数广告人会说——创意。李奥·贝纳公司的创始人李奥·贝纳认为：每一种广告都有潜在的戏剧性，都可以启发出一个大创意。广告的最主要功能是引起受众注意，并产生兴趣，进而发生购买行为。而那些有独特创意，并引起受众共鸣的广告，更容易使受众产生好感，并接受其产品。

一、广告创意的含义

（一）创意

创意是创造意识或创新意识的简称。它是通过创新思维意识，对现实存在事物的理解及认知所衍生出的一种新的抽象思维和行为潜能。在我国，"创意"一词很早就有。比如，汉代王充《论衡·超奇》云："孔子得史记以作《春秋》，及其立义创意，褒贬赏诛，不复因史记者，眇思自出于胸中也。"王国维《人间词话》云："美成深远之致不及欧秦，唯言情体物，穷极工巧，故不失为第一流之作者。但恨创调之才多，创意之才少耳。"郭沫若《鼎》云："文学家在自己的作品的创意和风格上，应该充分地表现出自己的个性。"

在英语中，"创意"一般用以下三个单词来表达：其一，"concept"，原为哲学上的名词，意为"观念""概念"；其二，"creative"或"creation"，原意是"创造性的""有创造力的"或"创造物"，现在就常常被人们引申为"创意"；其三，"idea"，其原意是思想、概念、主意、念头、计划、想法、打算等，这是创意最普遍、最有代表性的英文词语。

（二）广告创意

创意在广告创作活动中的运用，称之为广告创意。但是由于对创意的见解不同，迄今为止，学术界对广告创意还没有一个统一的认识。综合国内外学术界对于广告创意的理解，可以归纳为以下几种：第一，从操作流程的角度看，广告创意是整个策划活动的一个中间环节，它处于广告调查和广告主题策划之后，并能够影响到广告活动的全过程；第二，从思维性质的角度看，广告创意是一种以广告目标的实现为目的的构思活动，必须符合市场和产品的状况；第三，从创作艺术的角度看，广告创意的核心是创造性和创新性，它是广告主题的意象化，通过让人耳目一新的意象使广告主题得以升华，以激发人们的联想、想象和认同。

广告创意有广义和狭义之分。广义上的广告创意是指广告活动中有创意性的活动，可以体现在整个广告活动中，例如广告主题创意、广告表现创意、广告媒体创意等。广义的广告创意几乎包含了广告活动的所有环节，很容易造成概念混乱。狭义上的广告创意是指广告的艺术构思，是广告作品的创意性思维，往往与广告表现联系在一起。广告创意由两大部分组成：一是广告诉求，二是广告表现。可以说，广告创意是广告作品的灵魂，广告表现是广告作品的肉体。广告作品是可以看得见的，而广告创意则是在视觉形象及各种符号背后的思想。通常所说的广告创意，指的是狭义的广告创意。

二、广告创意的原则

（一）实效原则

所谓实效原则，就是指能带来现实的广告效果，给广告主带来实际的收益。这是广告创意的根本原则，其他原则本质上都是为了这一原则服务的。

广告是一种商业行为，是以追求经济效益为目的的活动，因此，任何一个广告都应该特别注意投入与产出，无效或效果不好的广告都是对广告主资金的浪费，是有悖于广告初衷的。从某种程度上说，创意就是创益，没有创益的创意就不是好创意。大卫·奥格威说："能够促销产品，而不是把人们的注意力引向自身的广告才是一则好广告。"日本川胜久认为："所谓广告，是为了预期的最大利益，以劝说买方为目标的大众情报宣传。"

总之，要用创意与消费者沟通，通过广告取得实实在在的效益，实现预定的广告目的。仅仅为了哗众取宠或耸人听闻的广告，与开拓市场、销售产品的广告创意实效原则是相背离的。广告的实效性是广告创意的最高准则，也是衡量广告成败的重要标准之一。

（二）独创原则

所谓独创原则，是指广告创意中不能因循守旧、墨守成规，而是要勇于和善于标新立异、独辟蹊径。广告的独创性可以表现在很多方面，包括创意思想的独特，表现形式的独特，销售主张的独特等。在信息过剩的时代，缺少的是受众的注意力，因此广告之争实属注意力之争，也只有那些独创的信息和信息表现形式，才有可能打破大众对信息麻木甚至是拒绝的状态。

广告创意是广告中最具魅力的部分。国内的很多广告，无论是影视广告，还是平面广告，甚至于现在比较流行的微电影，其广告创意都是模仿加调整，复制加改变，手段和形式同质化非常严重。明显的例子是我国的日化用品广告，"美女＋概念"型是其中绝对的主流模式。不同风韵的美女在广告中述说使用该产品的经历，为了证明产品的卓越功效，一个个全新的概念

NOTE

横空出世，从 SPF（防晒系数）、PITERA（具有优异滋润及保湿功能的液体）到乳蛋白、糖醛酸，一张张用电脑制作的结构效果图，似乎让你真正地感觉到了高科技、高效能。但问题是这类广告使用的表现元素完全相同，很难使受众形成差异化记忆，最后给人留下的印象只能用"模糊"二字来形容。从这个现象中可以看出，在广告行业中，创意的受欢迎度依然很高，但如何做到独特性，那就要看内在功力。

因此，广告要根据客户的需求，进行独特的、有效的创作。一方面广告相关法律法规有明确规定，很多基本点不能重复，比如产品名、广告语等；另一方面对于品牌而言，要建立自身的独特核心竞争力，自然各方面创意都要尽量保证独特，否则跟竞争产品或是他人的相同，非但难以起到传播自身的良好效果，而且很多时候都是帮他人做嫁衣。所以，在广告创意过程中，独创性是保证品牌独特性的基本原则。

（三）简洁原则

广告创意的简洁原则又称为 KISS 原则。KISS 是英文"keep it simple stupid"的缩写，意思是"使之简单笨拙"。广告创意必须简约、单纯、明确、清晰，使人印象深刻，难以忘怀。

广告创意的简洁性既包含广告内容的简洁，也包含广告表现的简洁。简洁看似简单，但在思维上却是复杂的，除了从思想上提炼，还可以从形式上提纯。简洁是一个高度浓缩、提炼、升华的过程，要求把广告所要传达的意思以简洁明了的视觉元素、语言元素、声音元素等表现出来。一个好的广告创意表现包括三个方面：清晰、简练和结构得当。广告创意的简洁决不等于无需构思的粗制滥造，构思精巧也决不意味着高深莫测。平中见奇，意料之外，情理之中往往是在寻求广告创意时渴求的目标。从某种程度上说，简洁事物中往往孕育着巨大的想象空间，广告创意的简洁反而能增强作品的艺术效果。

广告创意的简洁也是为了让受众更好地接受广告信息。在目前信息高速增长的环境里，人们关注广告的时间是非常有限的，而且通常是在漫不经心的无意注意的状态下。一个普通的平面广告，受众关注的时间可能就是 1～2 秒钟，对户外广告的关注很可能就是在抬头或转身的一瞬间，对电视广告和网络广告，很多人几乎视而不见。所以，应尽可能用简洁明确的信息向目标受众传播他们希望接收的资讯。

（四）相关原则

广告创意必须与广告产品、消费者、竞争者和促进销售相关联。大卫·奥格威曾说过，每个产品都是英雄，关键在于通过我们的创意，让它在使用者面前表现出英雄的气质。因此找到产品特点与消费者需求的交叉点是形成创意的重要前提，也就是说广告创意是寻找产品的物性与消费者需求的个性的结合点，即找出产品能满足消费者需要的利益点。

就目前而言，这种利益点可以分为理性利益点和感性利益点，其中理性利益点与产品的特性直接相关，比较容易找出，但今天产品特性的同质化越来越高，在这点上很难出新。因此重点可以放在感性利益点上，即在产品与情感之间寻找其微妙的关联点，并以此增加消费者对产品的体验，强化记忆，加深品牌形象。

另外，对于名人广告的创意中也要符合相关性的要求，即名人与产品之间是否具有相关性。有些产品用明星做广告，却没找到产品和明星之间的联系，当受众看了之后，记住了明星，却忘了产品信息，这种创意无疑是失败的。

（五）合规原则

合规原则是指广告创意必须符合相关的广告法规及广告所应承担的社会责任。随着广告事业的蓬勃发展，广告的商业目标和社会伦理的冲突时有发生，广告主与竞争对手的火药味也愈来愈浓，广告对消费者，尤其是青少年的负面影响越来越大。因此，广告创意必须符合国家政策、法律法规、各个国家的风俗、民族信仰和社会伦理道德标准等，以保证广告文化的正面影响。

不合规的广告创意虽然能引起人们的关注，但难以实现促销的目的，甚至会对品牌形象产生负面影响。因此，广告创意应把握一个合适的度。广告不仅是吸引人们注意的一个手段，更应借助形象及主题体现企业的个性品位，尤其是在用女性及倡导女权主义的广告中，不应赤裸地把色情作为吸引受众注意的手段，而是要保证画面与主题的协调性，兼顾广告的社会功能。

三、广告创意的过程

广告创意并非一刹那的灵光乍现，而是要经过一个复杂而曲折的过程。广告大师詹姆斯·韦伯·扬将创意的产生比喻为"魔岛的浮现"，是长期知识和信息积累的结果。为了科学地阐述广告创意的过程，詹姆斯·韦伯·扬在总结多年广告经验的基础上，写成了《产生创意的方法》（A Technique for Producing Ideas）一书，提出了"创意五步骤"理论。时至今日，他的思想在我国广告界依然颇为流行。

（一）收集资料

收集资料是广告创意的准备阶段。新颖、独特的广告创意是在周密调查、充分掌握信息的基础上产生的，因此，这一阶段的核心是为广告创意收集所需信息和资料。广告创意需要收集的资料主要包括两部分。

1. 特定资料　即与广告创意直接相关的产品、服务、消费者及竞争者等方面的资料。这是广告创意的主要依据。创意者对其必须有全面而深刻的了解和认识，才有可能发现产品与目标消费者的相关性，才能激发创意的产生。

2. 一般资料　即广告创意人员必须具备的知识和信息，包括一切令你感兴趣的日常琐事，这是产生好的创意的基本条件。广告创意人员一定要广泛阅读，要有渊博的知识，才能在创作中产生灵感，做出正确的选择。

广告大师李奥·贝纳在谈到他的天才创意时说，创意的秘诀就在他的文件夹和资料剪贴簿内，他说："我有一个大夹子，我称之为 coming language（不足称道的语言），无论何时何地，只要我听到一个使我感动的只言片语，特别是适合表现一个构思或者是使此构思神龙活现，增色添音，或者表示任何种类的构想——我就把它收进文件夹内。"

"我另有一个档案簿，鼓胀胀的一大包，它已经 25 年了，我每个星期都要查阅杂志，里面全是值得保留的广告，我每天早上看《纽约时报》及芝加哥的《华尔街时报》，我把各种吸引我的广告撕下来，因为它们都做了有效的传播，或是在表现的态度上，或是在标题上，或是其他的原因。"

"大约每年有两次，我会很快地将那个档案翻一遍，并不是有意要在上面抄任何东西，而是想激发出某种能够运用到我们现在做的工作上的东西来。"

NOTE

（二）分析资料

分析资料是对所收集到的资料进行分析、归纳和整理，从中找出商品或服务最有特色的地方，找出消费者最感兴趣的地方，发现能够打动消费者的主要之点，即找出广告的诉求点。

对资料的分析研究，一般要经过以下几个步骤：①广告商品与同类商品的共同属性有哪些，如产品设计、生产工艺、售后服务及产品自身的适用性、功能、耐久性、操作难易程度等。②与竞争商品相比较，广告商品的特殊属性有哪些，分析其优势与劣势，通过对比找出广告商品的竞争优势。③列出广告商品能带给消费者的各种便利和满足，即诉求点。④找出消费者最关心、最迫切的要求，即定位点。找到了定位点，就找到了广告创意的突破口。

可以通过列表的方式，更直观地发现商品性能特点与消费者需求之间的关系，结合目标消费者的具体情况，找出商品的诉求重点。詹姆斯·韦伯·扬把这个阶段称之为"信息的咀嚼"阶段，创意者要用自己的"心智的触角到处加以触试"，从人性需求和产品特质的关联处去寻求创意。

（三）酝酿阶段

酝酿阶段即广告创意的潜伏阶段。在对有关资料进行分析后，在问题意识引导下，对各种思维材料、形象、只言片语、记忆片断、抽象概念、声音节奏等进行不断排列、连接、组合、重构，按一种人们很少意识到的方式进行内在的加工组织。广告创意应是独特的、新奇的，这就要求创作人员有独特的创造性。这一阶段需要的时间可长可短，有时可能苦思冥想却毫无结果；有时会突发灵感，迸发出思想火花，一个绝妙的主意油然而生。

（四）顿悟阶段

顿悟阶段是广告创意的产生阶段，即灵感闪现阶段。经过酝酿之后，创造性思想如"柳暗花明"似的豁然开朗。进入这一阶段的重要标志是创意灵感的不期而至，有时只是一闪念，一个让人兴奋又不太确切的意念；有时是一种突然产生的直觉，清澈的顿悟，给人一种"众里寻她千百度，蓦然回首，那人却在灯火阑珊处"的惊喜。优秀的广告创意经常会灵光乍现，不期而至，常以突发式的醒悟，偶然性的方式获得，无中生有式的闪现或戏剧性的巧遇为其表现形式。

詹姆斯·韦伯·扬在《产生创意的方法》中也提到：

"创意有着某种神秘特质，就像传奇小说般在南海中会突然出现许多岛屿。"

"根据古代水手讲，在航海图上所表示的深海洋的某些点上，会在水面上突然出现可爱的环状珊瑚岛，那里边充满了奇幻的气氛。"

"我想，许多创意的形成也是这样，它们的出现，好像在脑际白茫茫的一片飘浮中，突然便跳出了一些若有若无的'岛屿'，和水手所见的一样充满了奇幻气氛，并且是一种无法解说的状态。"

（五）验证阶段

创意验证阶段就是检验论证、发展完善广告创意的阶段。创意刚出现时常常是模糊的、粗糙的和支离破碎的，它往往只是一个初具轮廓的、闪露着智慧光芒的创意雏形，含有不尽合理的部分。这一阶段主要工作就是对上述阶段得到的新想法，运用理论知识、思维逻辑以检验论证其合理性和严密性，应用观察、实验等方法检查证明其实践上的可行性，并在验证基础上对创意加以修改、发展、完善，直至形成较成熟的创意构想。大卫·奥格威在产生和确认任何一个创意之前，都热衷于与他人商讨。比如，他为劳斯莱斯汽车创作广告时，写了 26 个不同的标题，请了 6 位同仁来审评，最后选出最好的一个："这辆新款劳斯莱斯时速 60 英里时，最大的闹声是来自电子钟。"写好后，他又找出三四位文案人员来评论，反复修改，最后才定稿。

广告创意的五部曲对今天的广告创作人员来说仍非常有用，它描述了广告创意的认知过程。当然具体到每个创作人员可能会存在一些差异，这就需要创意人员在实践中根据具体情况而定。

第二节　广告创意理论及应用

随着现代广告业的发展，结合广告创作实践的需要，各具特色的广告创意理论应运而生。特别是 20 世纪 50 年代以后形成的多种流派的广告创意理论交相辉映，影响和指导着广告活动。本节主要介绍几种具有代表性的广告创意理论。

一、USP 理论

(一) USP 理论的主要内容

USP (unique selling proposition) 是独特的销售主张的意思。它是由罗瑟·瑞夫斯 (Rosser Reeves) 在 20 世纪 60 年代提出的一种有广泛影响的广告理论。其基本要点是：第一，每一则广告必须向消费者"说一个主张 (proposition)"，必须让消费者明白，购买广告中的产品可以获得什么具体的利益；第二，所强调的主张必须是竞争对手做不到的或无法提供的，必须说出其独特之处，在品牌和诉求方面是独一无二的；第三，所强调的主张必须是强而有力的，必须聚集在一个点上，集中打动、感动和引导消费者来买相应的产品。

USP 独特销售主张的著名案例之一是罗瑟·瑞夫斯为玛氏公司 M&M's 巧克力豆所做的广告。M&M's 巧克力豆是当时美国唯一用糖衣包裹的巧克力，有了这个与众不同的特点，罗瑟·瑞夫斯仅仅花了 10 分钟，便形成了广告的构思——"只溶在口，不溶在手"。简单而清晰的广告语，只用了 8 个字，就使得 M&M's 巧克力豆不黏手的特点深入人心，M&M's 巧克力从此名声大振，家喻户晓，人们争相购买。

USP 理论指出，在消费者心目中，一旦将某种特有的主张或许诺同特定的品牌联系在一起，USP 就会给该产品以持久受益的地位。实际经验表明，成功的品牌在多少年内是不会有实质上的变化的。进入品牌至上的 20 世纪 90 年代后，广告环境产生了翻天覆地的变化，USP 理论在继承和保留其精华思想的同时，发展出了一套完整的操作模型，并将 USP 重新定义为：USP 创造力在于提示一个品牌的精髓，并通过强有力地、有说服力地证实它的独特性，使之变得所向披靡，势不可挡。同时，发展、重申了 USP 的三个要点：

1. USP 是一种独特性　它内含在一个品牌深处，或者是尚未被提出的独特承诺。它必须是其他品牌未能提供给消费者的最终利益。它必须能够建立一个品牌在消费者头脑中的位置，而使消费者坚信该品牌所提供的最终利益是该品牌独有的、独特的和最佳的。

2. USP 必须有销售力　它必须是对消费者的需求有实际重要的意义。它必须能够与消费者的需求直接相连，它必须导致消费者做出行动。它必须是有说服力和感染力，从而能为该品牌

NOTE

引入新的消费群或从竞争对手中把消费者抢过来。

3. 每个 USP 必须对目标消费者做出一个主张　USP 意味着与一个品牌的精髓所独特相关的销售主张，一个清楚的令人信服的品牌利益承诺，而且这个品牌承诺是独特的。当然，这一主张将被深深地印刻在消费者头脑之中。USP 广告不仅只是传播产品信息，更主要的是要激发消费者的购买行为。

（二）USP 理论的发展——情感销售主张 （ESP）

随着时代的变迁，传统的 USP 广告适用的市场环境改变了，USP 广告也开始了其形态变化之旅，一种被称为情感销售主张（Emotional Selling Proposition）的广告创意思想应运而生，这种广告创意思想简称为 ESP。

其思考的基点不再仅仅是罗瑟·瑞夫斯所强调的通过产品的品质或功能实现产品的差异化，而是上升到消费者情感的高度，通过赋予产品新的价值和情感，转而诉诸购买产品带来的独特消费体验及消费者形象的提升，从情感的层面挖掘商品与消费者的连接点。可口可乐和百事可乐的广告策略，基本上就是以这一广告创意思想为出发点的：可口可乐是红色，寓意着热情、奔放、富有激情；百事可乐为蓝色，象征着未来，突出"百事——新一代"的主题。

一个好的 ESP 策略的发掘和运用，首先应该瞄准目标受众的心理；其次应该与品牌紧密相关；最后要经得起时间的检验。

二、品牌形象论

（一）品牌形象论的内容

品牌形象论是大卫·奥格威在 20 世纪 60 年代提出的，是广告创意理论中的一个重要流派。在此理论影响下，出现了大量优秀的、成功的广告，比如哈萨威衬衫、壳牌石油、西尔斯连锁零售、IBM 等。

品牌形象论的基本要点主要有以下几项。

1. 塑造品牌形象是广告最主要的目标　广告就是要力图使品牌具有并且维持一个高知名度的品牌形象。同时，奥格威认为形象指的是个性，它能使产品在市场上长盛不衰，使用不当也能使它们滞销市场。因此，如果品牌既适合男性也适合女性、既能适合上流社会也适合广大群众，那么品牌就没有个性了。

2. 任何一个广告都是对品牌的长期投资　从长远的观点看，广告必须尽力去维护一个好的品牌形象，而不惜牺牲追求短期效益的诉求重点。奥格威告诫客户，目光短浅地一味地促销、削价及其他类似的短期行为的做法，无助于维护一个好的品牌形象。而对品牌形象的长期投资，可使形象不断地成长丰满。这也反映了品牌资产累积的思想。

3. 品牌形象比产品功能更重要　即认为最终决定品牌市场地位的是品牌总体上的形象，而不是产品间微不足道的差异。随着同类产品的差异性减小，品牌之间的同质性增大，消费者选择品牌时所运用的理性就减少，因此，描绘品牌的形象要比强调产品的具体功能特征要重要得多。比如，各种品牌香烟、啤酒、纯净水、洗涤化妆用品、服装、皮鞋等都没有什么大的差别。这时，为品牌树立一种突出的形象就可为厂商在市场上获得较大的占有率和利润。奥格威把品牌形象作为创作具有销售力广告的一个必要手段，即在市场调查、产品定位后总要为品牌确定一个形象。

4. 广告更重要的是满足消费者的心理需求　消费者购买时所追求的是"实质利益 + 心理利益"，对某些消费者来说，广告尤其应该重视运用形象来满足其心理的需求。广告的作用就是赋予品牌不同的联想，正是这些联想给了它们不同的个性。不过，这些联想重要的是要符合目标市场的追求和渴望。"万宝路"之所以知名，实际上不是它的烟味，也不是该香烟的其他什么内在的特性，而仅仅是该品牌形象，具体说，该商标给消费者唤起的是一些综合的极为丰富的联想。它们是虚构的西部地区、到处漂泊的牛仔、自由、独立、大草原、强壮的男子汉等构成的一幅多姿多彩的动感世界，而这些景象正好迎合了许多人的幻想。

（二）品牌形象论的影响

品牌形象理论认为，消费者购买的不是产品本身，而是产品能够提供的物质利益和心理利益。这种广告创意法把对产品品牌的长期投资放在首要位置，一旦以长期投资为目标，企业在有些时候就必须牺牲短期利润。

可是长期利润和短期利润的平衡问题，近年来已经成为令企业和广告界最为头疼的问题之一。按照大卫·奥格威的看法，产品的品牌形象一旦培植到出众的地步，生产该产品的企业将会以最高利润获得最大的市场份额。然而，随着竞争的日趋激烈，要维持品牌形象的活力和领导地位，广告费用也会越来越大，企业利润开始降低，许多企业把广告作为开支来看待，为了保证利润，广告预算成为削减支出的首要策略。愈演愈烈的促销战等短期获利行为使许多企业对长期投资望洋兴叹，即使许多著名的大品牌也在为经过长期投资建立起来的品牌形象是否受到侵蚀而感到惴惴不安。

三、ROI 理论

ROI 理论是广告大师威廉·伯恩巴克（William Bernbach）于 20 世纪 60 年代提出的一种实用的广告创意指南，也是他创立的 DDB 广告公司的创作经验总结。ROI 理论是美国艺术派广告创作理念的代表，其核心思想认为，一个优秀的广告应具备三个基本特质：关联性（relevance）、原创性（originality）、震撼力（impact）。

（一）关联性　（relevance）

所谓关联性，就是广告创意的主题必须与产品、消费者甚至竞争者密切相关。好的广告不仅仅有想象力，更要能关联到消费者的需要上。在开始创作之前，全面细致地了解广告的产品，找出最能满足消费者需要的利益点，特别是注意把握产品与消费者情感之间的关联点。广告与消费者、产品之间的关联性，往往通过关联体来反映。关联体应该是生活中司空见惯的，并为大众所认可的物体。关联体与产品特性的关联性越强，消费者就越能够理解，广告效果就越好。

（二）原创性　（originality）

所谓原创性，就是广告创意要打破常规，与众不同，令人耳目一新，引起受众的注意，触动目标消费者的心灵。

广告创作的一个根本要求就是新颖，广告必须有所创新，以区别于其他的商品和广告。创新首先要突破常规的禁锢，善于寻找诉求的突破。广告怎样才能令人耳目一新呢？通常可以通过反传统、组合旧元素、寻求生活素材等方法获取。①敢于反传统。敢于在广告角色、观念、表现等方面一反惯常手法，打破常规的广告习惯和广告模式。②旧元素，新组合。旧元素是消费者司空见惯的或非常熟悉的，从一个新的角度重新运用这些旧元素，达到出奇制胜的效果。③抓取生活素材。广告应该来源于生活，又高于生活，是艺术化了的生活。生活中有很多素材可以用在广告上，善于观察生活，从生活中汲取创作的灵感，这是获取广告原创性的源泉。

（三）震撼力（impact）

所谓震撼力，就是指广告作品在瞬间引起受众注意并在心灵深处产生震动的能力。一条广告作品在视觉和听觉以至心理上对受众产生强大的震撼力，其广告信息的传播效果才能达到预期的目标。

关联性、原创性和震撼力在逻辑上存在着先后的关系，在作用上各有不同，独立而关联，相互之间不能取代。ROI 创意理论认为，广告创意如果与商品之间缺乏关联性，就失去了创意的意义，而广告如果没有原创性，就缺乏广告作品的吸引力和生命力，最后，广告创意如果没有震撼力，则又谈不上传播效果。当然，一个创意要同时具备这三个要素也着实不易。要达到这三者的完美结合，就必须深刻地了解目标受众，清楚产品的特点，明确商品的定位，才能准确有效地传达商品的信息，震撼消费者，引起消费者的兴趣，产生共鸣，使其对宣传的产品产生好感，从而产生一种购买欲望，发生购买行为。

比如，威廉·伯恩巴克为大众甲壳虫车所做的系列广告就是这一理论的经典案例。甲壳虫车最初进入美国市场时，因为被认为外观不漂亮、小等特征而不受欢迎。威廉·伯恩巴克就以 Think small 为主题找寻广告创意，"我们的小轿车并没有多少新奇之处。一二十个学生恐怕挤不下，加油站的那伙计也不想搭理它。对于它的外形，从来没有人拿正眼瞧它一下。事实上，连驾驶这种廉价小轿车的人们也没有仔细想过：一加仑汽油可行驶 27 英里，五品脱的汽油顶得上五夸脱；从来不需要防冻剂；一副轮胎可以行驶 40000 英里。我们为你精打细算，你也觉得习以为常，这便是你根本没去想它的原因。只有当你能在那狭小的停车点泊车时，当你去更换那小面值的保险卡时，当你去支付那小数额的维修费时，当你开着这甲壳虫车去以旧换新时……你才想起了小的好处。"可见，威廉·伯恩巴克正是从实际生活中发现甲壳虫车的"小"给大家带来的利益和满足，引起消费者的共鸣。

四、定位理论（positioning）

（一）定位理论的内容

广告定位理论（Positioning）是艾尔·里斯（Al Ries）和杰克·特劳特（Jack Trout）提出的。进入 20 世纪 70 年代，随着竞争的加剧，产品同质化现象日益严重。在一个媒体过度、传播过度、产品过度的时代，消费者真正可以接收到的信息却越来越少。这样的背景下，1972年，两位年轻的广告人——艾尔·里斯和杰克·特劳特在《产业营销》（Industrial Marketing）和《广告时代》（Advertising Age）杂志上发表了一系列文章，系统地阐述了关于"定位"这一观念。这种观念提出之后，被不断加以修正和发展，时至今日已经成为一种非常实用的广告创意方法。

他们认为，所谓定位，就是利用广告为产品在消费者心目中找到并确立一个独特的位置。定位本质上并不是要改变产品，事实上产品的价格和包装都丝毫未变，定位只是在顾客脑子里占据一个有价值的位置，而且这个位置必须是别人还没有占有的。定位理论强调需要创造心理差异、个性差异，主张从传播对象（消费者）角度出发，由外向内在消费者心目中占据一个有利位置。随着时间的推移，定位的应用范围不断扩大：从最初在广告业中作为打动顾客的传播与沟通技术小试锋芒，到后来被引用到整个营销领域里大放异彩。

（二）常用的广告定位方法

1. 实体定位　即选择突出与其他商品有明显区别的特点，以引起消费者的注意和兴趣。商品的特点和优势主要体现在其实体本身上，可以是多方面的，包括商品品质、功效、工艺、外观、价格等。比如，感冒药品"白加黑"为了表明其在使用方法、功效上等与同类药品的区别，特别突出"治疗感冒，黑白分明"。

2. 首席定位　首席定位是追求成为行业或某一方面"第一"的市场定位。"第一"的位置是令人羡慕的，因为它说明这个品牌在领导着整个市场。品牌一旦占据领导地位，冠上"第一"的头衔，便会产生聚焦作用、光环作用、磁场作用和"核裂变"作用，具备追随型品牌所没有的竞争优势。比如，香飘飘奶茶定位于"杯装奶茶的开创者和领导者"。

3. 比附定位　即企业在广告定位中，不但明确自己现有的位置，而且明确竞争者的位置，然后用比较的方法设法建立或找到自己的品牌与竞争者的品牌、自己想要占据的位置与竞争者已占据的位置之间的关系，使自己的品牌进入消费者心目中，或用比较的方法在消费者心目中开拓出能容纳自己品牌的位置。现实广告活动中，有多种形式的比附定位。

（1）甘居第二　明确承认同类产品中另有最负盛名的品牌，自己只不过是第二而已。这种策略会使人们对公司产生一种谦虚诚恳的印象，相信公司所说是真实可靠的，同时迎合了人们同情弱者的心理，这样消费者对这个品牌的印象会更深刻。比如，美国艾维斯出租汽车公司定位为"我们是老二，我们更加努力"之后，品牌知名度反而得到很大提升，赢得了更多的忠诚客户。

（2）攀龙附凤　具体来说，就是首先承认同类产品中已卓有成就的品牌，本品牌虽自愧弗如，但在某一地区或在某一方面还可以与这些最受消费者欢迎和信赖的品牌并驾齐驱，平分秋色。内蒙古宁城老窖打出的广告语"宁城老窖——塞外茅台"，就属于这一策略。

（3）进入高级俱乐部　公司如果不能攀附为第二名，也可以利用模糊数学的手法，借助群体的声望，把自己归入高级俱乐部式的品牌群体中，强调自己是这一群体的一员，暗示自己的位置与竞争者的位置一样重要，从而提高自己的形象和地位。曾经，美国克莱斯勒汽车公司宣布自己是美国三大汽车公司之一，使消费者感到克莱斯勒和第一、第二一样都是知名轿车，同样收到了良好的宣传效果。

4. 是非定位　即打破既定思维模式，创立一种超乎传统理解的新观念。美国七喜汽水堪称广告史上运用是非定位的成功典范。其实在美国市场的软饮料销售中，可乐三分天下有其二，剩下的市场为形形色色饮料所瓜分。七喜为了能在可乐之后取得相对优势，为自己进行了巧妙的定位："七喜，非可乐。"这是一个非常简洁的策略，直接地饮料分为两大类：可乐型和非可乐型，要么喝可乐，要么喝非可乐，而明确标举自己非可乐的只有七喜。显然，七喜的定位策略中明显地使用了"是－不是"的判决模式。事实证明，七喜做得很成功。

5. 重新定位　也叫再定位，即打破产品在消费者心中原有的形象和位置，以创造一个利于产品发展的新形象。比如，宝洁公司当年推出一次性尿布时，广告定位于"方便妈妈"，在市场上遇到阻碍。后来重新定位于"舒适宝宝"，暗示一次性尿布不是因为母亲要图方便，而是因为宝宝需要柔软、更安全卫生的尿布。这样一个定位的转变，一切问题就迎刃而解了。

五、共鸣论（resonance）

共鸣论（resonance）是由美国广告理论专家 T. Schwartz 在 20 世纪 70 年代提出的共鸣模型（resonance mode）发展而来的，20 世纪 80 年代在美国广告界出现并广泛应用。该理论主张在广告中述说目标对象珍贵的、难以忘怀的生活经历、人生体验和感受，以唤起并激发其内心深处的回忆，同时赋予品牌特定的内涵和象征意义，建立目标对象的移情联想，通过广告与生活经历的共鸣作用而产生效果和震撼。

共鸣论最适合大众化的产品或服务，在拟定广告主题内容前，必须深入理解和掌握目标消费者，通常选择他们所盛行的生活方式加以模仿。运用共鸣论取得成功的关键是要构造一种能与目标对象所珍藏的经历相匹配的氛围或环境，使之能与目标对象真实的或想象的经历连接起来。

共鸣论侧重的主题内容主要有童年回忆、爱情、亲情、友情等。建立在共鸣论基础上的优秀广告并不鲜见，比如，影响和传播效果非常出色的"优乐美"奶茶系列广告，"我是你的什么？""你是我的优乐美啊！""原来我是奶茶啊？""这样，我就可以把你捧在手心了"日常动人的爱情场面，使消费者对该品牌产生强烈的共鸣。

第三节　广告创意的思维方法

广告是一项追求新颖奇特，谋求创意、表现创意的艺术，但不经过"思考"的创意是不够成熟的。因此，广告创意人员不仅要掌握产生广告创意的原则和程序，还必须学会形成创意的思维方法。实际上，有关广告创意中的思维方法问题，早在 1969 年在日本东京举行的第 21 届国际广告会议中便已经引起广告界重视，与会的各国广告代表希望对这一问题详加研究，以便使广告人在实际广告活动中，较易产生新的创意。现在广告界已经发展出一套较为成熟和全面的广告创意的思维方法。

一、"二旧化一新"创意法

"二旧化一新"的概念是亚瑟·科斯勒在研究人类心智作用对创意的影响时提出的。这种被称之为"创意的行动"的构想，由于在实践过程中对创意的构想和发展影响很大，因此人们把它当作一种创意方法而加以推广和运用。

"二旧化一新"创意法的基本含义是：两个原来相当普遍的概念，可能是两种想法、两种情况或者两种事物，把它们放在一起，结果会神奇般地获得某种突破性的新组合；有时，即使是完全对立、互相抵触的两个事件，也可以经由"创意的行动"和谐地融为一体，成为引人注目的新构想。简单地说，"二旧化一新"就是人们常说的"旧元素，新组合"。比如一则生发剂广告，"锄禾日当午，汗滴禾下土"的勤劳场景与脱发、头发稀疏的场景都很常见，将他们合二为一就呈现出一个全新的创意。

亚瑟·科斯勒的"二旧化一新"创意方法的主要价值在于，能使创意者把各种不相关的，甚至相抵触的事物经过冲突组合而产生另一个更使人注目的创意构想。它的科学性同样可以从心理学关于想象和创造思维方面的研究成果得到证实。

二、垂直思维法

垂直思维法（vertical thinking）也称纵向思维法、逻辑思考法或收敛性思维法，是英国心理学家爱德华·戴勃诺博士（Dr Edward De Bono）所倡导的广告创意思维方法。这是一种十分理性的思维方法，它按照一定的方向和路线，运用逻辑思维的方式，在一个固定的范围内，向上或向下进行纵向思考。其主要特点是思维的方向性与连续性。方向性是指思考问题的思路或预先确定的框架不能随意改变；连续性则是指思考从一种已知状态开始，直接进入相关的下一状态，如此顺序前进，中间不能中断，直至解决问题。有人用两个比喻来形象地说明垂直思维的方向性和连续性：譬如挖井，只能从指定位置一锹一锹连续往下挖，不能左右挖，也不能中间漏掉一段不挖；又如建塔，只能从指定位置将石头一块一块向上垒，不能左右垒，也不能中间隔掉一段不垒。

由于人类的垂直思维存在着正向与反向的方向性差异，于是产生了顺向垂直思维与逆向垂直思维两种形式。二者是相对而言的，一般认为，顺向垂直思维是指沿着人们的习惯性思考路线去思考，而逆向垂直思维则是指悖逆人们的习惯路线去思维。

垂直思维法的重点是思考的深度而不是广度，它要求思考问题的人目标集中、用心专一，它是寻求广告创意时最经常、最基本的思考方法。很明显，垂直思维法的优点是思路清晰，比较稳定。但由于这种方法是从已知求未知，因而往往囿于旧知识和旧经验的束缚，使得思考的空间有局限性，容易使人故步自封，脱离实际，使创意缺少创新，重复雷同。尤其是顺向垂直思维，这些缺点更为突出和明显。

人们解决问题时，习惯于按照熟悉的、常规的思维路径去思考，即采用顺向垂直思维，有时能找到解决问题的方法，收到令人满意的效果。然而，实践中也有很多事例，对某些问题利用顺向垂直思维却不易找到正确答案。一旦运用逆向垂直思维，常常会取得意想不到的功效。比如，德国"汉斯"番茄酱，其味道浓，但产品刚上市时，消费者在使用过程中纷纷抱怨这种牌子的番茄酱"倾倒时间太长"，因而销售受阻。对此，公司老板因势利导，改变广告宣传重点，在新广告宣传中，突出其番茄酱之所以流速慢，是因为它比别的番茄酱浓，味道也比稀的好，甚至公然宣称"汉斯"是流速最慢的番茄酱。如此大做文章后，消费者不仅不把"流速慢"看成是缺点，反而将其视为产品纯正、质量好的象征。

三、水平思维法

水平思维法（lateral thinking），又称为横向思维法、发散式思维法，是指在思考问题时摆脱已有知识和旧的经验约束，冲破常规，提出富有创造性的见解、观点和方案。水平思维法是针对垂直思维而言的，是指创意思维的多维性和发散性。它要求尽量摆脱固有模式的束缚，多方向、多角度、多方位地思考问题，不断寻求全新的创意。和垂直思维法不同，水平思维法就像是跳出原有的洞，再去挖一个又一个的新洞；丢下原有的塔，再去垒一个又一个的新塔。

垂直思维是以逻辑与线性为代表的传统思维模式，这种思维模式最根本的特点是：根据前提一步步地推导，按照因果关系产生结论，也不允许出现步骤上的错误；它当然有合理之处，例如归纳与演绎等，都是非常重要的思维方法，但如果一个人只会运用垂直思维这种方法，他

NOTE

就不可能具有创造性。区别于垂直思维，水平思维不是过多地考虑事物的确定性，而是考虑它多种选择的可能性；关心的不是完善旧观点，而是如何提出新观点；不是一味地追求正确性，而是追求丰富性。

爱德华·戴勃诺博士认为，没有水平思维，我们就无法充分利用那些可用的信息和经验，并会陷在原有的模式、结构、观念和感知中无法自拔。水平思维能弥补垂直思维之不足，克服固执偏见和旧观念对人的束缚，有利于人们突破思维定式，获得创造性构想；但水平思维法是有一定难度的，因为它没有现成的依据，没有确定的方向，而习惯意识往往很顽固。

垂直思维法和水平思维法这两个概念都是由英国心理学家爱德华·戴勃诺博士在进行管理心理学研究中提出的。他曾对这两种思维方法进行比较，总结出两者的主要区别：①垂直思维法是有选择性的，水平思维法是生生不息的。②垂直思维法只有在确定了一个方向时才移动；水平思维法则是为了产生一个新的方向。③垂直思维法是分析性的，水平思维法是激发性的。④垂直思维法是按部就班的；水平思维法是间断的，可以跳来跳去的。⑤用垂直思维法必须每一步都正确，用水平思维法则不必。⑥垂直思维法为了封闭某些途径要用否定，水平思维法则无否定可言。⑦垂直思维法必须集中排除不相关的因素，水平思维法则欢迎新东西闯入。⑧用垂直思维法思考问题的类别、分类和名称都是固定的，用水平思维法则没有固定模式。⑨用垂直思维法要遵循最可能的途径，水平思维法则探索最不可能的途径。⑩垂直思维法是无限的过程，水平思维法则是或然性的过程。

四、头脑风暴法

头脑风暴法（brain-storming）也叫集脑会商思维法、会商思维法、脑力激荡法或智力激励法，由美国 BBDO 广告公司负责人奥斯本于 20 世纪 40 年代提出。其方法是集中一批专家、技术人员和其他有关人员共同思考，集思广益，寻求最佳广告创意。参加会商的应当有各种知识类型和各种思维方式的人员，在头脑风暴过程中，大家相互启发、相互激励、相互补充，通过头脑激荡，使众人的智慧形成一种更高层次的智慧组合。这也是目前一些大型广告公司普遍采用的创意方法。

（一）头脑风暴法的基本原则

1. 自由畅想原则　创造一种自由、活跃的气氛，使与会者思想放松，不受任何条条框框限制，让思维自由驰骋，各抒己见。从不同角度、不同层次、不同方位，大胆地展开想象，尽可能地标新立异，与众不同，提出独创性的想法。为了使大家能够畅所欲言，一般规定不要私下交谈，以免分散注意力；不妨碍他人发言，每人只谈自己的想法。

2. 延迟评判原则　头脑风暴必须坚持当场不对任何设想做出评价的原则，对各种意见、方案的评判必须放到最后阶段，此前不能对别人的意见提出批评和评价。认真对待任何一种设想，而不管其是否适当和可行。既不能肯定某个设想，又不能否定某个设想，也不能对某个设想发表评论性的意见，一切评价和判断都要延迟到会议结束以后才能进行。这样做一方面是为了防止评判约束与会者的积极思维，破坏自由畅谈的有利气氛；另一方面是为了集中精力先开发设想，避免把应该在后阶段做的工作提前进行，影响创造性设想的大量产生。

3. 禁止批评原则　绝对禁止批评是头脑风暴法应该遵循的一个重要原则。参加头脑风暴会议的每个人都不得对别人的设想提出批评意见，即使自己认为是幼稚的、错误的，甚至是荒诞离奇的设想，亦不得予以驳斥，因为批评对创造性思维无疑会产生抑制作用。同时，发言人的自我批评也在禁止之列。有些人习惯于用一些自谦之词，这些自我批评性质的说法同样会破坏会场气氛，影响自由畅想。诸如"这根本行不通""你这想法太陈旧了""这是不可能的""这不符合某某定律"及"我提一个不成熟的看法""我有一个不一定行得通的想法"等语句，禁止在会议上出现。只有这样，与会者才可能在充分放松的心境下，在别人设想的激励下，集中全部精力开拓自己的思路。

4. 追求数量原则　头脑风暴会议的目标是获得尽可能多的设想，追求数量是它的首要任务。参加会议的每个人都要抓紧时间多思考，多提设想。至于设想的质量问题，可留到会后的设想处理阶段去解决。在某种意义上，设想的质量和数量密切相关，产生的设想越多，其中的创造性设想就可能越多。

5. 综合改善原则　头脑风暴会议鼓励与会者除提出自己的意见外，认真思考他人的创意，对他人已经提出的设想进行补充、改进和综合，强调相互启发、相互补充和相互完善，从而产生更好的创意。

（二）头脑风暴法的操作过程

1. 准备阶段　在这个阶段，首先明确议题。负责人应事先对所议问题进行一定的研究，弄清问题的实质，找到问题的关键，设定解决问题所要达到的目标。其次，选定参加会议人员，确定主持人和记录员。奥斯本在《发挥独创力》中指出一般以 5～10 人为宜，不宜太多。与会人员的构成最好来源于不同学科、不同背景，确保与会人员能多角度看待问题，提出不同见解。然后将会议的时间、地点、所要解决的问题、可供参考的资料、需要达到的目标等事宜一并提前通知与会人员，让大家做好充分的准备。

2. 热身阶段　这个阶段的目的是创造一种自由、宽松、热烈的氛围，使大家得以放松，进入一种无拘无束的状态。主持人宣布开会后，先说明会议的规则，然后随便谈点有趣的话题或问题，让大家的思维处于轻松和活跃的境界。如果所提问题与会议主题有着某种联系，人们便会轻松自如地导入会议议题，效果自然更好。

3. 讨论阶段　每位与会者明确需要解决的问题和开会目标后，结合自己的独特理解，对问题的实质和解决方法提出各种各样的看法，自由地开展讨论，使会议气氛逐渐活跃起来。同时，记录员要尊重每个与会者提出的构想与建议，把每个人的发言记录下来。

4. 畅谈阶段　经过初步的讨论，主持人要进一步引导与会者克服心理障碍，提倡标新立异，欢迎每一种创意的产生与出现，最大限度地调动每个与会者的积极性，激发其创造力。充分调动与会者的潜意识活动，结合他人意见，通过发散、收敛、联想、类比、想象、迁移、强化、顿悟等手法，各抒己见，畅所欲言，提出尽可能多的新奇设想。

5. 筛选阶段　会议结束后的一两天内，主持人应向与会者了解大家会后的新想法和新思路，以此补充会议记录。然后将大家的想法整理后，交由评价小组按照诸如可识别性、创新性、可实施性等标准进行筛选。经过多次反复比较和优中择优，最后确定 1～3 个最佳方案。这些最佳方案往往是多种创意的优势组合，是集体智慧综合作用的结果。

NOTE

第四节　广告创意表现

在日常生活和工作中，总是充斥着无数的广告信息，但并不是所有的信息都能被我们注意并接受。人们总是有意或无意地忽略某些信息，对可能接触的信息数量和性质进行筛选。而广告信息的传受环境更为复杂，要引起受众注意的难度更大。因此，广告应该传递什么信息，寻求怎样的创意并表现这些信息，正是广告创意表现的重要任务。

一、广告创意表现的含义

广告创意表现简称广告表现，是传递广告创意策略的形式整合，即通过各种传播符号及其组合，形象地表述广告信息，以达到影响消费者购买行为的目的。广告创意表现的最终形式是广告作品。广告创意表现在整个广告活动中具有重要意义：它是广告活动的中心；决定了广告作用的发挥程度；广告活动的管理水平最终由广告表现的效果体现出来。

广告表现是一种创造性活动，具有艺术性，但不是纯粹的艺术品。受众对广告信息的注意属于无意注意，广告不可能强迫受众接受某些信息，只能借助于文学、绘画、舞蹈、电影、电视等多种艺术表现手法，引起他们的注意，促使其产生兴趣。广告表现既要艺术，也要科学，必须依从于广告的整体策略和广告创意，按照广告创意的要求进行创作。

广告表现与广告创意相互依存，广告表现使用的手段直接影响广告创意的说服力，广告创意的执行情况由具体的广告表现水平来体现，并直接关系到广告的传播效果和营销成效。没有准确、独特的创意概念，广告表现所拥有的各种艺术手段和媒体技术，只能产生包装华丽却平淡无味的装饰品；而失去优秀的再创造的配合，缺乏专业水准的创意执行能力，也会使原本精彩的广告创意在转化为具体媒体语言时，变得支离破碎和面目全非。广告表现不仅要为创意找到最佳的表现语言，营造最有魅力的气氛，还应该对丰富的艺术表现形式进行准确选择，使广告创意得到最单纯、最简洁的诉求。

二、广告创意的表现方式

广告创意有各种各样的表现方式，从不同的角度可以进行不同的分类。这里根据广告表现的内容将其分为三类。

（一）商品信息型

商品信息型广告表现主要是站在广告主的角度传递信息，在广告中直接说明、宣传商品的性能、特点、服务等，以吸引消费者产生购买行为。早期的广告较多采用这种表现形式。现在，对于处于产品生命周期导入期的产品，由于消费者不了解、不熟悉该新产品，广告主常常也会采用这种表现形式，通过对商品的说明，重点突出产品的性能和质量，扩大影响，增进认知，刺激消费者产生购买欲望。另外，广告运用名人专家示范、实证等方式演示某种商品的使用方法或传递商品性能等，也属于商品信息型表现方式。

（二）生活信息型

生活信息型广告表现主要从消费者的利益着眼，突出商品或服务给消费者带来的价值、利益和欲望的满足，展现商品与消费者生活之间的关系。随着生产的发展和人们生活水平的提高，产品的种类更加丰富，消费者的选择性需求更加明显，广告需要强调产品或服务在人们日常生活中的意义和作用，增加消费者好感，以吸引其选购。例如，宝洁公司汰渍洗衣粉的系列广告，在画面中用现实生活场景来表现，孩子穿着污渍斑斑的白色衣物回到家，家长发愁洗不干净，用汰渍洗后，污渍无存，这样既凸显了产品给人们带来的满足，又暗示了产品的性能，给消费者留下深刻印象。

（三）附加价值型

附加价值型是当代流行的广告表现方式，给商品附加新价值、新魅力，打动消费者，使消费者留下更深刻的印象。随着收入的增长，消费者选购商品时看重的往往不再仅仅是商品的自然属性，同时更加关心商品可能带来的附加利益和价值。附加价值可以是理性的、功能性的，也可以是心理的、想象性的，还可以是社会的、象征性的。广告要选择恰当的、最佳的附加价值，以抓住消费者的注意力，达到影响目标消费者，改变其态度、观念、行为的目的。

三、广告创意的表现技巧

（一）夸张

夸张是广告创意表现中经常使用的手法，运用丰富的想象，扩大或缩小事物的特征，增强表现的效果，引起受众对广告信息的强烈感受。文学家高尔基指出："夸张是创作的基本原则。"通过这种手法能更鲜明地强调或揭示事物的实质，加强作品的艺术效果。比如，一家美容院的门口挂着这样的广告牌："沈殿霞进去，林青霞出来。"

夸张是在一般中求新奇，通过虚构把对象的特点和个性中某些方面进行夸大，赋予人们一种新奇与变化的情趣，为广告设计的艺术美注入了浓郁的感情色彩，使产品的特征鲜明、突出、动人。但要注意夸张必须控制在广告活动允许的范围内，不能让受众对广告产品的信息产生误解。

（二）对比

对比是把作品中所描绘的事物的性质和特点放在鲜明的对照和直接对比中来表现，借彼显此，互比互衬。通过这种手法将广告产品改进前后、使用前后、品质优劣等各方面进行对比，更鲜明地强调或提示产品的功效、品质、价格等信息，使受众在比较中感知广告信息，并做出判断和选择。比如，一则治疗皮肤病的药品平面广告，特意突出图片框中文字所在位置和图片特征，通过前后比较，暗示了产品的效用。

作为一种常见的行之有效的广告创意表现手法，对比不仅使广告主题加强了表现力度，而且饱含情趣，扩大了广告设计作品的感染力。对比手法运用的成功，能使貌似平凡的画面隐含着丰富的意味，展示广告设计主题表现的不同层次和深度。但要注意在我国由于对竞争性的比较广告有严格的要求，在进行广告创意表现时一定要慎之又慎，以免招惹纠纷。

（三）幽默

幽默是广告作品中巧妙地再现喜剧性特征，抓住生活现象中局部性的东西，通过人们的性格、外貌和举止的某些可笑的特征表现出来，从而使受众对广告内容产生乐趣和亲切感。幽默的表现手法，往往运用饶有风趣的情节，巧妙的安排，把某种需要肯定的事物无限延伸到漫画的程度，造成一种充满情趣、引人发笑而又耐人寻味的幽默意境。幽默的矛盾冲突可以达到出

NOTE

乎意料，又在情理之中的艺术效果，勾起受众会心的微笑，以别具一格的方式发挥艺术感染力的作用。

采用这种创意策略的广告有很多，比如，GNC Burn 60 减肥药平面广告，为了突出瘦一些的人能生存的更长久这一主题，在遇见鳄鱼的时候，本来有机会逃过一劫，可是大肚腩却出卖了你。诙谐、幽默、简洁、形象、易懂的广告创意不得不让我们为之叫好。

（四）拟人

拟人也是广告创意表现中常用的一种技巧，即赋予非人的事物以人格或人性的特征，使其人格化。比如，予以动物、器物、商品等人格化，赋予图形新的生命和一种新意义。这种广告创意以一种形象表现广告商品，使其带有某些人格化特征，即以人物的某些特征来形象地说明商品，可以使商品生动、具体，给受众以鲜明的、深刻的印象，同时可以用浅显常见的事物对深奥的道理加以说明，帮助受众深入理解。比如，杀虫剂广告，由于虫子都没了，青蛙不得不出来找工作谋生。

（五）比喻

比喻即在广告设计过程中选择两个看似各不相同，而在某些方面又有些相似性的事物，"以此物喻彼物"，对广告产品或劳务的特征进行描绘或渲染，或用浅显常见的道理对深奥的事理加以说明，以帮助受众深入理解，使事物生动具体，给人以鲜明深刻的印象。与其他广告创意表现手法相比，比喻手法比较含蓄，有时难以一目了然，但一旦领会其意，便能给人意味无尽的感受。

比喻型的广告创意表现又分明喻、暗喻、借喻三种形式。例如，德芙巧克力广告采用明喻，在广告中宣传："牛奶香浓，丝般感受。"塞尼伯里特化妆公司粉饼广告采用暗喻，宣传自己的粉饼为："轻轻打开盒盖，里面飞出的是美貌。"国外一家家电公司采用借喻，广告自己微波炉的简易操作性，其广告语为："我家的猫用某微波炉烤了条鱼吃。"

（六）悬念

悬念即在表现手法上通过设置悬念，故弄玄虚，布下疑阵，使人对广告画面乍看不解题意，造成一种猜疑和紧张的心理，驱动人们的好奇心，引起受众进一步探明广告题意的强烈愿望，然后通过广告标题或正文把广告的主题点明出来，使悬念得以解除，给人留下难忘的心理感受。

悬念很容易吸引受众，这种表现手法有相当高的艺术价值，它首先以悬疑的手法，调动和刺激受众产生疑惑、紧张、渴望、揣测、期待等一系列心理，并持续和延伸，加深矛盾冲突，吸引受众的兴趣和注意力，造成一种强烈的感受，产生引人入胜的艺术效果。例如，菲律宾国家旅游公司曾以到菲律宾旅游有"十大危险"作为广告主题，利用悬念吸引读者进一步阅读广告的详细内容，从而让人们认识到：菲律宾是世界上名副其实的旅游胜地。

（七）变形

在广告创意表现中，将广告元素有意识地加以改变，做超出原形形象实际和可能的扭曲、变形和状态改变，抽象表现或夸张地突出某一局部，可以起到烘托、渲染主题的作用，目的就是强调广告产品的某一特征。变形包括文字的变形、画面的变形、声音的变形、动作的变形等。比如，国外一孕妇咨询中心的广告表现（图6-1），倒置的问号勾勒出一个孕妇形象，告知受众这是一个为孕妇提供咨询的机构。

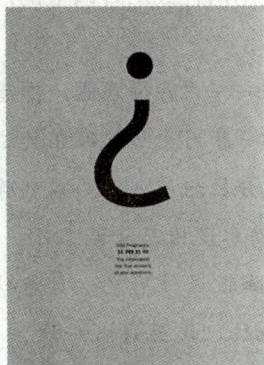

图 6－1　孕妇咨询中心的广告

（八）联想

联想是指客观事物的不同联系反映在人的大脑里而形成了心理现象的联系，它是由一事物的经验引起回忆另一看似不相关联事物的经验的过程。联想出现的途径多种多样，可以是在时间或空间上接近的事物之间产生联想；在性质上或特点上相反的事物之间产生联想；因形状或内容上相似的事物之间产生联想；在逻辑上有某种因果关系的事物之间产生联想。例如，台湾爱达广告公司为 ADIDAS 球鞋进行的广告创意——捉老鼠与投篮："猫在捉老鼠的时候，奔跑、急行、回转、跃扑，直到捉到老鼠的整个过程，竟是如此灵活敏捷，这与它的内垫脚掌有密切的关系。同样的，一位杰出的篮球运动员，能够美妙地做出冲刺、切入、急停、转身、跳投到进球的连续动作，这除了个人的体力和训练外，一双理想的篮球鞋，是功不可没的。"在此广告创意表现中，"一只球鞋"和"一只小猫"看似"风马牛不相及"，但是，广告主创人员巧妙地利用联想把它们联系起来，给人以新颖、奇妙之感。

（九）嫁接

嫁接的广告创意表现技巧实际上就是图形视觉元素的相互替代，即在画面中减少某一局部因素，增补另一因素，其形和轮廓大致相互照应，力图表达双方之间在某种层面的内在联系和在形态上的相似性。类似于人们常说的张冠李戴，在图形视觉因素的某一阶段上截取，然后换上另一视觉元素，通过类比，近似联想，使移花接木的结果仍在情理之中，深刻地表达广告主题。比如，益佰推出感冒止咳糖浆时，用抗感冒药和止咳药各截取药瓶的一半，进行嫁接，将二者合二为一。

（十）名作利用

名作利用通常是利用大家耳熟能详的著名艺术作品如绘画、雕塑等，对其做局部改动、添加、减少、移动、错位等，以满足广告主题的需要。由于这些艺术作品已经在人们头脑中留下深刻的印象，加之局部的变异又能进一步引起目标受众的注意，使其产生心理共鸣。因此，利用名作的影响力进行广告创意表现，很容易取得成功。比如，美国一则公益广告，利用冷得瑟瑟发抖的自由女神，突出天气的寒冷与人们的无助，号召大家捐赠衣物。在运用这一表现手法时，要注意不能为了刻意追求名作的视觉形象而歪曲作品的真实意图，以免对原作造成伤害或构成侵权。

在实际广告创作活动中，用到的广告创意表现的技巧和方法有很多，除上述常用方法以外，还有直接展示、情感渲染、文字构想、视觉推移、对称图形、选择名人、连续系列等。而

NOTE

且，在同一则广告中，有时会同时使用两种或两种以上的广告创意表现手法。

【案例】

Xalatan——"奴役双眼　恨错难返"

Xalatan 是 Pfizer 辉瑞公司推出的一款用于降低眼压的滴眼剂，主要用于降低开角型青光眼和高眼压症患者升高的眼压。活性成分拉坦前列素为前列腺素 F2α 的类似物，是一种选择性前列腺素 FP 受体激动剂，能通过增加房水流出而降低眼压。在人类，减低眼压从给药后 3 ~ 4 小时开始，8 ~ 12 小时达到最大作用，降眼压作用至少可维持 24 小时。Xalatan 在全球各主要市场中都占据青光眼药物治疗的领先地位。该药每日一次，平均降眼压幅度达到 35%，降眼压作用持续稳定，全身耐受性好，可以与其他所有抗青光眼药物联合应用，具有累加作用。

麦肯健康香港和上海公司为辉瑞制药（香港）的 Xalatan 青康明滴眼剂设计制作了"眼奴"系列平面广告。广告中出现了一个个布满血丝、受尽压迫的眼球奴隶，他们是悬梁刺股的考生、接单不止的美工、技艺高超的游戏达人等，为了实现自己的梦想成为工作和学习的狂魔，他们透支着自己的健康，"压迫、奴役"自己的双眼，让眼睛超负荷工作。广告创意意在呈现这类人群为了自身的事业发展、理想、赚钱而强迫自己的眼睛熬夜加班，眼睛对他们来说就像是戴着镣铐的奴隶，在监视下没日没夜地工作着。创意很直观地表现了眼疲劳的伤害，与眼药水产品自然地结合起来，提醒那些压迫眼睛的人群，警告每一双"眼奴"的"奴隶主"，如再继续奴役自己的双眼，必将恨错难返！

作为广告行业的风向标，素有广告行业奥斯卡之称的戛纳国际创意节每年都会吸引全球人们的关注，能够在创意节斩获沉甸甸的"小狮子"奖杯，更是众多广告人的梦想。2016 年 6 月 25 日，为期 8 天的第 63 届戛纳国际创意节落下帷幕。虽然今年领奖台上，中国面孔出现的不是很多，但是也让大家看到了我们的努力和创意。其中，这则麦肯健康香港/上海公司为 Xalatan 滴眼剂制作的"奴役双眼 恨错难返"系列平面广告获得了健康制药类的金狮奖。

（资料来源：改编自中国广告：你知道 2016 戛纳中国军团有哪些获奖作品？
http：//www. ad-cn. net/read/5807. html. 2016 – 07 – 12）

讨论：

Xalatan 滴眼剂的"奴役双眼 恨错难返"系列平面广告运用了何种广告创意表现手法？

【思考题】

1. 广告创意的原则有哪些？
2. 常见的广告创意理论有哪几种？请结合实例分析其应用。
3. 简要分析广告创意思维方法。
4. 简析头脑风暴法在实际广告创意应用中应注意的问题。
5. 常用的广告创意表现技巧有哪些？

第七章 广告文案

【学习目标】

1. 掌握广告正文内容、创作方法及应注意的问题。

2. 熟悉广告文案的含义、特征和构成。

3. 了解广告附文的写作与类型。

印刷术催生了现代意义上的大众化媒介，开启了大众传播。现代广告的最初形态是印刷广告，而且是文字广告，中外皆然。日新月异的媒介技术陆续催生了更多媒介形态，对于每一种媒介广告来说，语言文字并非是唯一的表现手段，但却是重要的表现手段，这种认识是广告文案及广告文案写作的前提。

第一节 广告文案概述

一、广告文案的含义

国内广告学界认为，广义的广告文案，是指广告作品的全部，它不仅包括语言文字部分，还包括图画、有声语言等其他部分；狭义的广告文案，则专指广告作品的语言文字部分。

另一种更为宽泛的界定，是将在广告活动中为广告撰写的文字资料都称为广告文案，包括广告计划书、广告媒体计划书、广告策划书、广告预算书、广告总结报告和广告调查报告等。但此界定涉及众多学科和专业知识，过于宽泛。

徐智明、高志宏所著的《广告文案写作》给出的定义是："已经完成的广告作品的全部语言文字部分。"支持这种说法的人较多。但问题在于，该定义将没有进入广告作品，却是广告文案人员在实际工作中必须要写的一些说明性和辅助性的语言文字，比如电视广告的拍摄脚本排除在外。

菲利普·沃德·博顿写的广告学名著《广告文案写作》中第二章的题目为："什么叫'文案'？没有答案！"该书认为，在美工、印刷工人、印刷广告写手、广播广告写手、批评家和律师的眼中，存在着各自看到的、各有不同理解的广告文案。

比如，广告文案人员和报社记者的不同在于：对记者来说，文案就是新闻消息的正文部分，他们对这个正文全权负责，不必操心标题、副题、插图和排版等，那是编辑的事；"但广告文案人员却要把出现在广告中的一切元素视为文案。如果有人要你为一条广告准备文案，你就得写出一条完整的广告所必需的所有内容。如果有人问你：'文案写好了吗？'你就应该把标题、副标题、正文、图片说明、简介、签名，甚至版权说明都准备好。"菲利普·沃德·博

NOTE

顿如是说。

本书遵从此说，认为，广告文案不仅指已完成的广告作品的语言文字部分，还包括以语言文字为广告作品的最终完成提供蓝本的那部分。如电视广告脚本、广播广告文稿等。总之，广告文案是广告文案人员执笔写出来的直接用于广告创意与制作的语言文字。这样，广告文案人员就被界定在创意和制作部门，而非策划部门或其他部门。

广告文案是广告作品的核心，能够详细、准确、直接地传递广告信息，是沟通消费者与企业的主要桥梁。广告作品中非语言文字要素的表现力，也需要广告文案的补充和加强。如大卫·奥格威所说：广告是词语的生涯。写好广告文案，是广告创作人员的一项重要任务。

二、广告文案的特征与构成

（一）广告文案的特征

1. 广告文案的文本极为简短　一般来说，广告文案的文本都是非常简短的。这主要是因为：受众在通常情况下只是以很短的时间接触广告，他们很少有耐心读（看或听）完长广告。文字精短、重点突出的广告，其效果往往比较好。广告媒介租用费是一笔相当大的开支，强调文案简短，当然也有节约广告费用的考虑。

广告文案文本的简短，在所有形式的文章体裁中都是比较突出的。它可以是一段短文，也可以是三言两语，甚至还可以是只言片语。这样一种情况，在其他文章样式中，未必就能被认可。

2. 广告文案充满智慧　广告文案的文本虽然极为简短，但往往是充满智慧的。有时虽然只是寥寥数语，但显得颇为机智。或者是"妙语连珠"，或者是"藏巧于拙"，或者是"投机取巧"。总之，应该是字字珠玑，饱含智慧。生发灵的广告文案，写作"聪明不必绝顶"。广告语在一般所说的"聪明绝顶"的成语中加了一个"塞子"（"不必"），这确实是大大出乎受众的意外。人们一旦读懂，马上就能感悟到它的妙处。

3. 广告文案的形式多样　广告文案的文本样式是多种多样的。既可以有证言式，也可以有虚构情节式；既可以有书信体，也可以有散文体；既可以是对话，也可以是一般的陈述；既可以是相声、对口词，也可以是诗歌辞赋；既可以是广播稿，又可以是电视脚本。总而言之，广告文案的文本形式多种多样。

（二）广告文案的构成

广告文案通常包括标题、正文、广告口号、附文四大部分。其中标题在前，位置最醒目、最关键；正文跟随标题，但篇幅有长有短，当然一般不会短过标题；广告口号，它的位置比较自由，一般会跟在企业标志或商品标志的旁边，肯定不会争抢广告标题的位置；附文的位置更靠后，是留给那些被广告标题吸引并读了正文的人去主动寻找的。

跟随标题的，往往还有副标题，甚至不止一个。因为，广告文案的标题起着引人注目的功能，必须突出和强化，才会收到良好的广告效果。但随着广告表现形式的创新，这些部分的形式和方法也在发生变化。美国广告之父威廉·伯恩巴克曾撰写过一篇著名广告文案。

标题：慷慨的以旧换新

副标题：带着你的太太来，只要花几块钱……

我们将给你一个全新的女人

正文：为什么你硬是要欺骗自己，认为你买不起最新的与最好的东西？在奥尔巴克百货公司，你不必为买美丽的东西而付高价。有无数种衣物供你选择——一切全新，一切使你兴奋。

现在就把你的太太带给我们，我们会把她换成可爱的新女人——仅仅花几块钱而已。这将是你有生以来最轻松愉快的付款。

口号：百万的生意 毫厘的利润

百货公司希望通过广告让公司摆脱低廉服装屋的形象。伯恩巴克运用双关语及文字游戏为奥尔巴赫百货公司做了系列广告。

三、广告文案的范式

广告文案受到传播媒介、广告目的等诸种因素的影响，文本形式千差万别，写作似乎是无规律可遵循。然而实际上，广告文案有一定的范式。

（一）完整型广告文案

完整型的广告文案应当包括标题、正文、广告口号及附加部分（即附文）。标题是广告文案中的精髓，是尤其引人注目的部分。正文是广告的主体部分，用以揭示广告的主要内容，或者对标题进行具体阐释。广告口号常常在正文的末尾，可以把它看作正文的一部分。它是表达企业理念或产品特征的宣传短句。广告口号是长期反复使用的，它是对某个企业、某种产品或服务特性的最凝练的概括。广告主每在一个媒介上投放一次广告，就要设计一次新的广告文案，从标题到正文到附文都要改，但广告口号是很长一段时间内都不变的。标题只是对某一则文案的统领性文字，口号则是对同一企业、产品服务某段时间内所有广告活动的统领性文字，包括对文案和文案中标题的统领。附文用来交代具体联系事宜（联系人、通讯地址、电话号码、邮政编码等）。完整型的广告有利于受众了解商品或服务的方方面面。

（二）不完整型广告文案

大量的广告文案，并不是标题、正文和附加部分都齐备的，这就是不完整型广告文案。实际存在的广告和广告文案，有很多都是结构上不完整的。不完整型广告文案，可以缺少文案中的某一部分（例如附文），也可以缺少其中的两个部分（缺正文和附文）。在结构残缺方面走向极端的不完整型广告文案，主要有四种类型：仅有广告标题，仅有广告口号，仅有产品品牌，仅有企业名称。

（三）系列广告文案

在实际生活中，系列广告的使用频率很高。系列广告是指在内容上相互关联、风格上保持一致的一组广告。系列广告一般是在统一的广告策略指导下，经过统一策划而制作完成并且连续刊播的广告群。系列广告作品在画面、文案上有所变化，其数量一般在三则以上。这类广告不是同一广告的简单重复，而是一系列设计形式相同但内容有所变化、各有侧重的广告的有机结合。各则广告既相对独立，又相互联系，有着分工明确、有效综合、配套成龙的特点。通过各种媒介传播的广告作品中，都有为数不少的系列广告，在报刊广告、电视广告和广播广告中，系列广告尤其常见。

我只在乎为何而动，而不是如何动，试着和你的身体沟通；

痛可以变痛快，压力可以是动力，试着和你的身体和解；

接受它如此柔韧，接受它如此强烈，试着和你的身体和平相处。

NOTE

这是李宁推出的最新 Inner Shine 广告的文案部分，读起来平和畅快，颇有沉淀下来的感觉。

Inner Shine 是李宁根据东方女性的特点和韵味，在近年提出的具有独特美感的运动概念，旨在突出女性内在的光芒和气质，倡导健康生活。

目前，Inner Shine 系列广告已经上线，平面广告在地铁里已经可以看到。李宁力倡时尚都市女性在运动中试着与身体沟通，分享身体与心的对谈，共同体会 Inner Shine 女人独有的内敛光芒。三篇 TVC 的主题分别为"跑步"篇、"舞蹈"篇和"瑜伽"篇，采用了相同的两个代言人——女子撑杆纪录保持者伊辛巴耶娃和中国一漂亮美眉（目前身份不明），一刚一柔，彰显出女性运动的美妙和谐。

第二节　广告标题

广告标题是读者首先读到的文字，它处于最易引人注意的首要位置。这就是为什么标题的字体总是比其他部分字体要大的缘故。

一、广告标题的作用

（一）提示作用

提示作用即提示广告正文的重要内容。市场经济的快速发展必然带来人们工作节奏和生活节奏的加快，受众很难对那些与己无关的广告产生兴趣。所以广告标题的作用之一就是为读者提供信息精华，即使读者在无意间看到标题，也能马上就判断出广告内容是否与他有关。如乐百氏健康快车报纸广告文案的标题为：

让您的孩子肠胃健康，吸收更好

——乐百氏健康快车，全速登场

该标题提示了广告正文的两个主要信息：①乐百氏健康快车新上市；②该产品的最主要功能——健肠胃。受众读了这样的标题，即使不阅读正文，也能很快抓住广告的主要信息。广告的标题，以高度概括的语句表现广告的中心内容，表明广告的宗旨，使人们见标题而知文意。

（二）诱导作用

诱导作用即用标题来抓住读者的注意力，激发读者的阅读兴趣，吊起他们阅读正文的胃口。广告的标题，不但使关心某种商品的消费者从速阅读正文，而且还能使有具体目的的人引起注意，并进而产生兴趣。

比如，1992 年某银行招贴的广告标题是："从 5 角到 1000 元。"它很新奇，很引人注目。受众看到这一广告标题以后，都想了解为什么 5 角钱可以变成 1000 元。原来这则广告的目的是要说服人们参加储蓄，每天存入 5 角钱，5 年以后，连本带息可取回 1000 元。还有美国联合航空公司的广告标题："乘美国联合航空公司班机，到处都是好天气。"这则标题也颇吸引人，人们不禁要问，美国联合航空公司是如何选择好天气的？于是迫不及待地阅读下文。

据心理学家研究，人们对某一对象的注意状态平均维持时间是 5 秒钟，而在第一秒中注意力最为集中。另据调查，看广告先看标题的人，比先读正文的人多 5 倍。由此可见，标题如不醒目，就不能引人注意，更谈不上使读者维持注意和有兴趣阅读正文了。所以有人说"题好一半文"，提法虽有夸张，但可见标题的重要性。

（三）促进作用

促进作用即标题煽起读者强烈的购买欲望，促成读者购买商品的行为。例如：

强效调脂的理想选择（立普妥）

护心、保心、救心，样样关心（复方丹参滴丸）

广告标题的目的在于运用特殊的文字编排形式，引起读者的注意，给读者留下较深刻的印象。因此，制作广告标题时，文字不要过分追求华丽，尽量避免模糊，易为大多数读者接受。其次是要富于创造性，不能陈词滥调，不能说空话大话。

二、广告标题的类型

根据不同的广告战略，文案人员会采用不同形式的广告标题，通常他们会选择最能体现大创意的标题。标题可以划分为利益式、新闻/信息式、启发式、疑问式和命令式。

1. 利益式标题 广告主利用此类标题向受众许诺：如果使用某产品或服务，便会得到某种利益。利益式标题不应显得过于精明，只需对产品最重要的利益进行简单说明即可。如"21种维生素，每天只要8毛钱"。

2. 新闻/信息式标题 宣布新闻或提供信息，如感康的广告："医学研究证明，感冒是由于病毒引起的，感康有效杀灭病毒，治疗感冒！"

3. 启发式标题 引起读者的好奇心，进而引起读者的疑问和思考。例如："融了、排了、通了，中科甲尔！"读者如果想了解更多，就必须阅读正文。

4. 疑问式标题 提出问题，鼓励读者在广告正文中寻找答案。4day轮胎店的一条广告问道："为什么我们的轮胎用户比别人更精明、更富裕？"优秀的疑问式标题会激起读者的好奇心和想象力。

5. 命令式标题 命令读者采取一定的行动，因此有可能显得生硬，但读者对这类标题倒比较注意。"胃酸、胃胀、消化不良，请吗丁啉帮忙！"电视画面上一只青蛙挺着大肚子痛苦地呻吟——吗丁啉的广告。

许多标题类型可以合并使用，但标题类型不像标题的运用方式那么重要。文案人员必须始终为受众的愉悦而非自己的愉悦而写作。

三、广告标题的创作

怎样创造出一个紧密结合广告主旨、诉求单纯、创意出众、简洁明了的好标题，这其实是个很大的命题。如果从头说起，就需要人们从知识和经验的储备工作开始。但如果从技术的角度来说，制作好的广告标题也是有章可循的。

结合大卫·奥格威的著作《一个广告人的自白》中的广告标题写作原则和业界经验，提出如下观点。

（一）标题写作的原则

1. 投目标受众所好，并切实地使之受益 人们阅读广告时，总是期待着有所获益，因此这种能带给受众切实利益的广告通常是最为有效的。请看下列标题：

NOTE

康必得治感冒，中西药结合疗效好。

这是康必得的广告标题，它表明康必得以其中西药结合的优势在治疗感冒的同等药品中更具优势。

花一样的钱补两样。

这是三精口服液的广告标题，它向消费者显示了自己质优价廉的服务。

无"痒"世界，宁静宜人。

这是 999 皮炎平广告标题，它向消费者展示皮炎平止痒的强大作用。

2. 尽量把新内容引入标题　能为人们提供最新信息的标题是最容易引起人们注意的标题。人们往往比较注意新事物的出现，观察是否有新产品问世，旧产品有无新用途或新改进，是否有新的观念涌现等。包含新闻字眼的标题很能引发人们的兴趣，如"大'石'化小，小'石'化了——治结石病广告"；"生发防脱发，总有好办法——章光 101"；"真的！你无需正式学习，经过 30 分钟的练习就能用它弹出美妙的音乐了——风琴广告"。这些标题，虽然并未出现"新"字，但只要能使受众感到有利可图，那就能使受众感兴趣。这类广告标题一般用在介绍新产品、技术革新及服务改进方面的广告中。

3. 标题中尽可能写上商标名称　由于读广告标题的人远远多于读广告正文的人，因此，对于一些竞争激烈的消费品，其广告标题上应尽可能写上商标名称，使那些只看一眼的受众知道你所宣传的商品具有的特殊标志。如：

三株口服液，三代人健康的喜悦。

"咳"不容缓，请用桂龙。

4. 使用能够引起人们好奇心的词语　广告标题的目的是为了引导受众阅读下文，将某些有着强烈吸引力的词语运用于标题，将更增添魅力。如：

肩痛的时候，就想起了你。

这是一则 505 神功护肩的广告。读者一看到这个标题，就会被深深震动，好奇心会驱使他继续阅读广告正文。

为何 Gas 公司能以快三倍的速度向你提供一箱又一箱热水？

Gas 是美国一家生产煤气灶的公司，它采用提问方式，激发受众的兴趣。

5. 长度适中　美国纽约零售业研究院与百货商店合作，对广告标题进行调研，结果发现，字数 10 个或 10 个以上的标题，只要有新内容、新信息，常常比短标题推销的商品多；6～12 个字的标题广告效果最佳。大卫·奥格威认为广告撰稿人不应害怕长标题，他一个得意的标题便包括了 26 个字，这就是他为著名的罗尔斯－罗伊斯汽车所做的广告标题：

在时速 60 英里时，罗尔斯－罗伊斯汽车的噪音发自车上的电子钟。

（二）标题写作应注意的问题

1. 避免使用笼统或泛泛的词语　广告标题应是生动、具体、形象的，而不应使用笼统词语和陈词滥调。试比较下面两个广告标题：

其一：它带给我一流的头发。

其二：它使人的头发质地柔软、熠熠生辉，恰似绿草地一般清新芬芳。

上面两个广告标题同是为洗发液拟制的，同是强调洗发液的高质量，前者只是泛泛而谈，难以给人留下印象；后者却栩栩如生，使人不禁为之神往。

2. 忌用晦涩难懂的词 在现今的信息社会中，受众每天面对无数广告。据统计，美国平均每人每天接触广告 15 条。如果特定广告登在报纸上，标题党常需跟其他几百条广告的标题相争，以赢得读者的注意力。研究表明，人们在浏览这些密密麻麻的标题时，速度很快，根本不会停下来推敲弦外之音。因此，必须用明白无误的语言写标题，以便把要说的话告诉读者，千万别玩捉迷藏的游戏。如下述两则广告标题，其效果是不同的。一则是"一举数得"；另一则是"每月只付一百元，就能拥有一台彩色电视机"。前者含糊，令人费解；后者明确具体，引人注目。

3. 避免使用否定词 标题中使用否定词很危险，读者往往喜欢正面的陈述。因此在广告标题中最好说明事物是什么，而不说非什么。如：

我的盐没有砷。

这一广告标题的原意是告诉读者这种产品不含危害人体的砷，可是读者却留下"盐中有砷"的印象，从而不敢问津。

4. 将"卖点"体现在标题中 这是每一个广告文案撰稿人在落笔之前必须考虑的问题。具体地说，撰稿人要考虑这样几个问题：①给顾客怎样的利益承诺？什么才是顾客、受众最感兴趣的有关他们自己切身利益的信息？②突出什么样的企业形象？是价格、质量，还是售后服务或者企业文化？③有什么新信息？比如新产品究竟新在何处，促销活动如何进行？④什么是最有趣味的？对所掌握的资料进行分门别类的处理，然后挑选出最需要在标题中表达的话。为了突出标题中的"卖点"，必须将标题安排在醒目显要的位置。

5. 注意标题的准确性、趣味性和创造性 广告文案撰稿人要思考，第一，文字的表达简介清楚吗？有没有以词害意？第二，有没有套用别人的老话，缺少创造性？第三，有没有使用人性化的语言？有趣味吗？当然古人练字的功夫在标题制作中也要派上用场。每一个词甚至每一个标点都需要进行精心的推敲，力求找到最完美的表达方式，使之成为不可替代的标题语言。第四，坚持广告标题的准确性，这是一项基本要求。标题对所涉及的事实的叙述和评价应是准确的，标题对正文内容的概括也应该是准确的。写标题一定要题文相符，如果一时找不到适合的词句作标题，写不出不要硬写。

第三节 广告正文

一、广告正文的含义

（一）广告正文的概念

广告正文，是指广告文案中处于主体地位的语言文字部分。其主要功能是对广告主题展开解释或说明，将广告标题中引出的广告信息进行较详细的介绍。广告正文的写作可以使受众了解到各种希望了解的信息，受众在正文的阅读中建立了对产品的了解和兴趣、信任，产生购买欲望，促进购买行为的产生。在一般情况下，大部分的广告信息都是由正文来传达的。如果说广告标题是吸引受众眼光的招牌，那么正文就是满足受众信息需求的老酒。

广告正文主要由三部分组成：①开头。在标题和正文之间起承上启下的作用，既能衔接标题，又能为后面文字的展开提出问题。②中心段。是广告正文中的重要部分，主要是根据广告目标和要求，阐述商品的状况、品质及优点。③结尾，也叫附文。一般是服务方面的说明，如销售时间、地点、价格、服务保证及电话、电报、银行账号、厂址、联系人等。

（二）广告正文的内容

1. 对标题中提出或承诺的商品或商品利益点给予解释和证实。

2. 对广告中企业、商品、服务、观念等的特点、功能、个性等方面进行细化说明和介绍。

3. 表现广告中企业、商品、服务、观念等的背景情况。商品由什么企业生产，该企业在同类企业中的位置，商品的制造过程及其制造者的情况，甚至是商品制造过程中的有利于商品形象建立的趣闻逸事。表现商品的背景是为了形成品牌效应，使消费者产生放心购买的心态。

4. 告知受众获得商品的途径、方法或其他特殊信息。特殊信息可以是折扣、奖励等实惠型信息，也可以是引起注意的观念性信息。在直接促销的广告文案中，这类特殊信息可以在标题、正文等各部分中给予表现。但是，如果是一则产品形象广告，这类特殊信息就只能在广告正文中或广告随文中表现。

二、广告正文的类型

从写作角度看，广告正文有很多类型，难于全部概括。本书仅列出七种常见类型。

1. 直销型　这种类型又叫解释型正文或"为什么"型正文，是由克劳德·霍普金斯在20世纪初首创并推广的。大卫·奥格威就始终忠实地采用直销式，坚持广告正文中最大限度地告知受众广告主题和广告商品信息。

2. 情节型　在广告正文中通过设置情节和冲突的方式来吸引消费者，有的采用故事的形式，有的采用戏剧形式，有的采用两人或多人对话形式，还有的采用连环画形式，总之都是叙事结构。广告文案的艺术构思，是在情节发展的过程中来揭示广告主题，传播广告产品的属性、功能和价值等，能够创造出一种轻松的信息传播与接受氛围。此类广告的吸引力和记忆度较强。

前两年阿迪达斯连续做了一组情节型广告，请来了英格兰国家足球队队长贝克汉姆、中国女足运动员马晓旭、NBA全明星吉尔伯特·阿里纳斯、田径运动员杰里米·瓦里纳、足球运动员梅西等大牌运动明星，他们每个人讲了自己生活中真实发生的故事。其中贝克汉姆的故事是这样的：

你将经历一些艰难的日子，但是所有这些终将过去。

我是大卫·贝克汉姆，这是我的故事：

回想1998年，

我真希望一切都没发生过，

当时我的表现简直像个孩子，

后来我哭了足足10分钟。

那时不断有人恐吓我，

整整三年半我没有一点儿安全感。

这打击太大了，我几乎想要放弃。

后来我在对希腊的比赛中进了球，

所有的记者都起立为我鼓掌，

能让这些苛刻的评论家为我喝彩，

对我来说，这一刻非同寻常。

艰难的时候总会过去，

只要你能坚持下来！

在这则文案里，是一前一后两个貌似冲突的情节构成了这个引人入胜的故事。

3. 抒情型　广告正文采用抒情型散文或诗歌等文体形式来完成。这种形式凝练精美，能够表现出真情挚感，给人耳目一新的感受。1995 年，李奥·贝纳为明尼苏达流域罐头公司的"绿色巨人"牌豌豆做文案时，为了表现豌豆的新鲜和饱满，制作了一幅连夜收割、包装豌豆的画面，并且在画上设计了一个捧着一只大豆荚的巨人形象。本来标题可以简单地拟作"即时的包装"或"新鲜灌装豌豆"等，但是贝纳却别出心裁地选用了一种浪漫的、诗情画意的表达方式和语言，以"月光下的收成"为标题，将人们带进一种优美的意境和氛围。具体如下：

标题：月光下的收成

正文：无论日间或夜晚，绿色巨人豌豆都在转瞬间选妥，风味绝佳……从产地至装罐不超过三小时。

4. 证言型　在广告正文中提供权威人士或著名人士对商品的鉴定、赞扬、使用和见证等；以达到对消费者的告知、诱导和说服。证言型正文中常用的手法有：专家学者、权威人士和社会名流的证明，权威性的专业机构与专业报刊的评价，各种试验和消费者的调查与推荐。如渣打银行梁朝伟篇：

标题：真正的财富不是你的口袋里有多少钱，而是你的脑袋里有多少东西

正文：我有一双买了五六年的旧皮鞋，有一天，一个朋友问我，你的鞋很好看，是什么牌子？从哪里买的？我回答：这只是一双普通的皮鞋，不是什么名牌，它之所以好看，只是它淋过巴黎的雨，浸泡过伦敦的雾气、纽约的灰尘……是这些免费的东西让我的皮鞋看起来美丽而又无价。

其实，生活中许多东西都是美丽而无价的——看一次夕阳，免费；欣赏别人走路的姿势，免费；走进精品店，将自己喜欢的古董放进脑袋带走，免费。

当生活带给你一颗苦涩柠檬时，不妨将它转换成一杯可口的柠檬汁。如果不满意自己的生活现状，最迫切需要的不是金钱，而是 SMART 的生活智慧。

SMART 的人拥有 SMART 的生活，现在加入渣打银行 SMART 俱乐部——城市猎人俱乐部，甜蜜生活俱乐部。聪明的不只是你的脑袋，还有你的口袋。

5. 比较型　在广告正文中设置两两相对的事物，于互相比较中揭示广告主题。这也是一种常用的方法。对比作为说明方法是很重要、很常见的，如：

画面：两个篮球，一个蔫了，一个鼓鼓的

两个篮球下的文案：30 岁的人，60 岁的心脏；60 岁的人，30 岁的心脏

标题：你的血管老化了吗？

标题下的文字：为什么有的人才 30 多岁，血管就开始老化？为什么有的人 60 多岁，血管依然充满弹性和活力？

正文：有三段详细的文字说明功能，心脑血管疾病不再是老年人的专利，产品配方中银杏叶的作用、疗效等。

结语：改善心脑血管循环，海王银杏叶片，愿心脑充满活力。

需要说明的是，为了防范不正当竞争，我国有明文规定不允许做比较广告。但是如果不涉及同类产品的话，就不会贬低竞争对手，也就不会违法。

6. 悬疑型　用一连串的设问句或者是设计一个悬念，来吸引大众的注意力，最后再给出解答。这样的广告正文自然很能耸人听闻，广告效果也让人充满期待。下面这个例子是衬衫的广告：

标题：穿"哈特威"衬衫的人

正文：美国人最后终于开始体会到买一套好的西装而被一件大量生产的廉价衬衫毁坏了整个效果，实在是一件愚蠢的事。因此在这个阶层的人群中，"哈特威"衬衫就日渐流行了……

正文第一段就深深抓住了目标消费者的心理：穿西装的人都知道，再好的西装，如果配一件廉价的衬衣，那么西装的效果就会失色不少。所以，人们对高档衬衣的追求非常执着。而又是那样聊天式的口吻，使消费者感觉非常亲切，勾起了继续往下读的兴致。

接着又以非常专业的口吻，详细介绍了有关于产品的各类特点及信息：耐穿、不惜工本、做工地道、穿着舒适、质量上乘、历史悠久……所有资料都用事实说话，极具说服力。整个文案每个角落都体现出产品时刻为消费者着想，从消费者的角度考虑问题，把产品承诺的利益点一一摆出，令人信服。

7. 幽默型　在广告正文中，借用幽默的笔法和俏皮的语言完整地表达广告主题，使受众在轻松活泼中接受广告信息。在马来西亚柔佛州的交通要道，有一则广告文案：

阁下：

驾驶汽车时速不超过30英里，您可饱览本地的美丽景色；

超过80英里，欢迎光顾本地设备最新的急救医院；

上了100英里，那么请放心，柔佛州公墓已为你预备了一块挺好的墓地。

此广告幽默的警告，别出心裁，匠心独具，其中并无星点警告性语词，也没有任何惩罚的字样，但大凡读过此广告的人都会禁不住拍案叫绝，相信这则交通广告要比我们常见到的"超速驾驶，罚款某元"的广告更具说服力。

以上七种只是最常见的正文结构方式。但广告文案必是一文一法，文成法立。照搬照抄、因袭模仿皆难以成功。

三、广告正文的创作

广告文案的标题完成了"拉眼球"的工作，正文就需要把这些"眼球"固定住，最好要能由此转化为真正的购买力。

（一）广告正文的写作要求

正文写作没有严格的限制。从内容上看，可以是把产品、服务或企业信息全面介绍给消费者的"大而全"，也可以是只涉及某一产品特性的"重点出击"，甚至可以成为一次促销活动的文字说明。

从形式上说，正文可长可短，可以只是一句话，也可以是洋洋千言的长篇大论。李奥·贝纳、大卫·奥格威、威廉·伯恩巴克以及国内从事广告文案工作的资深人士在谈到文案正文写作的时候，都有着自己的精彩见解。现归纳如下：

1. 简明扼要　广告正文必须简明扼要，因为没有谁会非常详细地阅读广告。

2. 重点突出　因为广告正文的篇幅不可能很长，所以在写作时一定要突出重点，也就是把广告的主题思想、主要诉求点突出出来。有的广告正文往往追求面面俱到，除了介绍企业的历史、售后服务措施，还介绍购买方法等，表面看起来似乎信息量很大，但由于读者抓不住重点，反而使广告的传播效果受到影响。

3. 措辞得当　广告正文的写作要根据广告对象的特点，选择相应语言来表达，这样才有可能使消费者产生同感。例如，广告的对象是儿童，如果用成年人的话来写作，儿童就很难听懂。面向农村市场的广告也要和面向城市的广告在语言上有所差别。此外，广告用语要防止庸俗、低级和轻薄。

4. 生动有趣　广告的正文部分，在开头就应先声夺人，抓住读者。主体部分的写作也要生动形象，具有趣味性和人情味。

5. 有号召力　广告文案必须有鼓动的力量，用鼓动的语言来吸引消费者。

比如沃尔沃 S60 汽车的广告正文：

血脉贲张的目光，从我坚挺的后背，绚丽的尾灯，滑向流畅的曲线车身，极具肌肉感的双肩，优雅的 V 形发动机盖……美丽能蛊惑人心，可单单美丽又能算得了什么?! 全新 250 匹的剽悍动力，灵活的 5 挡自动变速系统，以 245 公里的极速呼啸而起，绝尘而去。追随我，当然可以，只是惊叹和艳美早被远远地抛在脑后。

在中国，私家汽车是卖给白领的。而这一阶层所拥有的共同心理特征是追求成功、自信，希望自己是行业中的领跑者。这则广告正文就抓住了这样一个诉求点：快，速度快，令别人难以企及。从心理上迎合了消费者。它的写作，从美丽入手引到速度，有悬念，但不啰唆，文字较为华丽，但能引起特定消费群体的共鸣，富有强烈的情感色彩，诉求准确集中。从写作角度，是一则完成得不错的正文。

(二) 广告正文的写作步骤

1. 确定正文写作的内容和风格　根据整个广告策略和创意的要求、标题的指向，确定正文写作的内容和风格。要明确几个问题：是针对一般收入的阶层，还是针对大公司的老板？说一个故事，还是讲一则新闻？采用理性诉求，还是感性诉求？写长文案还是短文案？文字是讲究华丽还是讲究幽默？考虑清楚后，就要把自己能够确定的信息进行整理，把需要表达的素材和风格倾向决定下来。

2. 进行谋篇布局　在谋篇布局的时候，又有一些老问题需要考虑：是采用开门见山的方式，还是抖一点小包袱？是只用一段文字，还是需要用好几段文字？每一个段落的诉求重点是什么？段落之间是递进关系、转折关系，还是并列关系？是由主到次，还是由次到主？

3. 精心锻造词句　所有的想法最后都要落实到词语和句子上。要选择最能表达自己意图的词句，需要长时间的磨炼和考虑。文字稍有瑕疵就会影响到整个文案的传播效果。

请看中国长城葡萄酒平面广告文案：

NOTE

三毫米的旅程

三毫米，

瓶壁外面到里面的距离，

一颗葡萄到一瓶好酒之间的距离。

不是每颗葡萄，

都有资格踏上这三毫米的旅程。

它必是葡园中的贵族；

占据区区几平方公里的沙砾土地；

坡地的方位像为它精心计量过，

刚好能迎上远道而来的季风。

它小时候，没遇到一场霜冻和冷雨；

旺盛的青春期，碰上了十几年最好的太阳；

临近成熟，没有雨水冲淡它酝酿已久的糖分；

甚至山雀也从未打它的主意。

摘了三十五年葡萄的老工人，

耐心地等到糖分和酸度完全平衡的一刻才把它摘下；

酒庄里最德高望重的酿酒师，

每个环节都要亲手控制，小心翼翼。

而现在，一切光环都被隔绝在外。

黑暗、潮湿的地窖里，

葡萄要完成最后三毫米的推进。

天堂并非遥不可及，再走

十年而已。

这是长城葡萄酒的一则平面广告上的文案。这一则平面广告整体上简洁稳重，大气开阔，而最出彩的莫过于广告的文案部分。这则广告文案描绘出一幅幅美丽的画面，生动形象地传达了长城葡萄酒从选材到生产的一系列的过程，一切仿佛就在眼前。而最让人感动和心动的就是广告的立意：三毫米的旅程，一颗好葡萄要走十年。就像是在形容长城葡萄酒的老工人，反映出制酒人的真诚与辛勤，提升了长城葡萄酒的境界。

这则广告是三个系列中的第二个，处于市场导入时期，增强了消费者对于长城葡萄酒的认识，展现了长城葡萄酒企业严谨规范的作风。也许葡萄酒行业的生产规范就是十年酿造，而长城葡萄酒却将此规范提了出来，展示在消费者的面前，作为自己的专利，不失为明智之举。而且广告文案的生动形象，将企业内涵展示的淋漓尽致。"三毫米的旅程，一颗好葡萄要走十年"深深地印在人们的心中。

（三）广告正文应注意的问题

正像大卫·奥格威曾经强调的，正文的写作特别要做到亲切、平易、平等、朴实。他反复使用这样一个比喻说："你坐下来写广告正文的时候不妨假设你是在晚宴上和坐在你右手边的那位妇女交谈。她问我：'我考虑买一部新车，您推荐哪种牌子？'你呢，就好像在回答这个问题那样写你的广告文案。"大卫·奥格威写作文案正文的经验是：

一是不要旁敲侧击，要直截了当。

二是不要用最高级形容词、一般化字眼和陈词滥调。要有所特指，而且实事求是。要热忱、友善并且使人难以忘怀。别惹人厌烦。讲事实，但是要把事实讲得引人入胜。要有话则长，无话则短。每则广告都应该是一件推销你的产品的完整的作品，长文广告总是比短文广告更具推销力量。

三是你可以把整个文案以用户经验的形式完成，并以知名人士现身佐证，这样更能吸引读者。

四是向读者提供有用的咨询或者服务。以这种办法写成的文案可以比单纯讲产品本身的文案多75％的读者。

五是不欣赏文学派的广告。"高雅的文字对广告是明显的不利因素，精雕细刻的笔法也如此"。

六是避免唱高调。"任何产品的无价要素是这种产品生产者的诚实和正直"。自吹自擂、自炫自夸都应避免，但是完美的操行却应光大发扬。

七是除非有特别的原因，要在广告里使用严肃、庄重的字，通常应该使用顾客在日常交谈中用的通俗语言写文案。总之应该使广告文案本身让人们一看便知，一听即晓，直接打动人心。

八是不要贪图哪种获奖文案。不要让广告把人们的注意力引向自身。

九是优秀的撰稿人从不会从文字娱乐读者的角度去写广告文案。"衡量他们成就的标准是看他们使多少新产品在市场上腾飞"。

我们可以把大卫·奥格威上述的这些具体意见概括成为几个简单的原则，即：①诚实；②实在；③充分；④明确；⑤自然；⑥亲切；⑦引人入胜，有吸引力。

第四节　广告标语与广告附文

一、广告标语

广告标语，又称广告语、主题句等，是广告主为了加强广告对象对品牌、企业、产品或服务的印象而在广告中长期、反复使用的简短的口号性语句。

（一）广告标语的类型

不同角度的广告标语可分为不同类型：

1. 根据信息功能分类

（1）形象建树型，如"一旦拥有，别无所求"（飞亚达手表）。

（2）观念表现型，如"不求最好，只求更好""懂得更多，才能做得更好"（万基洋参）。

（3）优势展示型，如"'咳'不容缓，请用桂龙"（止咳药广告）。

（4）号召行动型，如"你想身体好，请喝健力宝"。

（5）情感唤起型，如"暖暖的，很贴心，这样的朋友你也需要"（999牌感冒灵颗粒）。

（6）利益承诺型，如"给我一天，还你千年"（杭州宋城）。

2. 根据表现手段分类

（1）颂扬式，如清热消炎宁的"无悔的承诺，无'炎'的关怀"。

（2）承诺式，如雀巢咖啡的"味道好极了"。

（3）号召式，如可口可乐的"请喝可口可乐"。

（4）抒情式，如南方芝麻糊的"一股浓香，一缕温馨"。

（5）议论式，如马自达汽车的"改变汽车主流的转缸式马自达"。

（6）夸张式，如骨髓壮骨粉的"骨髓壮骨粉，健康保护神"。

（7）写实式，如可口可乐公司的"一天喝 6000000 瓶"。

（8）幽默式，如感冒药的"晶珠流感丸，真情流感完"。

3. 根据字句结构分类

（1）单句形式，如"挡不住的感觉"（可口可乐）。

（2）对句形式，如"晶晶亮，透心凉"（雪碧）。

（3）前缀式句型，如"雀巢咖啡，味道好极了"。

（4）后缀式句型，如"每天喝一点，致中和五加皮"。

（二）广告标语的写作程序

1. 确定最重要的信息内容　广告口号写作，第一步就是要确定在广告口号中"说什么"，也就是要确定最为重要的信息内容。什么样的信息才是最重要的呢？这里有两个条件：第一，必须代表特定产品（服务）个性特征或企业的个性特征；第二，是目标消费者最为关心的内容。

以欧亚亚电工广告口号的创作为例。长城国际广告（广州）有限公司的策划人员和创作人员经过一段时间的市场调查与分析，发现消费者购买电工产品首要考虑的因素是"安全"。又根据产品的个性特征（大面积银片接触，安全开关次数超过现时国际标准 2 倍以上；双弹簧跷板式开关，不易产生电弧），确定以"安全"作为广告口号诉求内容。这一步骤在广告口号制作中是十分关键的。

2. 寻找最能与消费者沟通的表达方式　确定了广告语所要表达的内容（说什么）之后，接下来的工作便是解决"怎么说"的问题，即寻找最能与消费者沟通的表达方式。试比较下面两个广告口号：

A. 物美价廉

B. 好而不贵，真的实惠

这两句话的意思差不多，但 A 句是从广告主的角度来标榜产品的，而 B 句是从消费者使用产品的心理感受来写的，因而更容易与消费者沟通。

广告口号的表达技巧是多种多样的。对于撰稿人来说，要根据产品或企业的具体情况，找出最易与目标消费者沟通的表达方式。

（1）返璞归真法　即摒弃华丽的辞藻，用朴实无华的语言来与消费者沟通。如：

生发防脱发，总有好办法。（章光 101 广告）

也许你不相信广告，但你应该相信自己。（碧纯蒸馏水广告）

（2）幽默引人法　用诙谐幽默的语言，让消费者在欢笑中接受广告所传递的信息。如：

何必受冷气的气。（汽车取暖设备的广告）

大"石"化小，小"石"化了。（治结石病广告）

（3）唤起共鸣法 即用情感诉求的方式，唤起目标受众的内心体验，使之产生共鸣。如：

一缕浓香，一缕温情。（南方黑芝麻糊广告）

漫漫人生，同舟共济。（同济药业形象广告）

（4）正话反说法 这是利用消费者的逆反心理来创作广告口号。如：

杉杉西服，不要太潇洒。

"女人爱漂亮，男人爱潇洒"，可谓人之常情。此广告口号却故意反其道而行之。但要注意，这种手法不能用过了头，不然反而会弄巧成拙。

（5）赞赏顾客法 就是通过赞扬消费者的方法来让消费者获得一种心理满足。如：

优秀的你选优秀的车。

3. 提炼最精粹、最到位的语言 注重对广告语的锤炼，注重遣词造句方面的修饰和润色。在广告口号的创作过程中，有时会灵感一现，想出一句绝妙的广告口号；有时绞尽脑汁，也难以写出十分满意的广告口号。那么，如何来判断一个广告口号在语言表达上是否精粹、到位呢？这里可以运用同义替换法来检测，即用与原广告口号意思相同、但用词和句式不同的句子来替换原广告口号，再比较一下哪一个效果更好。

广告语的最高技巧是一种无技巧的境界，即不露痕迹地运用技巧，类似"让我们做得更好""四海一家的解决之道""电信沟通，心意互通"一类广告口号，表面看来没有什么语言技巧，但的确无法用同义句替代它们。这种超然的境界，应是文案创作者所追求的目标。如：

钻石恒久远，一颗永流传。

味道好极了。

一旦拥有，别无所求。

今年二十，明年十八。

今年过节不收礼，收礼只收脑白金。

只管去做（Just do it）。

（三）广告标语的写作要求

1. 简短凝练 广告口号应简短有力，字数不宜太多。注意语调上的合辙押韵，读起来有节奏感或韵律感，这样对记忆大有帮助。

2. 易读易记 尽量做到口语化，采用群众喜闻乐见的形式，通俗易懂，好念易记，朗朗上口。

3. 个性独特 尽量把商品或劳务的特点体现出来，以己之长攻人之短，并具有高度的概括性。如宝碱象牙香皂："纯度99.44％。"可洁牌牙膏："既洁牙齿又净呼吸"。避免使用"万金油"式口号。

4. 号召力强 广告口号应随时发挥鼓动激励的作用，促使消费者尽快把兴趣和好奇变成行动。如"请喝可口可乐吧""我只用力士""IBM 意味着最佳服务"等。

5. 嵌入品牌 如果能把公司、产品或服务的名称自然地嵌入广告口号中，在宣传中不断地出现，将会大大提高公司或产品的知名度及广告宣传的效果。如过去美丽牌香烟用"有美皆备，无丽不臻"为口号，把"美丽"两个字嵌进去。近年来，"施美"系列化妆品用了"浓妆淡施，各尽其美"这个口号，不但把"施美"两个字嵌了进去，而且符合系列化妆品既可浓妆又可淡施的特点。正大集团在综艺节目中的口号"爱是正大无私的奉献",更是巧夺天工,既体现了深刻的内涵,又镶嵌得毫无痕迹。

二、广告附文

(一)附文写作的规则

从创意的角度讲,附文的写作不需要文案撰稿人花费太多心思。但是在写作过程中也还是有一些规则需要遵守。

1. 要写明受众最想要知道的信息。比如戴尔电脑,永远都会把价格放在附文最醒目的位置上,把购买方式写清楚。受众如果在文案里找不到购买的方式,就会产生惰性。他不会有太多的精力去寻找你的商品在哪里才会有。因此,为了促使他们即刻采取购买行动,就一定要把购买方式在附文中写清楚。因此,为了促使他们即刻采取购买行动,就一定要把购买方式在附文中写清楚。

2. 条理清晰,表述干净利落。

3. 不要出现差错。联系人、通讯地址、邮政编码、电话号码、电报挂号、电子信箱都不能出现任何疏漏和差错。

(二)附文的结构类型

1. 从属结构 指附文中的信息按照主次关系和从属关系分列于不同的层次,每一层次都有一个提示性的语句,各个信息并列于这一语句之下。如在附文中注明"销售代理",而将所有的销售代理商分列在"销售代理"之下。

2. 并列结构 指附文中所有的信息都并列于同一层次,彼此没有主次和从属之分。这种结构较为常见。

【案例】

医药广告文案对比赏析

医药领域蕴藏的巨大市场潜能,自改革开放之初就已被大家所关注,随着我国市场经济的发展,越来越多的企业进入这个领域来分这个可口的大蛋糕,促使医药市场的竞争也日益激烈。随着医药市场的规范和竞争的加剧,最后能立于不败之地的往往都是那些真正有实力的企业。但在广告策略上,我们却常常看到,有时只有出其不意才能带来意想不到的效果。

1. 金嗓子喉宝——好名字也是销售力

金嗓子喉宝在营销手段方面似乎真的没有过人之处,但却能以每年6个亿的销售额和30%的市场占有率成为绝对的护咽产品第一品牌,就其业绩而论则是完全有资格的。金嗓子的成功是有必然因素的:一个效果不错的产品:对咽喉疾病比较容易起效;一个较容易被接受的剂型介于咽喉含片和润喉糖之间,兼具治疗作用和食品功能;一个雅俗共赏的名字:许多消费者一提到咽喉问题马上就想到金嗓子。

2. 江中健胃消食片——主导日常助消化市场

经过市场调查,江中集团发现儿童与中老年人日常生活中多发的"胃胀""食欲不振"症状,市场上还没有专门产品,于是确立了"日常助消化用药"的品牌定位。江中集团制定了广告语"胃胀腹胀,不消化,用江中牌健胃消食片"。广告风格相对轻松、生活化,而不采用药品广告中常用的恐怖或权威认证式的诉求。

3. 整肠生——巧打肠道用药安全牌

在由抗生素引起的医药事故频发的今天，用药安全已经引起了全社会的关注，"安全性"是社会对药品关注的焦点。因此，整肠生以"新一代肠道药"的概念和所有肠道药竞争，并提出"治肠不伤肠"的核心诉求，大力倡导"肠道用药急需升级换代"，抢夺其他肠道用药消费者，顺势成为业内领军品牌。在整肠生的平面和电视广告中，许晓力拿着整肠生，做着"OK"手势的幽默形象在消费者脑海烙下了深刻印象。

（案例来源：http：//sanwen. net/a/tydmmbo. html 十大经典药品营销案例节选）

讨论：

1. 认真阅读以上三则案例后，试分析每则广告的特征。

2. 试对这几则广告加以评析，说说这三则案例广告标题的类型及作用。

3. 请结合这三则系列广告，讨论并分析其表现形式对文案写作的启示。

4. 结合所学知识，为这三种药品重新设计广告文案。

【思考题】

如何理解广告文案的含义？

NOTE

第八章　广告设计与制作

【学习目标】

1. 掌握广告设计与制作的基本概念及各类广告的设计与制作流程。
2. 熟悉平面广告和电子广告的设计与制作技巧。
3. 了解不同类型媒体广告的设计与制作原则。

广告设计与制作是广告活动中的一项重要内容，是广告理论与广告实践的具体反映和体现。因此，广告设计与制作的成功与否，直接影响到广告效果的好坏。广告设计、广告制作与广告媒体有着密切的关系。不同的广告媒体因传播特点不同，对广告设计与制作的要求也有所不同。因此设计和制作广告时，应充分把握不同媒体的特点，使传播的内容与形式协调一致，以达到最佳的传播效果。

第一节　广告设计与制作的含义

一、广告设计的含义

广告设计是广告活动的重要组成部分，是广告创意实现的前提和保证。对于广告设计的定义，学术界众说纷纭。一些学者认为"广告设计就是根据特定的宣传目标和指标要求，确定宣传方法、广告图样及广告词的过程"，这类观点夸大了广告宣传的范围，将广告策划、创意和艺术表现归于广告设计之中。还有一些学者将广告设计和广告制作混淆，仅仅将广告设计视为运用电脑创作出一定的广告画面。显然以上两种观点都不太全面，容易造成概念的混淆。

广告设计是指广告从业人员根据广告主提出的目标要求及策划、创意结论，对准备发布的广告信息进行创意构思、编排组合，并用视觉符号传达出来而产生影响的全过程。

过去，人们习惯于把广告设计归入平面设计的范畴，但是，随着传播媒介的变革和发展，各类广告不仅以印刷图本，也以图像、影像的电子文本呈现出来，原本属于平面设计范畴的广告形式，延伸和扩展为适应电子技术的三维空间的新形式。

二、广告制作的含义

广告制作就是通过各种表现手法和技巧将观念形态的广告创意转化为具体、形象、直观的实物形态的广告作品。从这个角度来看，广告制作与广告设计的概念密不可分。没有广告设计，广告制作无从着手；而没有广告制作，广告设计根本无法实现。简言之，广告设计是广告制作的前提，广告制作是广告设计实现的保障。

随着广告媒体的不断丰富和发展，广告制作也从原来单纯的平面制作拓展到电视、广播等电子媒体的广告制作上来。但不管何种类型的广告媒体，其制作都需遵循一定的流程，都必须能够充分体现广告设计的理念，从而吸引目标受众关注，并最终实现促进销售的目标。

第二节　平面广告的设计与制作

一、报纸广告的设计与制作

报纸是一种重要的广告发布媒体，与杂志、广播和电视一道被誉为四大广告媒体。报纸广告以文字和图画为主要视觉刺激，具有阅读方便、易于保存、不受时间限制等诸多优点。虽然近年来网络媒体异军突起，但报纸作为一种重要的信息载体在媒介中依然占有一席之地。本节主要介绍报纸广告的设计与制作流程、原则和要求等内容。

（一）报纸广告的设计与制作流程

报纸广告的设计与制作大体上可分为七个基本步骤。

1. 设计初稿　在这一阶段，广告设计人员要将酝酿好的广告创意用草图的形式表现出来，并加上一个醒目的标题，然后征求广告主的意见。经广告主同意后，再制作一个较详细的稿样。如果广告主不同意，就必须对初稿进行修改，直到广告主满意为止。

2. 选择字体　报纸广告中的字体是指文字的书写样式。字体样式的选择会影响广告的外观、设计及识别性。

报纸广告中的字体样式主要有印刷体、手书体、美术体三类：印刷体包括宋体、正体、黑体、隶体等多种，报纸广告标题运用最多的是黑体和宋体；手书体包括篆体、隶体、碑体、草体、行体、楷体，以及各种流派的手书体；美术体种类繁多，不胜枚举。

下面以一则广告标题为例，来说明上述几种字体所带来的不同视觉效果。

康必得治感冒，中西药结合疗效好（黑体）

康必得治感冒，中西药结合疗效好（宋体）

康必得治感冒，中西药结合疗效好（隶体）

康必得治感冒，中西药结合疗效好（楷体）

……

广告策划者在选择广告字体时，必须考虑以下几点：

（1）**易读性**　报纸广告的字体要使受众容易接受，使他们一看就明白、了解。

（2）**适当性**　包括字体的大小、位置等都要与广告文案正文及整体的特点相适应。

（3）**外观协调**　广告字体外观要与广告商品的特性、广告主题表现、广告的整体格调气氛保持和谐，不能随意化。

（4）**强调重点**　广告字体的个性要能突出体现广告商品的特点，体现广告商品的文化附加值，使媒体受众一看就能感悟到广告商品的个性特征。

3. 选择色彩　色彩是影响读者注目率的一个重要因素，不同的颜色会让读者产生不同的心理反应。据调查，与黑白广告相比，彩色广告的注目率要高 10% ~ 20%，回忆率要高 5% ~

10%，媒体受众对彩色广告的注目时间是黑白广告的 2~4 倍。在我国，随着经济的不断发展，广告主的经济实力不断增强，套色、彩色印刷广告也开始多起来，但黑白广告仍占主导地位。

对于黑白广告，如果能恰当地运用黑白对比衬托，其视觉效果也非常好。黑白广告要注意底、面的颜色对比，广告文字符号辨识的难易程度，在很大程度上依赖于文字与背景的差异或对比。面色与底色愈接近，辨识起来愈困难；反之，两者差异愈大，对比愈便于辨识。不过，人的阅读经验和色彩的明度等因素也影响着色彩匹配的易读性。例如，同样是黑白两种颜色，白底黑字的匹配就比黑底白字易于识别。

随着现代印刷技术的发展，广告文字和底面的色彩匹配多种多样。美国广告学家卢基经过实验研究，列出了 13 种颜色匹配的易读性等级，其中黄底黑面的匹配易读性最高（许多交通广告都采用这种匹配），绿底赤面的匹配易读性最差，见表 8-1。对于颜色匹配的问题，广告制作者应加以注意。

表 8-1   各种颜色匹配的易读性等级

颜色匹配	底色	黄	白	白	白	青	白	黑	赤	绿	黑	黄	赤	绿
	面色	黑	绿	赤	青	白	黑	黄	白	白	白	赤	绿	赤
等级		1	2	3	4	5	6	7	8	9	10	11	12	13

4. 画面设计   报纸广告的画面设计要注意以下两点：

（1）要把握版位的重点   报纸广告不同于电视广告，电视广告由于占满电视荧屏的全部画面，所以具有强迫性，除非观众不看电视，否则只有一个广告。但报纸广告除全页广告外，大部分广告只占全部版面的一部分，因此读者具有一定的选择性。为了使读者自动看，就得采取精简的手法，不可放置太多的重点，否则易使读者厌烦。

（2）画面要有变化   富有动态感的报纸广告画面，才能引起媒体受众的注意。

通常广告策划者在接到广告方案之后，先在脑海中构想出许多表达方式，然后将这些构想绘成草图，在所画的草图中选出一两个认为最理想的，经过一番过滤后，再绘成正式草图或半完成稿。有时为了与其他广告公司比较，甚至要把正式的原稿即完稿制作出来。

如何将广告的各要素（包括文案的量、插图或照片等的大小或形态、表现文案的字体等）放在最恰当的位置，以发挥最大的广告效果呢？这涉及广告画面布局的技巧问题。广告画面布局的好坏直接影响到广告的效果。

5. 制版   将布局好的画面稿送给有关部门制版，并印制清样。

6. 校对清样   将制版后的清样与原稿对照，以确保画面稿的质量。有时也可以对清样进行局部的修改与补充，以保证画面的整体效果。

7. 印刷   将校对无误的清样送交印刷厂印刷。印刷以后校对无误，就可投放市场。

（二）布局报纸广告画面时应遵循的原则

为有效进行报纸广告画面的布局，应遵循以下主要原则。

1. 平衡对称原则   决定报纸广告画面布局平衡的参考点是视觉中心（optical center）。平衡对称就是将一定篇幅内的要素巧妙编排整理，使左边视觉中心对称右边视觉中心，视觉中心以上部分对称视觉中心以下部分。一般人的视觉中心大约在整体报纸版面中心上面 1/8 处，或在底线上面的 5/8 部分。一般来讲，有两种平衡对称形式，即规则性对称与非规则性对称。

纯粹的左右对称是规则性对称的关键。成对的要素置于中央轴的两边，以感觉到广告有相等的视觉分量。这种形式会给受众留下威严的、稳固的及保守的印象。

非规则性对称是指从视觉中心不等距离地放置不同尺寸、不同形状、不同颜色、不同明亮度的要素，但仍可呈现出视觉的平衡感。如同一个摇摆物，接近中心点的视觉分量较重的物体，与距中心点较远的的视觉分量较轻的物体相平衡。

大部分的报纸广告画面偏爱非规则性对称，因为这样可使广告看起来生动而有趣，较富想象力，且更刺激。

2. 视觉移动原则 报纸广告的画面要使媒体受众随广告的内容乐于阅读下去，这种原则称为视觉移动。在制作报纸广告时，常用的视觉移动方式主要有以下几种：

（1）借助对广告人物或动物的视线，使媒体受众的视线移动到下一个重要的要素上。

（2）利用机械的设计，例如，利用方向标、长方形、直线、箭头等，引导视线从一个要素到另一个要素。如果有暗示的方向，或者有指向其他广告的表现（模特的姿态、眼睛的方向等），一定要慎重对待。否则，该则广告的力量会被其他广告侵夺。

（3）利用连载漫画的故事情节或图片旁的简短说明，以迫使读者为了了解情节的发展，必须从头依次阅读下去。

（4）利用留白（white space）及色彩效果来强调象征主题或插图。视觉由一个较暗的要素到明亮的要素，从有色到无色。

（5）利用读者阅读时的自然趋向，由书页左上角，随着对角线"Z"而移动到右下角。

（6）利用广告画面本身尺寸大小的变化来吸引媒体受众的注意力，因为读者常被最醒目的要素引入，然后至较小的要素。

3. 空间比率原则 报纸广告的要素应基于其重要性，调和适当的空间，以形成完美的广告画面和最佳的表现方式。在各要素中运用各种比例的空间，如3:2，避免每个要素的等量空间，造成单调乏味。

4. 要素对比原则 使媒体受众对报纸广告画面的特殊要素产生兴趣的有效方法，就是利用颜色对比、尺寸对比或其他形式的对比。例如，颠倒方式（反白色），或者将黑色、白色广告镶红边，或者是一个异乎寻常风格形式的广告，这些都可用对比方式提高媒体受众对广告画面要素的注意力。

5. 连续性原则 报纸广告画面设计中的连续性原则是指将全部广告采用一系列的设计结构，相同的版式、相同的表现手法和风格，结合不同寻常的、独特的画面要素，或者经由其他技术调和运用。例如，标准字体、卡通人物或容易记忆的标语等，来宣传商品的特征。

6. 一致性原则 报纸广告由许多不同部分（要素）组成，但这些要素彼此之间环环相扣，给人一个协调相称的整体印象，平衡、移动、比率、对比及色彩皆有助于保持报纸广告画面整体的一致性。此外，运用下列技术也可确保报纸广告画面的一致性。

（1）一系列的表现风格。

（2）报纸广告四周加上边饰。

（3）将一张图片或要素与另一个重叠。

（4）巧妙地运用留白。

（5）利用绘图工具，例如镶框、箭头或色调等。

NOTE

7. 清晰简化原则   广告策划者在设计报纸广告画面时应注意，任何与广告内容无关的部分都应该省略或排除。过多不同风格的形式，表现方式太琐碎，太多相反的对比或插图，太多镶框项目，以及无关紧要的文案内容，都会造成布局的复杂与紊乱。它将使报纸广告不易阅读，而且破坏了所欲求的整体效果。

8. 留白原则   留白是指报纸广告画面中不编排任何要素的部分（甚至以黑白或其他颜色为背景而非白色）。利用留白可以使某一孤立的报纸广告要素显得更突出，使媒体受众更加集中注意力。如果能在报纸广告文案周围大量留白，看起来广告要素就如同位于舞台的中央，十分抢眼。

（三）报纸广告设计与制作的要求

1. 连续刊登   报纸广告要取得更大效果，必须有计划地连续刊登，以适应报纸时效性和新闻性的特点。连续刊登广告，可增加没有留意广告的读者接触广告的机会，又可使看了广告的人加深对广告的印象。连续刊登可灵活运用集中发布和均衡发布策略，广告内容有计划地变动，使读者对广告有新鲜感；也可运用标题系列、图形系列、形式系列、内容系列等设计策略，使静态广告具有动态的连续感。

2. 版面大小   报纸广告有不同的版面，大致分为全版广告、半版广告、半版以内广告、小广告。小广告多是分类广告栏中的广告，有的只有两张普通邮票那么大。广告版面的大小，对广告效果有直接影响。一般情况下，版面越大，注意率也会增大，但不是等比例的关系。广告版面越大，注意率越高，但广告费也按比例增大。因此，广告主或者广告策划者应依据自己的财力，选择广告版面。具体而言，报纸广告的版面主要有以下几种：

（1）报眼广告   报眼，即横排版报纸报头一侧的版面。版面面积不大，但位置十分显著、重要，引人注目。如果是新闻版，多用来刊登简短而重要的消息，或内容提要。这个位置用来刊登广告，显然比其他版面广告注意值要高，并会自然地体现出权威性、新闻性、时效性与可信度。

（2）半通栏广告   半通栏广告一般分为大小两类：50mm×350mm 和 32.5mm×235mm。由于这类广告版面较小，而且众多广告排列在一起，互相干扰，广告效果容易互相削弱，因此，如何使广告做得超凡脱俗，新颖独特，使之从众多广告中脱颖而出，跳入读者视线，是应特别注意的。

（3）单通栏广告   单通栏广告也有两种类型：100mm×350mm 和 65mm×235mm。这是广告中常见的版面，符合人们的正常视觉，因此版面自身有一定的说服力。

（4）双通栏广告   双通栏广告一般有 200mm×350mm 和 130mm×235mm 两种类型。在版面面积上，它是单通栏广告的 2 倍。凡适于报纸广告的结构类型、表现形式和语言风格都可以在这里运用。

（5）半版广告   半版广告一般是 250mm×350mm 和 170mm×235mm 两种类型。半版与整版和跨版广告，均被称为大版面广告，是广告主雄厚的经济实力的体现。

（6）整版广告   整版广告一般可分为 500mm×350mm 和 340mm×235mm 两种类型。是我国单版广告中最大的版面，给人以视野开阔、气势恢宏的感觉。

（7）跨版广告   即一个广告作品，刊登在两个或两个以上的报纸版面上。一般有整版跨板、半版跨板、1/4 版跨版等几种形式。跨版广告很能体现企业的大气魄、厚基础和经济实力，是大企业所乐于采用的。

　　广告版面如何运用，除考虑费用以外，还应考虑广告目标从而制定不同策略。产品做首次广告时，使用大面积版面会经济有效，而后续广告版面则可逐步缩小。此外，要兼顾广告的效果和经济性，告知性广告使用大版面，提醒性广告使用小版面，节日性广告使用大版面，日常性广告使用小版面是较好的选择。

　　3. 位置安排　报纸的广告位置是指广告登在报纸哪一版上，以及在同一版内放在什么位置。报纸广告位置不同，有不同的广告效果，广告费也不一样。

　　报纸正版（第一版）广告最引人注目，效果最佳，但收费也最高。

　　报纸的其他版面，因新闻内容都各有侧重，故同类型广告多登在同一版面上。

　　专业广告版，即全页只登广告，不登其他新闻内容。其好处在于广告免受其他内容的干扰，有利于集中读者注意力，但也因为它没有新闻内容，读者往往忽视，甚至随手翻过，整版不看。

　　夹缝广告，是在两版报纸之间的夹缝登广告。此项广告容易被人忽略，但广告费低廉。

　　同一报纸版面内的不同位置，广告效果也不一样。版内位置越符合读者的目光习惯和视觉规律，其广告效果越好。依据读者目光习惯，版内位置的注意值如图 8-1 所示。

53%		56%	44%	33%	28%	19%
---	---	---	---	---	---	50%
47%				23%	16%	23%
						8%

图 8-1　报纸版面注意值

　　4. 情境配合　报纸不同版面有不同的报道重点，广告内容要与该版内容协调。例如，报纸的女性版登时装广告，文艺版登文娱广告，体育版登文体用品和各项运动服装广告。同类广告最好安排在一起，如食品广告放在一起，方便主妇阅读选择。引起不好联想的内容，要避免与广告相邻，如刊有讣闻的版面，不要登烟酒广告，以免引起消费者联想尼古丁、酒精对健康的影响；刊有飞机失事的版面，不能登航空广告等。

二、杂志广告的设计与制作

　　杂志广告与报纸广告同属印刷广告，所以设计和制作杂志广告时，可以借鉴一些报纸广告的设计与制作技巧。但杂志广告也有自身的特点，设计和制作时应多加注意。以下介绍杂志广告的设计、制作要求和布局技巧。

（一）杂志广告的设计与制作要求

设计与制作杂志广告要力求做到以下几点。

　　1. 图文并茂　杂志具有印刷精美、发行周期长、反复阅读、趣味浓等特点。因此，要发挥杂志广告媒体自身的特点，使杂志广告图文并茂。色彩鲜明的杂志广告图案能够引起媒体受众的注意，逼真地再现广告商品（或服务）的特点和个性，激发目标受众的购买兴趣。同时，杂志广告中的文案要视情况处理，有时要简明扼要，有时要详尽介绍。

　　2. 正确利用版面　位置与尺寸大小是杂志版面的两个重要因素。杂志内各版面的位置一

NOTE

般可以分为封面、封底、封二、封三、扉页和内页等。上述版面顺序，一般按照广告费由多到少，广告效果由大到小的顺序排列。据调查了解，如果把最高注意度列为100，则各版面注意度分值如表8-2所示。

表8-2　杂志版面位置注意度比率

版面位置	封面或封底	封二	封三或扉页	底扉或正中内页	内页
注意度	100	95	90	85	50

同一版面的广告位置也和报纸一样，上比下好，中间比下面好，大比小好。横排字则左比右好，竖排字则右比左好。

3. 情景配合　杂志广告的情景配合与报纸广告的要求大体相同，即同类广告最好集中在一个版面内；内容相反或能够产生反响式干扰的广告在不同的版页上，以确保单个杂志广告的效果。

4. 采用多种形式　杂志广告的制作要运用多种手段，采用各种形式，使表现形式丰富多彩。在制作杂志广告时，较常用的形式主要有以下几种。

（1）折页广告　采取一折、双折、三折、四折等形式扩大杂志一页的面积，以适应某些广告需要占用较大面积的要求。

（2）跨页广告　这种广告的面积是单页广告所占面积的两倍。它的广告画面是一幅完整的图案，充分展示广告商品的名称、品牌、功能及价格等特点。

（3）多页广告　在一本杂志内连续刊登多页广告，以扩大广告的知名度。

（4）插页广告　在杂志内插入可以分开列出的独页广告，使广告更加醒目，增加广告商品的传播效果。

（5）其他形式　如联券广告、香味广告、立体广告和有声广告等。联券广告在杂志广告的底部附有联券，如礼品券、优惠券、竞赛券等，读者可以剪下联券，凭券到指定地点兑现或领取赠品；香味广告是指杂志广告用有香味的墨水印刷，或者在杂志广告上喷洒香水，如有些化妆品广告就将特殊香水喷洒在杂志广告上；在一些大型广告的制作过程中，还要求采用立体形式，以增强广告的真实性和感染力，如利用立体的人像、动物、商品或风景照片等；有声广告是将一种很薄的录音带或唱片资料插入杂志广告中，当读者翻阅杂志时就能听到优美的音乐。

（二）杂志广告布局设计的技巧

对广告策划者来说，杂志广告布局的设计就是将广告创意通过一定的形式具体地表现出来，它充分体现了设计者的心智，是一段"造美"的过程。杂志广告布局设计原则上要求新求异，充分体现广告创意的内容，将商品信息或广告主信息最大限度地传递给目标市场。画面布局的好坏直接影响到广告策划活动的效果，因此，为了创造上乘的布局，以下两点是必须注意的。

1. 提高媒体受众与广告内容的接触效果　一则杂志广告成功与否，通常在媒体受众与广告主题接触的瞬间就可以决定。因此，杂志广告布局设计首先要从分析广告主题开始。通过分析相关资料，了解广告商品的个性，确定本次广告策划活动的诉求点，使布局设计围绕诉求点展开。其次是将通过分析所获得的一些信息"亮点"，按照与广告主题关系的疏密程度进行排队，并将它们结合起来，使其在画面布局设计中有序地体现出来。在画面布局设计中，不仅要考虑广告商品的特点，也要考虑媒体的特征及目标受众的生活习性。只有如此，一则杂志广告才会被广泛地接纳。

2. 增加广告信息视觉传达的美感　杂志广告传递信息的美感只是媒体受众视觉上的一种直观感觉，它不足以评判杂志广告内在的价值。但是，媒体受众对杂志广告的瞬间感觉往往决定了该则广告的市场命运。这也正是杂志广告布局中"美感问题"备受重视的原因。

杂志广告布局的价值在于传达广告信息的手段是否恰当，或在多大程度上向媒体受众传达了有关广告商品或企业的信息。为了实现上述价值，广告制造者（或设计者）要针对广告的内容，在设计画面布局时考虑各种要素的重要性，衡量其轻重，或摘出或删除，根据重要性对它们进行排序，从而确定它们在画面布局中的具体位置。要实现这一价值，就必须注意以下几点：

（1）强调视觉　强调视觉时，篇幅的处理、照片或插图的表现方式及内容等，都是重要问题，要认真对待。

（2）注意文案的可视度、可读性　在杂志广告中，文案不论长短，字体不论大小，都必须以容易阅读为原则。

（3）考虑广告商品的特征　在杂志广告中，广告商品往往被当作一幅广告画面布局的中心。不论篇幅多大的杂志广告，其画面布局都应该有美感。而有些广告商品由于自身条件的限制，其照片或图片常常缺乏美感。在这种情况下，为了确保广告的艺术效果，杂志广告画面布局的主角就不能是该商品的图片，而应是其他间接的、能衬托出广告商品的背景图片。广告视觉上要有统一感。在制作杂志广告时，要浓缩广告内容，提炼其主旨，然后将其具体视觉化。在制作技术方面，应根据要素重要性的大小来减少陈列单元的数量，如将商品名称、价格、企业名称、地址、品牌名称、标识物等作为一个单元。同时还要考虑画面中文案字句的摆放位置、字体、长度及形态等，使它们相互间协调起来，构成一个艺术整体。

（4）布局要新颖别致，有个性　杂志广告布局的设计要讲求"动感"，新颖别致，对媒体受众有吸引力。做到这一点不容易，但它也是决定杂志广告成功与否的一个关键条件。

第三节　电子广告的设计与制作

一、电视广告的设计与制作

电视是一种有声、有形、有色的先进传播工具。电视传播方式分为有线电视与无线电视，两者都是广告的重要媒体。

（一）电视广告脚本的构成

电视广告脚本，也称电视广告文案，是电视广告创意的文字表达。广告脚本是体现广告主题、塑造广告形象、传播信息内容的语言文字说明，是广告创意的具体体现，也是摄制电视广告的基础和蓝图。电视广告脚本的构成要素主要有广告词、音乐、声响和画面等，其中前三项

NOTE

与广播广告有类似之处，但比之更有特色。

1. 广告词　广告词，亦即台词，包括解说、演词、字幕三种形式。

（1）解说　解说是指随着广告画面的展现而做的讲解，又叫背景语言，用以增加观众对画面的理解。解说应简明扼要，突出个性。画面已表现清楚的不用多说，让画面有更多表现的机会，不要说个不停。

（2）演词　演词是指在戏剧性广告中人物的对话或独白，这时以剧中人物的话语来表达商品个性，引人进入现实环境，比解说更为有趣，感染力更强。

（3）字幕　是指在画面上直接打出的文字，如商品品牌名、企业名等。有的叠印在活动的画面上，有的在广告末尾打出，也有的用特定镜头放大商品的标签或品牌名，以加深观众印象。

电视广告的广告词只是视觉画面的表白，应比广播广告的语言更精炼，有更多的停顿，以免影响视觉效果。

2. 音乐与声响　电视广告的音乐与声响作用基本上与广播广告类似，能增强节奏感，表现情感，烘托意境，悦耳动听，最终加深广告给人的印象。

3. 画面　画面是电视广告影像的表现。电视广告画面包括动与静两种：动的画面，如现场直播、影片摄制、录像拍摄、卡通画等，最能吸引人；静的画面，如卡片广告、绘画广告、摄影广告等，一般是一则广告画面表现一个广告主题，也有的以系列广告画面形式去表现多个广告主题，像连环画一样，连续播放带有情节的广告。

（二）电视广告脚本的写作要求

电视广告脚本的写作既要遵循广告脚本写作的一般规律，又必须掌握电视广告脚本创作的特殊规律，具体要求有以下几方面。

1. 必须分析研究相关资料，明确广告定位，确定广告主题。在主题的统帅下，构思广告形象，确定表现形式和技巧。

2. 必须运用蒙太奇思维（通过分割、离散、跳跃的思维方式将个体聚合成整体，整体又通过形象进入人们的意识与情感中的规律与方法），用镜头进行叙事。语言要具有直观性、形象性，容易化为视觉形象。

3. 按镜头段落为序，运用语言文字描绘出一个个广告画面，必须仔细考虑时间的限制。因为电视广告是以秒为计算单位的，每个画面的叙述都要有时间概念。镜头不能太多，必须在有限的时间内传播出所要传达的内容。

4. 电视广告是以视觉形象为主，通过视听结合来传播信息内容的，因此电视广告脚本的写作必须做到声音与画面的和谐统一。

5. 应充分运用感性诉求方式，调动受众的参与意识，引导受众产生共鸣。为达此目的，脚本必须写得生动、形象，以情感人，以情动人，具有艺术感染力。这是电视广告成功的基础和关键。

6. 写好电视广告解说词，也称广告词或广告语，它的构思与设计将决定电视广告的成败。

（三）电视广告制作要求

电视广告要在很短的时间内连续播送多则活动画面，画面之间的衔接要有逻辑性，内容要有情节性，声音与影像要配合默契。因此，要制作一则好的电视广告，必须掌握好下述要求：

1. 广播化 电视广告要配合活动画面的需要，充分发挥声音效果，应像广播广告一样，使语言、音乐和音响达到逼真、动听、简明的效果。语言要求口语化、简短化和节奏化；音乐与音响要贴切、动人和协调。

2. 表演化 电视广告的主要优点在于形声结合。画面中有各种不同的场面，如激昂的、平静的、欢乐的、忧伤的等；有的还进行各种文艺表演，如歌唱、相声、舞蹈等。这些表演化的画面穿插在广告中，就使广告具有舞台化和戏剧化特色。

3. 简短化 电视广告播出时间极短，如中央电视台要求每则广告严格控制在 30 秒内。因此，电视广告剧情必须简短有趣，主题突出，情节简单，语言精练，绝不能拖泥带水，杂乱无章。

4. 动作化 电视广告除了卡片广告外，都是活动的画面。不但有生命的东西通过各种行为表现情节，而且没有生命的东西也能被赋予生动的形象，如产品能在空中飞翔，在地上跑动，会变大变小，或旋转不同的角度等。

5. 多样化 电视广告在内容、情节、语言等方面要求简单明快，但表现形式却要活泼多样，这才能发挥电视广告的效果。所以，电视广告在拍摄上也应充分运用电影拍摄技巧，以增强广告的魅力。

（四）电视广告摄制类型

电视广告片摄制类型有卡通片、活动片、死动片、木偶片和纪录片等多种类型。

1. 卡通片 卡通片（cartoon），又叫动画片（animation），利用人的"视觉残象"原理，使画中的东西产生动感。卡通片将有连续动作的各个画面逐格拍摄，然后以每秒钟转动 24 格速度放映，使观众看到人或物的动态。卡通片每分钟放映画面 1440 格，每小时 86400 格，因此，卡通片的绘制费很高，造价昂贵。但目前由于电脑绘画技术的发展，卡通片的制作方式也越来越多。

卡通片可与写实片（live action）合成，叫作合成卡通片，形成半动画半写实，其合成形式有以下几种。

（1）动画与真景物合成。动画中的人或物走进真实环境中。如一些牙膏广告，一个可爱的动画小男孩骑在真正的牙膏上，为广告片增添了不少情趣。

（2）动画与真人合成。

（3）动画的背景与人物同实物合成。

（4）抽象动画与商品合成。

卡通片在艺术构思上，特别擅长于表现夸张的、幻想的、虚构的题材和情节。它能把幻想与现实紧紧地交织在一起，把幻想的东西通过具体形象表现出来而具有独特的感染力，这是动画艺术的特性。例如，让手表、电视机、电冰箱跳舞，让汽车、自行车在空中飞翔。

卡通片中的主角人物或动物，往往也用虚构情节加强渲染力。例如，为增强观众对商标的印象，商标中的动物图形从商标中走出来介绍商品。

如著名的米其林卡通人物"必比登"（在中国更名为米其林先生），早在 100 年前就已出现，现在更是妇孺皆知。消费者一看到这个可爱的虫形卡通人物就会想到米其林轮胎，见图

NOTE

8－2。尤其是那则"米其林轮胎使刹车距离缩短1米"的广告，几乎能让所有人过目不忘。

图8－2 米其林卡通人物

基于卡通片的这些特点，传达特殊广告内容或者针对小孩等特殊目标市场做广告时，利用卡通片广告效果比较好。但是针对成人做卡通片广告时要谨慎。因为一些成人会把动画片广告内容理解为人为的表现，特别是过分的夸张反而易引起观众的反感。

2. 活动片 活动片也叫写实广告片（live action），拍摄真人、真物、真景，是常用的广告片，能够给观众以真实感和现实感。

3. 死动片 死动片也叫特殊效果片（special effects）。电视广告拍摄时，运用特技使商品会跳、会跑、会转，如牙膏从盒里跳出来，药丸从瓶里滚出来成字，又自动跑进瓶里。这是将商品每摆个位置拍摄一格画面，连续拍24格，就成为一种可动的商品。

特别是结合戏剧性的音乐或音像、照片效果来制作特殊效果片，使观众长时记忆这些特殊效果广告，并且这些特殊效果能引起观众愉快的感情。但是，也必须考虑观众也许只注意广告的特殊效果，不注意广告内容的可能性，那就不能达到预期的广告效果。

4. 木偶片 木偶片如拉线木偶、手持木偶、死动片木偶等。

5. 纪录片 纪录片包括现场转播与现场录像两种形式，如拍摄顾客盈门、产品实际操作、时装表演、明星推荐商品等。

（五）电视广告画面的景别与构图

在电视广告的构成要素中，画面占主体地位。在画面的摄制过程中要选择好画面的景别和构图。

1. 画面的景别 景别是电视广告语言的基本要素，电视广告就是利用不同的景别组合形成特有的"语言"，向观众传播信息。简单地讲，景别就是被摄主体所占画面大小的不同。景别的首要功能就是描述，通过大小不同的位置变换使媒体受众看清广告的内容。景别还能通过营造特定的环境气氛，来使媒体受众产生某一方面的心理效果。运用不同的景别可以产生不同的气势规模，形成某种特殊的氛围，突出强调细节布局等，从而向媒体受众传达画面以外的某种心理信息。

景别的划分习惯以画面边框截取成年人身体部分的多少为标准。一般可以分为远景、全景、中景、近景和特写。

（1）**远景** 远景是指表现广告人物周围的空间、环境、自然景色或众多人物活动场面的电视画面。远景的视野开阔，空间规模宏大，常用来突出展示广告主体与周围世界的关系。

"万宝路"的电视广告运用的就是远景。广告画面中远处斜阳如血，粗犷的牛仔骑马奔驰在一望无际的旷野里。远景有利于展示宏大的场面，引发一种豪迈的情感。

（2）全景　全景是指表现成年人全身或场景全貌的电视画面。在电视广告中，全景向媒体受众展示广告产品的全貌，使媒体受众对广告产品有一个完整的视觉印象。许多广告策划者在制作电视广告时，常用全景来展示广告产品的各个方面，以求能给媒体受众留下一个清晰的产品印象。

（3）中景　中景是指表现成年人膝盖以上或有典型意义的局部场景的电视画面。中景可以用来表现广告人物的主要情节和情感交流，可使媒体受众看清广告中人物的动作姿态与感情变化。绝大多数以表现商品与消费者之间关系为内容的电视广告，基本上都是采用中景来展示广告创意的。

（4）近景　近景是指表现成年人胸部以上或局部的电视画面。近景可以用来表现广告产品的具体特征，如一些洗发水的广告就是用近景来显示头发柔顺飘逸的特征。化妆品的电视广告多用近景来展示广告产品的个性，因为近景能够产生较强的视觉效果，使产品的一些细微特征得以充分展现。

（5）特写　特写是指表现成年人肩部以上或被摄物体局部状况的电视画面。特写能够产生强烈的视觉冲击力，使广告产品深深地留在媒体受众的记忆中。许多化妆品电视广告都用特写来展示女性的娇美，从而激起目标消费者的购买欲望。

特写可以细致入微地表现人物的神态表情，将广告事物的具体细节充分表现出来。如可以用特写来突出广告产品的品牌，也可以表现消费者在使用广告产品时的感受等。

2. 画面的构图　电视广告的画面是否有美感，是否有吸引力，在很大程度上取决于广告画面的构图。画面构图是指画面的结构，即通过把构成画面的各种要素进行艺术性的排列和组合，使其成为具有美感并体现特定销售主题的形态。构图最初是以静态画面形式出现的，随着科学技术的不断发展，人们逐渐将绘画、摄影的一些原理引入构图之中，于是构图就有了动态的表现形式。因此，静态画面的构图原则与形式是电视画面构图的基本理论，只有掌握了静态画面的构图理论，才有可能制作出视听效果俱佳的电视广告画面。电视画面构图具有以下特点：

（1）固定的画幅比例　电视广告画面构图是一种"美"的创造，它的最大特点是有固定的画幅比例。电视屏幕的画幅比例固定为4∶3，高清新度电视的画幅比例固定为16∶9。这就决定了电视广告画面构图必须在这个比例内进行。

（2）动态性　绘画、摄影的画面是客观物体的一种静态展现，它们体现了"造化"的瞬间美。电视广告画面是一系列镜头的不断滚动，每一幅画面在变化的同时又有明显的承接性，由此电视广告画面构图具有动态性。

3. 画面构图的要求　电视广告画面构图一定要符合以下要求：

（1）简洁完整　电视广告画面构图要使媒体受众一看就明白，一看就清楚。一幅画面只能反映一个内容，围绕一个销售主题展开，要给媒体受众一个完整的印象。

（2）均衡统一　均衡就是画面布局符合人们的视觉习惯，上下、左右搭配合理，有稳定感；统一就是所有画面要素构成一个统一的整体，围绕一个主题，局部画面是整体构图的组成部分。

NOTE

（3）突出主题　画面的各个要素要合理搭配，包括色彩的明度、线条的形状与走向等都必须以突出主题为中心。

二、广播广告的设计与制作

广播广告的设计与制作要经过规划、录播、录音、播音、乐队等多方面人员的相互分工和合作。但有的广播广告的制作比较简单，如现场直播形式，只要把广播文稿提供给播音员就可以了。广播广告的制作，应根据不同的广告文案形式，加配不同的音乐和音像效果，选择不同的人来演播，采用不同的录制合成方式，这样才能起到较好的宣传效果。

（一）广播广告的类型

广播广告与电视广告一样，都具有多种形式，但概括起来可能划分为以下几种类型：

1. 直述式　直述式广播广告是指由播音员或演员按照写好的广告词一字不变地照读，不加任何演技，只是将广告词正确地向媒体受众宣读。这是一种最基本的广播广告形式。

2. 独白式　"独白"一词本是戏剧用语，是指在舞台上演员自问自答，唱独角戏。独白式广播广告是在使用广告产品的生活情景中，利用商品的个性人物，用独白的方式将广告产品的特点、功能、价格、生产厂商等信息传播给媒体受众的一种广告形式。

广告中的个性人物是指在广告中经常出现的，用以体现广告产品个性的人物或动物形象。出现在广告中的个性人物，能使广告更富有情趣，使商品的特征得以充分地体现。

3. 对话式　对话式广播广告，是指在广告中利用母子、情侣、夫妇、兄妹等角色，通过对话，将广告产品的特征及使用情况告诉媒体受众的一种广播广告形式。这种形式容易使媒体受众产生亲近感或现实感，从而增加了广告产品的可信度。如天津牌助听器广播广告就十分幽默地突出了产品的功效，让听众无法忘怀。

售货员：大爷，您买啥？

大爷：啥，减肥茶？不减，我这么瘦再减就没了。

售货员：……大爷，买什么您自己挑！

大爷：咋的，还得上秤哟？

售货员：大爷，您老耳背，我给您介绍一个新伙伴儿。

大爷：啊？要给我介绍个老伴儿，不行啊，家里有一个啦。

售货员：大爷，我给您介绍这个，保证您满意。

大爷：啥，助听器？对，我就是来买助听器的。

男白：天津牌助听器，让聋人不再打岔。

4. 戏剧式　戏剧式广播广告是指编排一场戏剧，让剧中人物将广告产品的特征用戏剧台词告诉听众的一种广告形式。戏剧式具有较强的趣味性，但地方性也比较强。这种形式只能适用于地方性媒体的广播广告。

5. 音效式　音效式广播广告是指利用音响效果，将广告产品的信息传输给媒体受众的一种形式。广播电台通过声音塑造想象力气氛的能力非常强，通过播放一段特殊的音乐，诱使媒体受众展开想象力，将广告产品与某一事物联系起来，以达到塑造品牌形象的目的。例如，万宝路的一则广播广告，就是利用音响来突出万宝路的品牌个性：

……肃静——声音由远处传来——马蹄声逐渐加大——惊天动地的万马奔腾声，夹杂着马的嘶鸣——沉重而音域宽广的画外牛仔声："Marlboro World"。

（二）广播广告的构成要素

广播广告的独特之处就是通过声音来传递广告信息，也就是说"以声夺人"。广播广告中的声音包括人声（广告的语言部分，就是广告词）、音响和音乐，也称广播广告的三要素。

1. 人声 广播媒体中的语言与平面印刷媒体中的语言有着本质的区别，印刷媒体中的语言是抽象符号式的文字语言，而广播中的语言则只能是有声的口头语言，这一点是广告策划者必须加以区分的。广播广告的语言表现方式比较多，在这里介绍几种常用的。

（1）比喻法 即将广告产品间接地用其他东西比喻。例如，在砂糖广告中，可以将砂糖比喻为白雪。又如，有一则牙刷广播广告为"××品牌牙刷，就是一毛不拔"。

（2）逆向表达法 即不从顺向来看待事物，而是从相反的方向来考虑事情，以发现新的观点。

（3）暗示法 利用一些为大家熟悉的名言、格言、谚语等，来暗示某一事物。

（4）列举法 即将广告产品的所有成分、色泽、款式、价格等内容一一列举，分别向媒体受众展示。

（5）重复法 即广告中的关键词重复运用，以突出广告产品的品牌。例如，韩国现代集团的广告"技术的现代，现代的技术"。

（6）定义法 例如，"威士忌是生命之泉"。这种方法改变了广告产品原有的概念，使它与生活中的某一事件联系起来，使媒体受众形成一种有利于产品销售的联想。

（7）语源法 即运用一些有悠久历史的语句，以突出广告产品的经营历史或优异品质，例如，"车到山前必有路，有路就有丰田车"。

（8）现写法 又称活写法，即设定某种情景，以现场报道的形式描写整个过程，使媒体受众产生身临其境的感受。

（9）修辞疑问法 即以问卷的形式直接将广告产品的有关信息告诉媒体受众，使他们对产品形成一个完整的概念。

（10）否定诉求法 大多数广告常以产品的特点或优点作为诉求主题，以给媒体受众留下正面的印象。而否定诉求则以产品的不足或缺点作为诉求点，从反面的角度将广告产品的特征客观地告诉媒体受众，如果运用得当，这种方法比正面诉求更为有力。例如，"××品牌手表，48 小时误差两秒钟"。

（11）夸张法 即通过艺术的手法夸张广告产品的功能，增强广告产品对媒体受众的吸引力。夸张法与夸大不同，夸张法是一种艺术形式，而夸大则带有一定的欺骗性。运用夸张法不是指说假话，而是通过一定的艺术形式将广告产品的特征或功能渲染出来，以增强其视听效果。

（12）反复法 即将同样或类似的表现反复地强调。例如，广告歌多出现在一则广播广告中，以加深听众对广告产品品牌的印象。

（13）双关语法 即说俏皮话，通过一些幽默的俏皮话将广告产品的信息传输给媒体受众。

广告策划者在制作广播广告语言时，除了灵活地运用一定的广播广告语言表现方式以外，还必须了解以下几点：①广播广告是一种"说的语言"。"说的语言"是被用来听的，而汉语中有许多同音异义的字，特别是我国地缘辽阔，方言众多，稍有疏忽，就会使听众产生误解，

NOTE

这一点必须注意。同时，广播语言是人发出的声音，讲话者的形象、表情等都是借着语音、语调传达给媒体受众的。媒体受众甚至还可以根据语速来体味说话者的心情。因此，广播广告可以通过听觉效果来调动媒体受众某一方面的兴趣，使他们产生购买欲望。②广播广告要简洁明了。广播广告中所用语句要避免拖沓冗长，用简洁的词句将所要说的话表达出来。句子要尽量简短，段落要分明，层次要清楚，尽量少用形容词。③忌用难懂的词句。在广播广告中，学术用语、专用术语要尽量少用，多采用浅显易懂的词句。④情节要生动感人。广播广告是表现生活的片断，虽然持续时间较短，但情节要感人，有一定的趣味，这样才能使听众产生"听下来"的兴趣。⑤多次反复。在广播广告中为了将广告产品的品牌、功能等信息确实传递给媒体受众，有时需要不断地重复上述内容，使听众明确了解广告产品的基本情况。反复不同于执拗，反复是将产品的名称多次列出；而执拗是纠缠，会使媒体受众感到反感。

2. 音响　音响是广播广告的主要表现手段之一，可以大大增强广播广告的表现力和感染力。音响可以创造一个声音的环境，可以叙述或表现一个事件，也可以表现思想和情感。

（1）音响的叙事性　现实中一切生物和自然现象都有自己独特的声音，如风声、鸟鸣、马嘶等。也就是说，声音总是和形象联系在一起，这也正是声音能够令人产生视觉联想化的前提。

广播广告中的人物不需说他打破了盘子，听众只要听到陶瓷破碎的声音和感叹声就知道了。要表现喝饮料的过程，只需要打开瓶盖时"嘭"的一声，再加上喝饮料时"咕嘟咕嘟"的声音，最后是喝过后舒适的一声感慨"啊……"就可以了。同样，要表现火车站的环境，只需用乘客们的嘈杂声、车轮转动声和汽笛声就能把听众带到这个环境中去。

（2）音响的表现力　音响的表现力主要是通过联想来实现的，而这种联想又是通过独特的广告创意引发的。和视觉一样，声音也同样具有非凡的表现力。因此，对音响的巧妙使用，可以把许多无法或难以表现的东西轻而易举地传达给听众。例如，药品广告的效果一般在广播广告中很难予以表现，因为它无法像电视那样运用画面进行演示。而一则胃肠药品的广播广告却运用自然音响达到这一目的，即雷声（约5秒钟时间的雷鸣）——雨声（倾盆大雨）——号角声（雨声停后约两秒）——胃肠药品名，从而把服后的效果表现得恰如其分。

（3）音响的个性化　现代企业大多比较重视企业形象识别系统（CI）的建构，以期通过设计独特的视觉形象为企业赋予个性，从而将本企业从众多的企业中突出出来。在广播广告中，企业可以创作出富有个性化特征的音响作为自己的标志，使人们一听到这个声音就知道是什么产品或哪家企业。例如，美国的 Aro 化妆品，用优美动听的门铃声作为它的标志，把这种音响同产品紧紧地联系在一起，成为产品的象征。

3. 音乐　音乐是一种抽象的艺术形式，具有强烈的情绪性，对于人的情感、态度、行为影响极大。音乐在广播广告中发挥多种作用：①它可以活跃广告的气氛，使广播广告的内容丰满起来；②它能够增强广播广告的吸引力，引起媒体受众的注意，美好的音乐常能使听众沉浸在想象之中；③有利于塑造广告产品的形象，突出产品个性；④特定音乐也可以成为广告产品的标志，使媒体受众轻易将产品与其他产品区别开来。

在广播广告中的音乐主要分为两种类型：一种是背景音乐，一种是广告歌曲。

（1）背景音乐　主要是利用乐曲来烘托气氛，配合人声使用。例如，一则雪地鞋的广播广告，开头就是以《溜冰圆舞曲》缓缓混入并配合始终，听到这首优美抒情的乐曲，听众的脑海里马上就会浮现出欢乐的溜冰者在冰上翩翩起舞的场面，其广告文案的语言采用的是对话的方式，介绍了雪地鞋轻便、暖和、防滑的优点。这首为人们所熟悉的乐曲和雪地鞋这种产品联系在一起，起到了很好的陪衬作用，从而加深了人们的印象。

（2）广告歌曲　就是把广告中所要传递的重要信息，用歌曲的形式表现出来。它不同于电影插曲，不要求多样化和技巧高，只要能上口、易学易记、曲调活泼、歌词简短。广告歌曲创作的目的，是以优美的旋律和独特的音响，加深人们对广告产品特点的认识，便于牢记，并启发联想。

4. 广播广告要素的运用　人声、音响和音乐作为广播广告的三要素，并不是简单地相加，而是相融。三者融为一体，变化无穷，魅力无穷，不仅能弥补单一的语言、音乐或音响的不足，而且可以发挥整合效能，从而产生强大的表现力，大大地开拓了媒体受众的"视觉空间"，令人产生身临其境的感觉。当然，这三者各自的特色和所起的作用是不一样的，在运用中需要注意以下两点。

（1）人声语言的主导地位　在广播广告中，语言是传达信息的主要手段，也是使广播广告具备说服力和影响力的关键，音响和音乐也都是为这个目标服务的。一则广播广告可以没有音响和音乐，只要语言引人入胜，符合听觉规律，切合消费者心理需要，同样是一个好的广播广告。当然，音响和音乐的恰当使用会大大增添广告语言的魅力，加强广播广告的整体效果。但是，如果片面追求形式，刻意在音响和音乐上雕琢，而忽略了对广告语言的精益求精，就会喧宾夺主，达不到广告目的。

（2）广播广告三要素的组合方式　广播广告三要素（语言、音响、音乐）之间的结合有不同的方式。

1）只有语言，没有音响和音乐。这是广播广告中常见的一种。其优点是简洁明了，制作简便，具有短、平、快的特点；缺点是容易显得单薄、平板，缺乏吸引力。

2）音乐和语言相互配合。具体有四种方式，包括：①以音乐开头，然后与语言相混插；②以语言开头，然后与音乐相混插；③语言与音乐齐头并进；④语言和音乐交替出现；

3）音响和语言相互配合。这种配合分为以下几种形式：①以音响开头；②音响和语言交替出现。

4）音响、音乐和语言的配合。这种配合分为以下三种形式：①以音乐开头，穿插语言和音响；②以音响开头，穿插语言和音乐；③以语言开头，穿插音乐和音响。

【案例】

白加黑感冒药的电视广告设计

画面：白加黑药盒。字幕：白加黑，治感冒，表现就是这么好！话外音：打喷嚏的声音，紧接其后轻快地背景音乐响起，且背景音乐贯穿整个广告。

画面：清晨，香港凤凰卫视著名主播吴小莉穿戴整齐后对着镜子露出自信从容的微笑；特写桌上刚用过的白加黑感冒药，药盒旁放着因服药而喝了一半水的水杯；吴小莉微笑着走到车旁，打开车门准备驾车去工作。画外音：白加黑，白天服白片不瞌睡，正常工作。

画面中左右各出现一张画面，并缓缓向中间靠近，左边的是白色背景下画有太阳，右边的为灰色背景下画有月亮，与白加黑药盒上画面一致。随着画面的分开镜头场景也发生了改变。

画面：主播节目结束后，吴小莉从容地与同事三人讨论着稿件。话外音：晚上服黑片睡得香，巩固疗效。

同上，左右出现的画面相接相离后将镜头场景改变。

画面：白加黑药盒特写。画外音：感冒用白加黑。

画面：吴小莉对着镜头自信地说道：表现就是这么好。画面中吴小莉旁边是白加黑药盒，药盒下为"表现就是这么好"字样。

画面：东盛标志。画外音：东盛，Topsun。

此则广告的最大亮点是广告对"USP"理论的运用。服用普通感冒药会使人昏昏欲睡，严重影响了人们白天的生活和工作，而白加黑能将感冒治疗分为白天和晚上两个部分，使服用者白天不瞌睡并且晚上睡得香。广告将白加黑这种独一无二的好处有效地转换成了产品的独特销售主题，向消费者提供了足够的说辞，不禁让人眼前一亮。

白加黑产品由香港凤凰卫视著名主播吴小莉代言，一方面利用吴小莉的社会知名度为白加黑做了很好的宣传；另一方面吴小莉的承诺更具权威性，更让观众信服。最高的承诺是广告的灵魂，没有承诺的广告无法打动消费者的心。广告主要讲述了吴小莉感冒期间因服用白加黑而带来的好的表现，她所说的"表现就是这么好"就是对观众吐露的心声，也是承诺。广告中的"白天服白片不瞌睡，正常工作"，"晚上服黑片睡得香，巩固疗效"，则是产品对消费者最直接最好的承诺。

广告以一段轻快的音乐贯穿……广告画面上边缘是左黄右蓝的条纹，下边缘为左蓝右黄的条纹，与白加黑药盒的上边缘和下边缘设计一样……切换镜头的两幅画面，左边的是白色背景下画有太阳，右边的为灰色背景下画有月亮，与白加黑药盒上画面一致……诸多小细节中不难看出广告设计师的良苦用心，整则广告的画面都可以看到白加黑药盒的影子，更加深了观众对白加黑的印象。虽然广告的商业性质很浓厚，但不得不承认它确实达到了广告的目的，算得上佳作。

（资料来源：白加黑广告赏析与评价_ 百度文库
http：//wenku. baidu. com/view/018282c62cc58bd63186bdea. html？ re = view）

讨论：

结合本案例，请谈谈电视药品广告的设计与制作要求。

【思考题】

1. 如何理解广告设计与广告制作的含义？

2. 布局报纸广告画面时应遵循哪些原则？

3. 试论述杂志广告布局设计的技巧。

4. 试论述电视广告的制作要求。

5. 试论述广播广告三要素的组合方式。

第九章　广告媒体及媒体策略

【学习目标】

1. 掌握药品广告常见媒体的特点。

2. 理解药品广告媒体计划的内容。

3. 了解各种媒体的优缺点。

广告学经典教材《当代广告学》作者威廉·阿伦斯（William Arens）说：媒介策划的目的是构思、分析和巧妙地选择适当的传播渠道，使广告讯息能在适当的时机、适当的场合传递给适当的受众。广告媒体是消费者接触广告的必备载体，通常媒体费用占整个广告活动总支出的一半以上。现在对于商家来说可供选择的媒体越来越多，没有任何一家企业可以选择所有媒体投放广告，况且并不是越多暴露就一定能带来越高的销售额。科学地选择媒体组合，达到最大的预期经济效果和社会效果，就必须制订一个完备高效的媒体计划，并且实施媒体策略。医药广告媒体选择受到各国法律限制，我国的法律规定处方药广告是不能在大众媒体刊播的，所以医药类广告媒体选择较为狭窄。

第一节　广告媒体概述

一、媒介、媒体及广告媒体

媒介是传播信息的渠道，对于广告而言，"媒介"一词具有特殊的含义，它不仅指我们每天都能够接触到的报纸、电视、广播、杂志，还可能是"任何你能够放置讯息的地方"。任何一家现代传媒机构，如报社、电视台、广播电台、杂志社、电话号码簿公司等，均设有广告部门。这种广告部门主要负责向广告公司或广告主销售时间或空间，因此在国外媒介广告部门的首脑又常常被称为"广告销售经理"。销售时间和空间并不是媒介广告部门的唯一任务，在国外，大多数媒介的广告部门也主持调查活动，因为这是有助于其销售时间和空间的促销依据。媒介的广告部门还可能为广告主提供其他各种服务，如文稿写作、美工及广告制作。

媒体（media）是媒介（medium）的复数形式，一般指中间的手段或工具等。广告媒体是指能借以实现广告主与广告对象之间联系的物质或工具，凡是能刊播广告作品，并实现广告主与广告对象之间联系的物质都可以称为广告媒体。广告信息必须借助于广告媒体来发布和传播，广告媒体是广告信息的运载工具。

商品经济的发展产生了对媒体的需要，科学技术的发展又为之提供了物质手段。目前，广告媒体有数百种，常用的广告媒体也有几十种，并随着科技的进步而日益丰富，正朝着电子

NOTE

化、现代化和艺术化和空间化的方向发展。新的高科技成果在广告媒体上不断被应用，一方面开拓和发展了新的媒体技术，另一方面对原有的媒体技术进行了大幅度的改进。这都为现代广告传播提供了更广泛的、更有力的物质和技术手段。一种全新媒体的利用，往往会吸引消费者的注意，但并不代表着新媒体必然会起到促销的作用。

因此，广告主和广告公司必须认真研究和利用媒体特点，充分发挥各类广告媒体的传播优势，合理有效地确定广告媒体策略，及时、准确、艺术、经济地把有关信息传递给目标消费者。

二、广告媒体的分类

（一）根据媒体的受众面分类

1. 小众媒体　如 DM 售点媒体、户外媒体等。

2. 类别媒体　如少年儿童报、知音漫客、参考消息、电脑报、医药经济报等。

3. 大众媒体　电视、报纸、广播、杂志通常称为四大媒体。

（二）根据受众的感觉分类

1. 视觉媒体　如报纸、杂志、售点广告及户外广告等媒体形式。

2. 听觉媒体　如广播、录音带、电话等。

3. 视听媒体　如电视、电影、网络微博等。

（三）根据广告信息在传播媒体中的比值分类

1. 借用媒体　如四大媒体中的报纸、电视、广播主要是新闻媒体，杂志是大众媒体。

2. 专用媒体　如广告牌、霓虹灯、DM 广告、POP 等。

（四）根据传播空间分类

1. 地区性媒体　适合有明确区域市场的产品广告。如地方医院的广告会选择城市火车站、飞机场。

2. 全国性媒体　适合全国性市场定位的产品广告。

3. 国际性媒体　适合跨国企业生产经营的国际品牌广告，不同国家有不同的媒体策略。

（五）根据媒体的时效分类

1. 快速广告媒体与慢速广告媒体　快速广告媒体主要有电视、广播、报纸、传单、招贴等；慢速广告媒体主要包括杂志、书籍样本等。

2. 长期广告媒体与短期广告媒体　长期广告媒体主要包括户外广告媒体，如路牌、霓虹灯、橱窗等，还有部分印刷品广告媒体，如杂志、书籍、电话簿、说明书等；短期广告媒体主要包括电视、广播、包装纸、报纸等。

（六）根据能否统计到广告发布的数量及广告收费标准分类

1. 计量媒体　如报纸、杂志、广播、电视等。这些媒体都是按照时段，次数，版面大小和时长收费。

2. 非计量媒体　如路牌、橱窗等。这些媒体依靠车流量、人流量做大致统计。

（七）根据媒体的物质自然属性分类

1. 电波媒体　如广播、电视、电影等。

2. 印刷品媒体　如报纸、杂志、书籍、传单等。

3. 邮政媒体　如说明书、商品目录、小册子等。

4. 户外媒体　如广告牌、霓虹灯、招贴、交通工具、橱窗、街头装饰等。

5. 销售现场媒体　如门面、店内灯箱广告、货架陈列、实物演示等。

6. 礼品媒体　又称珍惜品媒体，如年历、小工艺品、纪念品、手册、精美印刷品等。

7. 包装媒体　包括包装纸、包装盒、包装袋等。

8. 人体媒体　包括时装模特、广告宣传员等。

9. 其他媒体　主要指利用现代科学技术的烟火、飞艇、气球、激光等媒体。

近年来，新型媒体崛起，如有线电视、卫星电视、IPTV（交互式网络电视）、互联网络、手机等，成为广告媒体的新家族。

（八）根据信息传递、传播的维度和方式分类

1. 平面媒体　报纸、杂志等传统媒体通过单一的视觉、单一的维度传递信息，相对于电视、互联网等媒体通过视觉、听觉等多维度地传递信息，而被称作平面媒体。这里的"平面"是广告界借用了美术构图中的"平面"概念，因此报纸、杂志上的广告都被称为平面广告。辉瑞旗下止痛膏"奔肌"在平面媒体上刊载的广告，利用视觉原理，将肌肉症状用提沉重的"石头包"的感觉表现出来，虽然是平面，但观众看后仍能很快明确适应症状和药品效果。

2. 立体媒体　电视、网络等通过视觉、听觉多种渠道传播的形式称作立体媒体。

（九）根据可否测量及效果分类

1. 标准媒体　电视、广告、报纸、网络等，可以较为准确地进行测量，对传达信息更有价值。

2. 非标准媒体　直邮、促销、优惠券等，不易进行跟踪测量，其对引发行动更有效。

三、大众媒体广告

大众媒体是广告主最常采用的媒体，包括报纸、杂志、广播、电视四大媒体。

（一）报纸广告

报纸以文字和图片形态为传播信息的手段，是以刊载新闻为主的广告借用媒体，是现代广告四大媒体中最早发布广告的媒体。最早的报纸广告是 1666 年英国《伦敦公告》刊登的增刊声明。长期以来，报纸一直占据着广告媒体的首要地位。报纸的版面、出版频率、种类差异很大，收费形式也各有不同。

根据内容，可分为产品广告、促销广告、形象广告、分类广告、政府机关通告；按表现形式，可分纯文字型广告、黑白广告、套色彩色广告、图文并茂型广告、空白广告、刊头题花广告；按广告版面布局，普通版位广告分为整版广告、1/2 版广告、1/4 版广告、小面积广告，特殊版位广告分为头版广告、报眼广告、跨版广告、中缝广告、刊头广告、插页广告。

【优点】

1. 覆盖面广，发行量大。

2. 存留时间长，便于查存。

3. 广告费用较低。

4. 制作比较简单，传播迅速，适合做时效性强的广告。

5. 读者阅读时比较主动，读者广泛而稳定。这就使得报纸的目标市场具有相对的稳定性。

NOTE

6. 信息传达比较准确，表现方式灵活多样。报纸是解释性媒体，适合刊登复杂的广告信息。

7. 可信度高。一些历史悠久的报纸在公众中享有较高的声誉，比如参考消息、医药行业的医药经济报等。

8. 选择性强，灵活性好。根据各种报纸的覆盖范围、地位、发行量、知名度、读者群等情况，可以灵活地选择某种或多种报纸进行广告宣传。广告的版位、版面大小都可根据广告预算做适当的选择。

【缺点】

1. 印刷效果不好，形象感较差　报纸媒体多采用新闻纸印刷，色彩比较单一，纸质较差，表现力有限。

2. 有效时间短　报纸出版率高，很少有人重复阅读隔日报纸。

3. 广告注目率低　报纸以报道新闻为主，广告一般不能居主要地位，尤其是我国的报纸，广告很少安排在第一版，更难放在第一版显著位置。报纸的一个版面上往往刊登多个广告，因此广告能否被阅读受其他广告影响较大。

（二）杂志广告

杂志是刊登某一方面或某一门类的知识性或娱乐性的文章、图片等供读者研究或消遣的出版物。杂志的幅面、出版频率各有不同。一般分为消费者杂志、商业杂志、学术性杂志、信息文摘期刊、专业杂志、消遣型杂志等。

杂志广告一般分为黑白页和彩色页两种，如果按照版面来区别，又可以分为封面广告、封二广告（又叫封面里广告）、封三广告（又叫封底里广告）、封底广告、特页广告、内页广告（又分全页、跨页、半页、1/4 页等）。

【优点】

1. 印刷质量较高　杂志广告印制精良，一般使用铜版纸彩印，可以很形象地展示商品的色彩和质感，适合发布精美豪华、色彩鲜艳的产品的广告。

2. 保存性好，效果持久　杂志购买方便，在四大广告媒体中，杂志携带最方便、最便于保存，可以有较长时间阅读或重复阅读，还可以互相传阅或保存起来再读，使得杂志广告可以起到反复宣传的作用，广告效果持久。

3. 说服力强　广告内容含量大，内容较为全面，文体也更为多样，适合刊登复杂的广告信息，杂志以特定的社会群体为服务对象，在特定的选题上内容更丰富，篇目更多。

4. 突出醒目干扰少　杂志版面较小，一页往往只安排一个广告，广告信息不容易受到干扰。

5. 专业性极强，具有明显的读者选择性　杂志读者一般都是对某个专业、某个部门、某个领域感兴趣的读者。读者群的分界更清晰，更便于广告主锁定特定目标人群。广告主可以根据所宣传商品的性质，较准确地选择那个领域的杂志来做广告，把广告内容同消费者的爱好、兴趣紧密联系起来。

【缺点】

1. 时效性差　属于一种间歇性媒体，传播频率慢、发行周期长，往往一月只有一期，甚至半年一期，不适合做时效性强和连续性强的广告，也不适用于造声势的大规模推销活动。

2. 影响面窄 杂志的发行量一般大大低于报纸，而且绝大多数杂志面向全国发行读者在同地区分布较为零散，不适合做地区针对性强的广告。

3. 广告费相对报纸较高 如果广告主要求使用铜版纸彩印，其费用则比较高。

（三）广播广告

广播广告按播出时间，可分为10秒、30秒、60秒等；按播出方式，可分为口播广告和录播广告；广播广告还可分为节目赞助型广告和插播型广告，以及特约广告、特别赞助广告。

【优点】

1. 传播迅速，受众广泛 广播信息制作时间短，传播速度在所有媒体中最快。特别有利于那些时效性要求很强的广告，如一些促销广告。广播的覆盖面比报纸更广，不受地域甚至国界的限制，电波所及，都可收听。广播听众也不必像报纸读者那样，必须有一定的文化，只要听得懂民族语言就可以收听，甚至盲人也可以收听，因此广播听众比报纸读者广泛得多。

2. 增加听觉刺激 广播以声音为表达手段，现场音响具有传真性，能把表现产品功能、作用、品质的声音传给消费者，给人以信赖感。广播广告的语言通俗生动，加上播音员声情并茂的演播，不仅能给人以轻松愉快的美感，还能调动人的情绪，激发其购买欲。

3. 移动性强，接收自由 收听器材的多样化、简便化，使得广播媒体更具移动性。听众不论处于什么方位，不论在做什么，都可以收听广播。

4. 制作容易，费用低廉 广播广告不像报纸、杂志广告那样需要制版、印刷，也不像电视广告那样要排演、录像、剪接，只要撰写好广告词，录制在节目中就可以播出。

【缺点】

1. 选择性差 广播只能按顺序播放，受众只能被动地接受，多次重复也会产生厌烦。

2. 形象表现力差 广播的内容只能通过声音表现，形式单一，不能充分调动人的感觉系统，难以留下深刻印象。

3. 一过性 广播广告的时间短促，信息无法保留，稍纵即逝。尤其是没有听清或漏听时，信息难以再捕捉，难以存查。复杂的解释性、做深度诉求的信息不适合播出。

（四）电视广告

电视广告以有声语言、流动的画面、音乐、音响、字幕为传达讯息的手段，兼有报纸、广播、电影三者的优势。

优秀的电视广告能融广告讯息与艺术、娱乐于一体，不仅能向公众完美地展示广告产品的形象，还能创设一种享用广告产品的美好生活氛围。在现代广告媒体中，电视广告感染力最强、最受欢迎，受众也最广泛，也是广告主最为青睐的媒体。

电视广告的类别根据播出方式，分为节目型广告、插播型广告、赞助型广告、转借型广告；根据电视广告的制作材料，分为影片型广告、录像型广告、直播型广告、动画广告；根据播放时间，一般有5秒、10秒、15秒、30秒、45秒、60秒不等的规格。2016年，国家新闻出版广电总局对医药类电视广告时长进行了限制，不得超过1分钟。

【优点】

1. 形声兼备，感染力强 电视广告集图像、声音于一体，可以运用图像、声音、文字等形式表现主题，有极强的冲击力和很强的娱乐性。

2. 传播迅速，辐射面广 电视节目的传播不受时空限制，只要在覆盖范围内，就能收到

NOTE

电视节目。覆盖面大，单位接触成本低。

3. 受众广泛，渗透力强　电视广告媒体是最大众化、渗透力最强、最能赢得观众群体的媒体。电视媒体以家庭收看为主，因此电视广告有助于家庭成员共同购买，直观真实，理解度高。它能充分地再现形象、现场、过程，并能给观众一种交流的亲切感；它能够直观展示产品的外观、产品的使用过程和使用效果，具有很强的说服力和感染力。

【缺点】

1. 时间短　电视信息具有即时性的特征，无法保存。

2. 广告制播费用高　电视广告需要动用众多人员，制作过程复杂，因此，电视广告的制作费用高。电视的播放收费也很高。对于大多数中小企业来说，无足够经费投放电视广告。

3. 信息容量小，信息干扰大　电视广告的时间短，信息容量小，不适合传播复杂的广告信息，不适合对广告信息做说明和解释。电视广告在观众专注收看时突然出现，观众易产生较强的抗拒心理。在广告播出时，观众往往转换频道或做其他事，收视率不稳定。在电视节目和众多广告中间，信息互相干扰，若要观众留有深刻印象，必须重复播放。有的广告甚至重复3~6次或以上，严重影响观众收视感受。

四、其他传统媒体广告

（一）售点广告

售点广告即指销售现场广告，亦称 POP（Point Of Purchase）广告，是利用售点媒体所做的广告，即出现在售点内外的一切布置物广告的总称。它包括商品销售场所的广告牌、彩旗、布条、横幅、霓虹灯、灯箱、货架陈列、橱窗、招贴画、招牌、门面装饰等不同方式的广告，还包括在售点发布的各种媒介的广告，如包装纸、奖券、有线广播、录音、闭路电视等，其中最重要的是以商品本身为媒介的陈列广告。

POP 广告的种类按设置场所可分为室外 POP 广告、室内 POP 广告。按设置方式可分为悬挂式 POP、橱窗式 POP、柜台式 POP、壁面式 POP、落地式 POP、价目表与展示卡式、贴纸式。按媒体类型可分为电子类 POP、印刷类 POP 和实物类 POP。按制作者可分为商店自行设置室内外 POP 广告、由厂家直接提供的室内外 POP 广告。按使用目的可分为新产品发售用作促销的 POP、常规促销活动使用的 POP、现场展示活动 POP、大众传播媒体陈列 POP、户外活动 POP、庆典活动 POP 等。此外，还可根据素材分为纸质 POP、塑胶 POP、金属 POP、布类 POP、木制 POP；根据使用期限分为短期使用 POP、长期（1~3 年）使用 POP 等。

【作用和优点】　直接促进消费者购买，能唤起已有积累效果的潜在购买意识成为购买行为，因此经常是媒体组合中必不可少的部分；创造购物气氛，促成即时购买；顾客就近观看商品，加深顾客对商品的认识程度，诱发顾客的潜在愿望，形成购买意愿；制造卖场气氛，替商店招徕顾客。

【缺点】　辐射范围小，对消费者的影响面远不及大众媒体；设计要求高，成本费用大。

（二）直接广告

直接广告是直接进入消费者的家庭和工作场所及通过个人之间的信息沟通，表明比较具体的求购信息的广告形式的总称。其发布形式有邮寄、借助于其他媒体、直销网络三种，其中以直接邮寄广告（Direct Mail Advertise，简称 DM 广告）为主体，也是最早、最主要的形式。其方式为将广告信息通过信件用直接邮寄的方法传达给广告主所选定的对象，介绍产品或服务，引发消费者的兴趣，也可以寄优惠卡或附送样品、折价券等。

【优点】在篇幅和形式上具有很大的灵活性，费用较低，可为人员上门推销服务做先导，可将广告信息传达到一般媒体难以达到的对象手里，有利于巩固顾客群；信息内容容量较大，阅读率高。

【缺点】获得选定发送对象名单较困难，可能涉及消费者隐私。因由企业直接发送，故在消费者心目中不可信赖，容易为收件人所轻视，不加阅读便随手丢掉，因而直邮广告多为广告宣传的辅助手段。

（三）户外广告

户外广告指设置在室外的广告，简称 OD（Out Door）广告。常常设在繁华街道、宏大建筑物等人口较密集之处。户外媒介是广播、电视、报纸、杂志四种大众传播媒介以外最重要的媒介，尽管有时人们称之为"辅助性媒介"。据中国广告协会的统计，户外广告在我国已成为电视、报纸之后的第三大广告媒体。按照美国户外广告协会（OAAA）的定义，户外广告可以分为如下四种类型。

1. 广告牌　广告牌（billboard）是标准的大型广告展示板，一般超过 15.24 米，目的是使人们在远距离可以看到。

2. 街道设施　街道设施广告大多借助为公众提供便利的设施，一般安置在人行道附近或购物者目力所及的地方，如公交车候车亭广告、电话亭广告、遮阳伞广告、商业街或商场内的广告牌、便利店的广告招贴等。

3. 交通工具类　交通工具广告附着在移动的交通工具上，例如公共汽车车身广告、公共汽车车厢内部的广告、地铁广告、出租车或卡车车身广告等。

4. 其他类型　这类广告指人们可以想到和利用的任何户外广告形式，每年都有新的户外广告形式涌现，例如护栏广告、数字显示屏广告等。

【优点】吸引力强，反复诉求；选择性强，能自由选择篇幅与形式；成本低廉；因传递的是单一的商标和公司名称，故能给人留下深刻印象；可以多次接触固定的人群，例如每天沿着同样路线上下班的消费者，总是能看到相同的广告牌，因此户外广告对建立品牌知名度和维持品牌记忆度有积极的作用；可以为创意提供广阔的空间，一些富有创意的户外广告与人们的日常活动或特定的环境巧妙地直接关联起来，往往可以给受众留下深刻的印象。

【缺点】广告的信息量有限，消费者接触时间短，注目率有时也受到限制；易损性；灵活性较差，由于大多数户外广告为静态表现广告，且内容通常是固定的，故在信息表现上缺乏一定的灵活性，而且受周围交通道路和建筑物的影响，难以找到理想的地方；广告效果难以测定。消费者接触户外广告时或是在嘈杂的环境之下，或是在远距离的情况下，又或者户外广告只是背景环境，因此长而复杂的讯息显然不适合这种媒体，有的专家甚至认为户外广告特别是路牌的文字不应该超过六个。

广告讯息在地方性市场上得到大面积暴露，商场及各类服务机构都愿意在户外广告方面分配较多的预算，但对户外广告地点的选择应该慎重，地点不同，到达的受众就会不同，广告效果也会不同。因此实施户外广告之前，必须对地点做实地考察，也可以委托专门机构进行户外广告效果调查。

NOTE

辉瑞制药的巨幅企业形象广告"每周7天，72小时的关注"，安置在车水马龙的主干道房屋墙体上，传达了企业对于民众健康的关注，用色鲜明，往来者都能看到。

（四）礼品广告

礼品广告是在礼品上标明广告主简单的销售信息，如地址、名称、电话等，免费赠给顾客以表示好感的广告形式，在美国又称为特种广告。礼品广告的选择讲究款式设计新颖别致，选择物品精心周到，要便于随身携带，具有实用性，同时价格又要低廉并避免大众化的样式和质地。主要有广告赠品、广告日历、商业礼品3类。医药企业经常会将此种形式的礼物赠送给医生和医院，增加医生印象的同时也是给品牌做广告。

以下经过特殊设计的医药礼品，能够给被馈赠者深刻的印象（图9-1）。

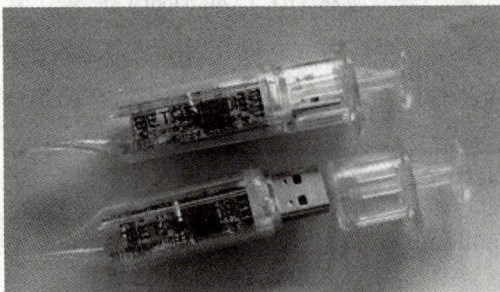

图9-1　特别设计的医药礼品广告

【优点】媒体生命周期长，具有亲和性；灵活性好，选择性好，受众易接受。特种广告同大众传播媒体不同，它不受版面和时间的限制，而完全根据自身的需要决定。广告主可根据自身的需要将特种广告发给广大或极少数可能会成为消费者的接受者。

【缺点】广告信息容量有限，考虑到礼品的广告性必须与实用性兼容，礼品广告不可能传载详尽的广告信息，以形象宣传为主，是不完备的媒体。

（五）包装广告

从广义上讲，凡是印有产品名称、品牌及企业、产品形象的包装都可列入包装广告的范畴之内。印刷精美、设计方便巧妙的包装可以增加顾客对产品或服务的好感。

包装广告的特点：包装广告是商品的必要附加物，从心理上易于被消费者接受；包装广告的影响范围就是商品传输的范畴，传播面广、设计制作和取材灵活；人性化的包装设计是近年来药品包装的趋势，更小、更方便、更美观的设计可以看出企业的用心，是企业 VI（视觉识别）设计的一部分。

五、新型媒体广告的类型和特点

（一）网络广告

网络广告是指广告主利用一些受众密集或有特征的网站摆放商业信息，设置链接到某目的网页的过程。截至2012年，全球互联网用户已近20亿人，其中中国的互联网用户已经超过5.38亿。这种具有互动性的介质正在改变广告主和广告公司的经营模式，使广告和其他营销活动的边界变得越来越模糊，使消费者在广告传播沟通过程中变得越来越有自主权。

网络广告种类繁多，主要有：网幅广告，又名旗帜广告，包括横幅式广告、竖式旗帜、按钮式广告；文本链接广告；电子邮件广告，包括直邮广告、电子邮件列表、每日电子邮件发送；赞助式广告；插页式广告，又名弹出式广告；富媒体广告；其他形式有互动游戏式广告、屏保式广告、墙纸式广告、指针式广告、网上问卷调查、使用新闻组、关键字广告、网上商店、商业服务链接、书签和工具栏广告。随着技术的发展，新的类型还在不断涌现。

【优点】

1. 传播范围极广，信息容量大　网络广告的传播范围广泛，可以通过国际互联网网络广告信息传遍世界的每一个角落。网络广告基本不受时间和版面的限制，信息容量大、内容详尽。

2. 互动性、非强迫性　网络广告属于"按需广告"，浏览者可以根据喜好查询获取信息，顾客主动性强。

3. 形式多样和感观性　网络广告可最大限度地调动各种艺术表现手段，制作出形式多样、生动活泼、能够激发消费者购买欲望的广告，创造身临其境的感觉。消费者有购买意向可以在网上预订、交易和结算，这将大大增强网络广告的实效。

4. 动态实时性、经济性　网络广告能按照需要及时变更广告内容，更改成本则可以忽略不计。网络广告的平均费用仅为传统媒体的3%，广告主支付的广告费用以实际记录到的访问人数来定，基本上是对该产品有兴趣的潜在顾客，大大提高了广告的投入效率。

5. 易统计性、定向和分类性、广告投放准确性　网络广告可通过权威公正的访问客流量统计系统，精确统计出每个客户的广告被多少用户看到，以及这些用户查阅时间分布和地域分布，从而有助于客户正确评估广告效果，审订广告投放的媒体策略，甚至实现"一对一"的个体沟通。

【缺点】网络广告也有局限性，如广告信息纷繁复杂、网页可供选择的广告位置有限、创意有限、广告可信度差、广告阅读率低、阅读门槛高等。所以，网络广告不会从根本上完全替代传统广告，而是与传统广告相互补充。

（二）电影广告

电影广告属于大众媒体，虽然相比起电视广播传播力度有限，但因为影院的封闭性，传播力能达到100%，在传递广告信息方面也具有一定的优势。近年来，广告主采用贴片、植入剧情等形式取得了很大成功，特别是最近流行的VR（虚拟现实）技术，使广告更加具有冲击力。国外影院经常在电影前播出当地医院和医生的宣传广告，宣传效果较好。

【优点】

1. 强迫性强，接受度好　电影广告一般在正片之前放映，面对银幕有非看不可之势。观众接受广告信息时环境较舒适，心情较松弛，对广告排斥心理较小，注意力较集中，因而能收到比较好的广告效果。

2. 传播效果较好　电影银幕宽大，音响强烈，形象清晰，冲击力大，真实感强，造成观众的残留印象高。

【缺点】电影广告受放映时间和场地的限制，传播范围有限；剧情广告、植入电影投入费用比较高；广告主无法控制广告播放。但电影观众一般都是消费力比较强盛的群体，特别是年轻人群体较多。对于一些特定消费品，电影广告仍不失为一种可以选择的媒体，特别是在进行媒体组合时，是可以考虑的一种理想媒体。

NOTE

其他包括手机短信、楼宇电视联播网及 IPTV 等，都是可选择的新媒体广告。

第二节　广告媒体的选择

一、广告媒体选择的影响因素

在广告活动中，媒介的选择十分关键，媒体刊播费用几乎占了广告预算的绝大部分，在典型的广告预算中，一般全部费用的 80% 要用于购买不同广告媒介的时间和空间。广告公司在选择媒体时，主要对以下几个因素进行周密统一的考虑。

（一）广告主的整体营销战略与广告战略

在选择广告媒介时，广告主的整体营销战略和广告战略是媒介策划人员首先要考虑的因素。因为偏离了整体营销战略和广告战略，即使选择的媒体再新颖、媒体组合成本效益再高、投放方式再花样百出，广告讯息也不会收到应有的效果。

正因为如此，媒介策划人员必须以广告主的整体营销战略和广告战略为依据，从而挑选出与之相匹配、相得益彰的媒体。比如营销战略中的目标消费者是年轻的专科医生，那么媒介策划人员就应该选择年轻专科医生经常接触的媒介，如医学网站"丁香园"而非纸质期刊。

（二）广告媒体的特点

媒介策划人员在选择媒体时，还必须考虑广告媒体的特点，主要有以下几方面。

1. 媒体的传播特点　媒体必须能够准确、清晰、快速、通俗易懂地传达广告讯息；包括媒体的内容、风格、暴露值、注意值和驱动值。

2. 媒体的信誉度　媒体的社会地位越高，在公众中的信誉越好，它所传播的广告讯息就越易被公众接受，传播效果越好。

3. 媒体的受众规模　从理论上讲，媒体的受众人数越多，受众接触媒体的人次就相对越多，广告的传播效果就越好。

4. 媒体的受众特征　媒体的受众特征对媒介组合的每一个因素都会产生影响，因此媒介策划人员必须清楚受众与广告主目标市场的匹配度，了解这些人的媒介接触习惯。包括经常接触的媒体、接触媒体的地方、购买力、生活方式、职业特征、购买模式等。

5. 使用媒体获得的效益　媒体的成本效益指将讯息传递给目标受众的成本及获得社会效果和经济效果的性价比。衡量效益是比较困难的任务，涉及企业战略和目标。

（三）广告主的产品

媒介策划人员要根据目标市场和产品特性选择媒体。

1. 目标市场　不同的广告有不同的目标市场，即不同的目标受众；不同的媒体有不同的受众群体。媒体的受众群体和广告的目标受众越吻合，广告的传播效果越好。

有些媒体是区域性的，如果广告的目标市场遍布全国，那么仅用区域性媒体就不够了。有些媒体虽然是全国性的，但却有较明显的受众层面，受众群体间有明显的需求差异。比如时尚杂志主要是给时尚白领女性看的，《妈咪宝贝》则主要是给有孩子的年轻女性看的，儿童用药产品广告刊登在时尚杂志上，就不如刊登在《妈咪宝贝》上效果好；同理，女性养颜美容的保健品刊登在《妈咪宝贝》上，就远不如刊登在时尚杂志上效果好。

2. 产品特性　产品的特性不同，对媒体的要求也不同。产品特性与媒体的传播特性越吻合，效果越好，比如延年益寿的保健品广告，用电视、杂志媒体就比广播媒体效果要好。这是因为电视、杂志可以动态地展示使用者的风采；而广播是听觉媒体，无法将使用者的形象展现给听众。

有些互联网医药服务类产品服务对象是医生，比如为医生提供专业信息服务和日常病案管理的 APP，必须选择更加专业的媒体和形式发布广告，甚至不通过大众媒体，而是通过个人媒体和口碑传播产品信息。

2016 年浙江卫视一档娱乐节目《欢乐总动员》中，出现了某品牌感冒灵胶囊的产品。因为这个节目受众是全年龄段，所以手机、水槽和药品都可以赞助广告。

（四）广告主的预算

广告公司在选择媒体时还要考虑广告主的支付能力，精确考虑广告预算。

收益与成本之比达到最大是广告活动追求的目标。面对几种相似的媒体，例如在覆盖面、覆盖率、触及率及媒体的社会地位、传播特点、受众群体等相似的情况下，应选择费用较低的。当然，费用的高低并不是媒体的绝对价格，而是它的相对价格，如千人成本、万人成本。有时从绝对价格看，媒体甲的费用比乙高，但从相对价格看，媒体乙的费用比甲高。

（五）竞争对手的战略与预算

竞争对手的广告预算大小也会影响到自己代理的广告客户的媒介组合和投放方式。根据竞争形式的不同，体量相当的广告客户会采用相似的预算。体量相差很大的两个客户，媒介策划人员就要选择避开对方的主要使用媒体，选用能给自己客户创造优势的媒体。

二、广告媒体的衡量指标

在媒体选择和组合时，会涉及一些具体的评价指标。其中最常用的指标是视听率、毛评点和千人成本。这些概念在其他章节已有介绍，不再赘述。

三、媒体选择的常用方法

（一）经验法

企业经过使用多种广告媒体后，发现其中某一媒体的效益最好，便在定时期内选择该媒体进行广告。

（二）分析法

分析法是指通过调查分析比较，挑选出某一媒体。常用方法有以下几种。

1. 媒体接触机会比较法　对广告目标市场内各类媒体的接触机会进行比较，一般以视听率为对比参数，在同类型媒体之间进行纵向比较，在不同类型媒体之间进行横向比较，从中选出视听率比较高的媒体。

2. 信息到达程度筛选法　以基本读者量、到达率、毛评点作为比较参数进行纵向或横向比较，从中选择与目标对象吻合度高的媒体。

3. 诉求定位判断法　以广告的诉求定位为判断标准，选择与诉求定位最相适应的媒体，比如理性诉求宜选择印刷媒体、情感诉求宜选择电子媒体。

NOTE

4. 千人成本效率比较法 广告接受者的人数越多，每千人成本越低。千人成本是媒体选择的一个重要标准，一般选择与传播目标吻合度好、千人成本较低的媒体。

第三节 广告媒体策略

广告媒体策略包括确定媒体覆盖目标，选择媒体，选择媒体排期形式，选择媒体发布时机等策略。

一、确定媒体覆盖目标

广告主都希望将广告信息传送到尽可能大的范围，这就需要根据不同广告目标和广告任务的要求，选择适当的策略，使目标市场范围的受众能尽人皆知。媒体覆盖的策略主要有以下几种。

1. 全面覆盖 即覆盖整个目标市场，这就要选择覆盖面广、观众数量多的电视和报纸作为广告媒体。

2. 重点覆盖 即选择销售潜力大的市场重点覆盖，这能节省广告费，适宜于新产品上市。

3. 渐次覆盖 对几个不同地区分阶段逐一覆盖，采用由近及远的策略，它是从重点覆盖开始的。

4. 季节覆盖 主要针对某些季节性强的产品，在临季和当季大量覆盖，大力宣传，过季时有限覆盖，提醒消费者不要忘记该产品，这样有利于季销售。

5. 特殊覆盖 在特定的环境条件下，对某一地区或某特定的消费群体有针对性地进行覆盖。

二、选择媒体

媒体策略可选用单一媒体，但大多数情况下是多种媒体组合，发挥它们各自的优势，弥补各自的劣势。

（一）单一媒体策略

单一媒体策略是指将全部媒体发布费集中投入一种媒体。这种高集中度的媒体投放可以有效提高产品或服务在广告对象中的知名度，获得广告对象的接受，尤其是能得到那些接触媒体有限的广告对象的接受。单一媒体的运用，多是财力有限的小企业。一些大中企业有时也使用单一媒体，但多数是临时的，短期内使用。

（二）媒体组合策略

在现代广告运作过程中，使用单一媒体往往很难达到预期的传播效果，广告信息往往通过多种媒体来传达。媒体组合就是将经进选择的多种广告媒体在时间、版面上进行合理的配置，以增强广告的接触率和到达率，提高广告的传播效率。

1. 媒体组合效应 媒体组合之所以能产生良好的促销效果，主要是因为它能产生立体传播效应，具体有以下几种。

（1）延伸效应 各种媒体都有各自覆盖范围的局限性，但将其组合运用则可以增加广告传播的广度，延伸广告覆盖面。

（2）重复效应　两种以上的媒体传播同一广告内容，其效果比只用一种媒体要好。媒体组合使用能增加广告传播深度，提高受众对产品的注意度、记忆度、理解度。

（3）互补效应　不同媒体各有利弊，组合运用能取长补短，相得益彰。即混合或组合各媒体所产生的效果之和，肯定大于各种媒体分别相加之总和。

多媒体协同宣传并不是对各种广告媒体的随意凑合，而应当根据各种媒体的功能、覆盖面、表现力等方面的特征，从广告宣传的目标和任务出发，对它们进行有机组合从而产生出综合立体效应。必须注意的是，由于在不同的媒体上投放广告需要进行创意和制作的准备，因此广告的创意制作费用可能会大幅度增加。

2. 媒体组合方式　媒体组合有多种方式，大体上可分为同类型媒体组合和不同类型媒体组合两类，常用的有以下几种。

（1）视觉媒体与听觉媒体的组合　视觉媒体更直观，给人以真实感；听觉媒体更抽象，可以给人以丰富的想象，如报纸与广播搭配、电视与广播的搭配。

（2）大众媒体与促销媒体的组合　如报纸或电视与售点广告搭配，能做到点面结合，起到直接促销的效果。

（3）瞬间媒体与长效媒体的组合　瞬间媒体是指广告信息停留时间短暂的媒体，如电视、广播等媒体，这些媒体需要与有保留价值的长效媒体（主要是印刷媒体）组合使用才能使信息被广告对象长记不忘。

（4）说明性媒体与印象性媒体的组合　如利用电视、广播进行印象型广告，同时利用报纸做说明性广告。

（5）媒体覆盖区域组合　媒体有各自的覆盖区域，在进行媒体组合时要考虑到区域上互补。如报纸与杂志的搭配，可用报纸广告进行地区性宣传，而用杂志广告做全国性宣传。

（6）"跟随环绕"媒体组合　即随着消费者从早到晚的媒体接触，安排各式媒体以跟随的方式进行随时的说服。

三、选择媒体排期形式

1. 连续式排期策略　又称持续广告法，是指在一段时间内匀速投放广告的形式。这种排期方式的优点在广告能持续地出现在消费者面前，不断地累积广告效果，防止消费者对广告记忆下降；由于其排期行程可能涵盖整个购买周期，因此能持续刺激消费动机。其缺陷在于：竞争品牌如果在某一时间进行大量的广告投放，该品牌可能由于应对不足而陷入困境；在投放上对销售淡旺季没有侧重。

2. 间歇式排期策略　又称闪动法、起伏式排期，是指在一段时期内大量投放广告（通常为期两周），然后在一段时期内停止全部广告，又在下一段时期内大量投放广告。间歇式排期常用于季节性销售与新产品上市，或用于反击竞争对手的活动。这种排期方式的优点在于可以根据竞争需要，调整最有利的露出时机；可以配合铺货行程及其他传播活动行程；可以集中火力以获得较大的有效到达率；机动且具有弹性。其缺陷在于：如果广告过长，可能使广告对象对广告的记忆跌至谷底，增加了再认知的困难度；竞争品牌如果在空档期大量投放广告将会形成严重威胁。

NOTE

3. 脉冲式排期策略　又称交互安排广告轻重法，是将连续式排期和起伏式排期结合在一起的一种媒体排期策略。广告主在连续的一段时期内投放广告，但在其中的某些阶段加大投放量。脉冲式排期最适合那些全年销售比较稳定，但又有季节性特征的产品，如服装、饮料等。这种排期方式的优点在于：可以持续累积广告效果；可以依品牌需要加强在重点时期露出的强度。而其缺陷在于广告预算投入比较大。

四、选择媒体发布时机

利用媒体发布广告，还要善于利用和把握各种时机。时机就是时间上的机会，广告的时机，是在时间上与广告商品、市场行情及人们的注意程度等有关的一系列机会。

1. 商品时机策略　利用商品与时机的内存联系，巧妙地发布广告信息。例如同仁堂的广告选择在中央电视台晚间新闻联播后的天气预报时段，第一个发布品牌广告，可以获得较高的收视率，引起消费者关注。

2. 重大活动策略　抓住并利用重大活动的时机，借势营销，推出广告。一般来说，涉及全国甚至全世界活动，如奥运会、春晚、APEC 会议等，新闻媒体和受众的关注度高，信息密度空前，是推出广告的良好时机。如广州药品交易会历来都是药品广告商重点抓住的时机，许多企业都愿意把巨额的广告费投放其间。

3. 黄金时机策略　电视和广播均有其"黄金时间"，就是观（听）众收看（听）电视（广播）节目的高峰时段。这一时段的广告费相对比较昂贵，但在黄金时间，观（听）众收看（听）节目的注意力比较集中，易于接受信息，记忆率比较高。对于有财力的企业性价比较高，中央电视台一些黄金时段甚至需要竞价。

4. 节令时机策略　节令时机是节日和季节为商品销售带来的时机。逢年过节、假日、黄金周，往往是人们大量消费的时间，会形成销售的旺季，要善于抓住销售旺季前的机会发布广告。属于季节性的商品，也会在季节变换交替之时产生销售旺季，在销售旺季前的一段时间便是广告的良机。比如春季流感爆发前进行治疗感冒类药品的广告宣传。

【案例】

香港为何难见医疗广告？

身患重病求医无门，把搜索引擎或医疗广告当成救命稻草，这种"中国式求医法"不知贻害了多少人。2016 年的"百度门"事件暴露了国内搜索引擎医药类广告混乱的管理局面。对医疗信息缺乏有效监管，及相关法规的缺失都是培育"恶"的温床。当我们在严厉谴责医疗广告泛滥的同时，实际上香港刚刚走完一条监管完善并兼顾公众知情权的道路。

在香港登录 Google 输入"癌症"这个关键词，除了维基百科及百度百科外，第一页显示的内容，为香港癌症基金会、香港医院管理局、香港医学会、香港卫生防护中心、世界卫生组织的网页，以及一篇关于英国癌症新发现的新闻报道，再搜索"癌症"及"疗法"两个关键词，同样见不到有香港某间医院或医生的信息。

与对医生的监管一致，在香港药物监管同样严格。在街边报摊买一份当日报纸，翻看内容，虽然有很多令人眼花缭乱的保健品、营养品广告，但却很少会见到售卖药品的广告。根据《不良医药广告条例》，在香港禁止为药物、外科用具或疗法发布广告，特别不可宣称能够预防或治疗某些疾病，如肿瘤、性病、心脏病或心血管病，避免市民因不当自行用药而损害健康。

如果药品广告想在电视及电台上播放，会进一步受到《电视通用业务守则》的约束。据《守则》规定，药品广告不得鼓励观众不加选择地、不必要地或过量地使用药品或治疗方法。某些药品与医疗方法相关的，例如戒烟、治疗脱发的诊所、验孕服务等，均不允许在电视及电台播放广告。

除了可作药品广告宣传的疾病种类有限制外，广告内容和表达方式也受到严格管制。为避免令观众误以为是专业意见和支持，不允许医生或其他医疗专业人士在广告中参与演出。广告不可描述病人接受治疗的过程，亦不能利用病人来暗示或证明所患病状已经治愈以及不可渲染疾病痛苦和出现对该病症觉得反感的描述。广告中也不得使用诸如"最成功""最安全"和"最快"这类绝对性或比较性的形容词。此外，所有药品广告均不能采用任何形式的有奖游戏或促销产品手法，例如赠品、优惠或赠送样本等。卫生署也会定期抽查不同媒体发布的医药广告，如果发现违规现象，相关人员会采取行动。

相比于内地，香港市民获得医疗信息的渠道比较保守，而且大家普遍认为医生的口碑比广告更可靠，因此人们不会因广告而转换医生。因为在香港，家庭医生较了解自己的身体状况和病历，大家对家庭医生较有信心。即使要看专科医生，也会透过家庭医生转介，而不会因广告宣传而到医务所求诊。

年轻人在看医生前，也会在网络上了解医生的信息。在香港有一些专门刊登医生信息的网站，类似于大众点评网，每个医生都有一个个人版面，提供医生的专业资格、出诊时间、挂牌医院、收费范围、诊所电话等基本数据，另外还会有网友对这位医生的评价。在找医生之前，可以参考网友的就医经历，再作出判断。这一类的网站通常也很"干净"，见不到有咨询"小窗"弹出来。

另外，有些医生会通过撰写报纸专栏、接受媒体访问等提高曝光率，读者可以通过此类专栏文章了解到最新的医疗科技和治疗方法，若医生在宣传新技术时做出不合理的自我宣传，亦有可能遭到纪律聆讯。

（整理自《北京晚报》2016 年 5 月 15 日）

讨论：

借鉴香港经验，谈谈政府相关部门该如何规范医药信息来源。

【思考题】

1. 传统媒体和新媒体有哪些形式？
2. 广告媒体选择的影响因素有哪些？
3. 查阅相关资料，列举北京、上海、广州常见的报纸和我国常见门户网站。

NOTE

第十章　广告效果测定

【学习目标】

1. 掌握广告效果测定的基本特征及其对广告效果测定的影响。

2. 了解广告效果测定的内容与程序；了解由传递与接触效果、心理效果、销售效果和社会效果共同构成的广告效果。

3. 熟悉广告效果测定的历史与发展脉络。

第一节　广告效果测定概述

19 世纪，美国零售业巨头、被业内誉为"美国百货店之父"的约翰·华纳梅克曾发出著名的悲叹，即"我知道我的广告费浪费了一半，问题是我不知道哪一半被浪费了"，这一悲叹被后来的国际广告界和企业界戏称为"华纳梅克浪费率"，至今依然成为困扰企业发展和广告决策者的战略难题。因此，广告计划制定必须依托于前瞻性预测；广告计划执行和调整也需要实施的过程性测评；广告计划阶段性完成后，更需要进行及时全面评估，以不断发现问题、总结经验，切实转化成今后自身可资积累、他人能够借鉴的资料，予以保存，并确保广告执行力的不断提升。

一、广告效果的含义与类型

（一）广告效果的含义

广告是一种营销传播形式，所以对广告效果的认识也就围绕着营销与传播的目的而展开。早在 1961 年，美国学者罗比特·拉维奇（Robert J. Lavidge）和格瑞·斯坦纳（Gary A. Steiner）就在《广告效果预测模型》一文中指出，广告的最终功能是促进销售，但并非所有广告都试图促进受众立即购买，即时销售量即使可以测量，也是不完善的广告效果指标。为了综合评价广告效果，必须测量影响最终销售的整个过程。国内学者在如何定义广告效果上存在着两种主要的理论观点。一种观点认为，广告效果是广告对消费者购买行为的影响，进行广告效果测定应该直接检查消费者在接受广告前后购买行为的变化，或者调查分析产品销售量的变化情况。另一种观点认为，广告对消费者的影响是多方面的，包括认知、情感和意向（动机和行为）等许多方面。消费者的各种反应都能体现广告的效果，认知和情感的反应将影响最终的行为反应。笔者认为，广告效果从本质上依赖于人们对信息的反应，这些复杂的反应过程涉及注意信息、加工信息、记忆和对呼吁的应答。广告效果就是指广告活动目的的实现程度，以及对消费者、企业和社会的相应影响。

对广告效果测定可以从广义和狭义两个角度来理解。从广义角度来看，广告效果包括广告对个人和社会所产生的一切影响，是广告信息在传播过程中对个人、群体和社会所产生的直接或间接、短期或长期影响的总和，包括广告对社会经济的影响、对社会文化的影响及对消费者社会心理的影响。从狭义角度来看，广告效果主要指广告对社会经济的影响，包括广告主所关注的对销售额和市场占有率的影响，以及消费者所关注的对个体或群体的认知、态度和行为意向的影响。

（二）广告效果的类型

为了有效实施广告效果的测定，必须对广告效果进行科学的分类，按照广告效果的不同类型采取不同的测定方法。

按照广告效果的内容，广告效果可以分为经济效果、心理效果、社会效果，这是广告效果测定的基本分类。

按照广告活动的进程，广告效果可以分为事前效果测定、事中效果测定、事后效果测定。在实际的广告测定中，这是经常采用的分类方法。

按照广告计划的要求，广告效果可以分为目标效果测定、表现效果测定、媒体效果测定等。这也是广告效果测定中常用的分类方法。

按照产品生命周期，广告效果可以分为导入期的广告效果、成长期的广告效果、成熟期的广告效果、衰退期的广告效果等。

按照广告活动周期的长短，广告效果可以分为短期效果、中期效果、长期效果三种类型。具体时间的长短可以根据实际广告活动中的实践周期和具体的测定要求来确定。

以上分类方法是广告效果测定中一些最基本、常用的分类方法。在实际的测定中，还可以根据具体测定要求和情况，灵活运用其他一些分类方法。

二、广告效果测定的意义与原则

尽管广告效果测定与评析存在许多困难，但是随着广告运动逐步发展成为一个科学性、整体性的营销策略，广告流程的开展更加具有系统性，科学技术的进步催生了更加科学的评析手段，广告效果测定的意义与原则也逐渐成为广告学科系统化和科学化所需探讨的主题。

（一）广告效果测定的意义

对广告效果进行测定，是广告运营活动的一个重要环节。通过广告效果测定，可以了解消费者对整个广告活动的反应，对广告主题是否突出、诉求是否准确有效及媒体组合是否合理等做出科学的判断，从而使有关当事人对广告效果心中有数。广告效果评估是广告公司提高业务素质、监控能力和经营效益的重要手段，是促进广告策划、创意、设计和实施科学化、规范化的重要保障。广告效果评估是完整的广告活动中不可缺少的重要内容，是检验广告活动成败的重要手段。其意义主要表现在以下几方面。

1. 是检验广告决策的重要手段　广告效果测定是检验广告计划、广告活动合理与否的有效途径。在评估过程中，要求与计划方案设计的广告目标进行对比，衡量其实现的程度，从中总结经验，吸取教训，为下一段的广告促销打下良好的基础。

2. 总结广告活动的经验和教训　广告活动是一定时期内的大量经济投入，同时也是广告制作人在一定时期内大量脑力和体力劳动的付出。这种有预见、有目的的活动是应当获得一定的经济效益的。因此，广告活动进入效果测定这一阶段，要求与计划方案设计的广告目标对照比较，衡量其实现程度，从中总结经验，吸取教训，从而对下一阶段的广告活动做到心中有数。

3. 帮助企业调整、完善广告策略 某一期的广告活动结束后，必须正确评估广告效果，检查广告目标与企业目标、市场目标、营销目标的吻合程度，总结营销组合、促销配合是否有默契。通过对本期广告效果的测定与评估，及时发现、弥补广告策略中的不足之处，必要时进行适当的调整，使下一期的广告策略更趋完善。

4. 促进企业改进广告的设计与制作 通过广告效果的测定，可以了解消费者对广告作品的接受程度，鉴定广告主题是否突出，广告形象是否富有艺术感染力，广告语言是否简洁、鲜明、生动，是否符合消费者的心理需求，是否收到良好的心理效果等。这些都为企业未来的广告活动提供了参考资料，并有助于企业改进广告的设计和制作，使广告宣传的内容和表现形式的结合日益完美，从而使广告的诉求更加有力。

5. 促进整体营销目标与计划的实现 广告效果测定能够比较客观地反映广告活动所取得的成效，也可以找到除广告宣传因素外影响企业产品销售的原因，如产品的款式、包装、质量、价格等问题。企业可据此调整生产经营结构，开发新产品，实现经营目标，取得良好的经济效益。

总之，广告效果测定是完整的广告活动不可缺少的重要环节，是检验广告活动成败的重要手段。通过广告效果的测定，可以检验广告决策是否正确，总结广告活动的经验和教训，帮助企业调整、完善广告策略，从而提高企业广告的设计和制作水平，取得更加良好的广告效果。

（二）广告效果测定的原则

由于广告效果具有迟效性、竞争性、累积性等特点，在测定广告效果的时候不得不面对多方面的困难，既有由于广告效果的复合性所导致的在测定效果时难以区分广告和其他因素所产生的效果，也有出于广告主自身的利益所导致的广告制作者往往回避对广告活动做否定性的效果评价，更有对测定方法不一致所导致的效果评测的差异等问题。为了在广告效果测定的过程中尽量避免人为或系统性的测定不足，保证广告效果测定的科学性和准确性，在广告效果测定过程中必须遵守如下原则。

1. 针对性原则 针对性原则是指测定广告效果时首先要有明确并且具体的目标，要测定的广告效果是经济效果还是社会效果，是短期效果还是长期效果，是传播效果还是销售效果、心理效果等。坚持针对性原则还要注意测定的内容必须与所追求的目的相关，不可做空泛或无关的测定工作。每一次效果测定之前都必须选择明确且合适的目标，这样才能保证测定手段的科学性和结论的有用性。如果缺乏事先制定确切有效的效果测定目标，就会使测定的目的不明确，进而直接导致在选择测定方法时缺少依据，由此得到的测定结论很可能是不准确和缺乏使用价值的。

2. 可靠性原则 广告效果测定过程中坚持可靠性原则是为了保证所得到的结论能够正确地为企业决策提供帮助，防止结论的片面性给企业认识或决策带来负面作用。为了使测定到的广告效果真实可靠，在测定广告效果的过程中，要求抽取的调查样本典型和具有代表意义；调查表的设计要合理；汇总分析的方法要科学；对广告效果影响因素的考察要全面；前后测定结果应该具有连续性，并可多次进行，以证明其可靠。前后测定的结果如果相同，其可靠程度就高；否则，此项测定可能存在问题，需要进一步分析。

3. 综合性原则　影响广告效果的因素是十分广泛的，其中既有可控因素，也有不可控因素。可控因素是指广告主可以施加影响以求改变的因素，如广告预算媒体的选择、广告排期等；不可控因素是指广告主无法控制的外部因素，如国家相关法律法规的颁布与执行、消费者的风俗习惯、目标市场的经济文化水平等。对于不可控因素，在测定广告效果时要充分预测它们对企业宣传活动的影响程度，做到心中有数。在测定广告效果时，除了要对影响因素进行综合分析外，还要考虑广告效果之间的竞争性，媒体使用的并列性及广告播放时间的交叉性。只有这样，才能避免片面性的干扰，得到客观的测定效果。

4. 整体性原则　广告效果测定应当贯穿于整个广告活动之中。在不同的阶段制定不同的测定目标，使测定活动反复进行，把各阶段的测定结合起来，最终形成一个有机整体。这就要求在样本的选定、问卷的设计、统计方法的运用上要考虑前后联系，使它们能够相互关联、互相补充，以利于广告主掌握各个方面的材料，为下一步广告战略的制定提供有力的参考依据。

三、广告效果测定的程序

所谓广告效果测定就是检测广告活动目标的实现程度。根据广告效果的含义可知，广告效果测定不是单方面的，也不是一次性的，而是伴随着广告活动的开展而进行的全面的、多次的测评，更重要的一点是，广告效果测定是连续性和阶段性的统一。

（一）连续性测定

完整的广告效果测定包括事前测定、事中测定和事后测定。

1. 事前测定　是指在广告活动投入之前进行的测定。当广告还处于最初酝酿阶段时，针对广告创意进行概念测定，以了解目标受众对不同广告创意思路的接受程度；在广告设计表现时，针对广告布局设置或电视广告的脚本和故事板，测试目标受众对这些广告要素的注目程度和评价；在广告提交完稿之前，对广告受消费者喜欢的程度及其对广告的理解程度进行测定，用以在广告活动开展之前诊断可能出现的传播问题。事前测定过程中使用的方法各不相同，在焦点小组访谈中，参加者可以随心所欲地讨论他们对广告的看法，评价各个选项之间的相对优劣，甚至还可以提出改进意见或建议使用其他主题；也可以通过入户访问、购物中心拦截调查等方式请消费者用一组量表来评价广告；此外还可以用实验室的各种方法来搜集数据。事前测定的优点是可以用相对低廉的费用获得反馈信息；研究人员能够在投入大量金钱发展一个概念之前，发现概念本身或传递方式上存在的问题。

广告效果事前测定经常采用的测定方法主要有以下几种。

（1）**小组讨论测定法**　即从目标人群中邀请8～12人做特定主题的讨论。为全面反映讨论情况，可用现场录音的方法，通过对录音整理，得到受测者对广告的看法，分析广告表达的意图是否与受测者的理解相一致。

（2）**问卷测定法**　根据所要了解的问题设计出各种问卷，由受测者根据自己所看到或听到的广告进行答卷。问卷内容、题型可视具体问题而定，如选择、填空、判断、问答等各种形式均可。通过整理受测者的答案，从中发现问题并确定最佳的广告方案。

（3）**比较测定法**　把要测定的广告混放在两个或两个以上的广告中，让受测者将所有广告排列出顺序，或让受测者指出自己最喜欢的广告，或让受测者先看完几个广告，再让其说明

NOTE

记住了哪些广告内容等。通过多个作品的互相比较，从中选出效果最佳的广告作品。

（4）补充测定法　有目的地给受测者一个不完整的广告，或少图，或少文字，让受测者在几个可供选择的文字或图案中，按自己的意愿从中进行挑选，填充到广告中，选择机会最多的部分理应是比较优秀的。使用补充测定法需要注意的是，在测定中应该弄清楚受测者选择的原因。

（5）邮递测定法　将几种广告文案分别印制于明信片或信函中寄出，比较各种文案反馈的数量和评价。这种方式适用于有特定消费对象的信函广告，其不足之处是延续时间较长。

2. 事中测定　是指在广告作品正式发布之后直到整个广告活动结束之前，了解消费者在实际环境中对广告的反应，对广告作品和媒体组合策略是否有利于广告目标的达成进行评价，为事后测定积累必要的数据和资料。事中测定虽然可以及时发现广告及广告活动中出现的问题，但是很难对已经发布的广告方案做出修改和调整。广告效果事中测定可以细分为广告定稿阶段的事中测定和广告活动开展后的事中测定，其具体内容和注意事项如下。

（1）广告定稿阶段的事中测定　在广告定稿阶段往往要进行事中测定，其原因有二。首先，可以有效提升广告作品的质量。在浩瀚的信息海洋中，只有那些有创意且制作精良的广告作品才能够脱颖而出，吸引受众日渐挑剔的目光和耳朵，给忙忙碌碌的受众留下一点点印象，才能最终促成购买行为的发生。因此，"说什么"和"怎么说"是广告能否吸引受众注意力、增加记忆度、激发购买动机的决定性因素。在定稿阶段，通过测试研究消费者对广告作品的记忆点及理解程度，可以发现广告传播效果是否与广告预期效果相贴近，从而不断修改、完善、提高广告作品的质量，最大限度地提高广告传播效果。其次，有助于选择传播媒介并对其进行有效组合。在信息传播产业异常发达的当今社会，不同受众群体接触媒介的情况是有很大差异的，因此通过研究目标消费群体媒介接触偏好和习惯，有针对性地选择有效媒介进行广告投放，解决好"何时何地向谁说"的问题，就能大大提高广告的有效性。在定稿阶段，通过测定研究，可以进一步明确采用怎样的媒介及运用何种传播方式（包括广告发布量、空间或时间安排、广告发布时机及不同类别的媒介组合等测定），才能真正有效地创造良好的广告效果，进而创造最大的广告效益。

（2）广告活动开展后的事中测定　事中测定可以直接了解媒体受众在日常生活中对广告的反应，得出的结论也更加准确可靠。这时测定的内容主要包括广告知名度、回忆度、理解度、接受度、品牌知名度、美誉度和忠诚度的改变情况，产品销售（利润）额和市场占有率的变化情况，以及广告目标人群的心理、行为特征等，并由此对广告执行效果进行调控。此时经常采用的的测定方法主要有店头调查法、销售地域测定法、比率计算法等。

3. 事后测定　是指在广告活动结束后，全面评价广告传播是否达到预期目标，以获知广告策略是否成功。事后测定可以分为两个阶段。第一阶段，广告活动一结束就着手对消费者的认知和态度进行测定，并对产品的销售变化进行测量。由于广告效果具有延迟性和累积性，广告活动在结束一段时间后仍然发挥着作用，这些预热将累计到产品品牌上，所以第二阶段的测量主要针对品牌进行，测定品牌记忆、品牌态度等。事后测定的方式很多，但其中大部分都离不开询问调查法。

需要特别强调的是，不管是事前、事中还是事后测定，每一次广告效果测定都是一个科学化的有序过程。

（二）阶段性测定

一般来说，一项具体的广告效果测定应当遵循以下程序。

1. 前期准备阶段　这一阶段的主要任务是确定广告效果测定目标，也就是选定具体需要测定的问题，同时，拟定测定计划和执行方案。

测定人员通过调查分析，把广告活动中最关键和最迫切需要了解的问题作为测定重点提出来。需要注意的是，一次测定的目标问题切记太多。不可否认，有时一次测定可能实现众多目标，但是这种情况大多是因为碰巧，更为可能的是盲目追求众多目标，结果导致任何一个目标都没有很好的达成。另外，切忌目标问题模糊不清。确定的目标应该是可以量化表述的（比如具体的数字和日期等），像测定"企业美誉度提升情况"这样的问题就属于表述不确切。欲使此类问题变得清晰可辨，尚需回答一系列相关的问题：企业想要影响或改变哪些人的看法和观点？目标人群现在对企业的看法和观点是怎么样的？企业希望目标人群今后对自己持怎样的看法和观点？广告发布后，目标人群的看法和观点有怎样的改变？这种改变和企业的期望是否一致？这种改变是广告发布多久后发生的？其改变程度如何？……如果没有对上面这些基本问题的解决，所谓目标测定也就很难具有较大的意义。

提出问题之后，就需要拟定测定计划和执行方案。测定计划和执行方案实际上就是对某种类型测定本身的设计，它包括目的要求、样本对象及抽样方式、制定表格、资料收集整理等。

2. 测定实施阶段　准备阶段结束后，即进入下一阶段：测定计划实施阶段。这一阶段的主要任务包括组建测定研究组、培训测定人员、选择测定对象、收集相关资料等。

在确定广告效果测定课题并签订测定合同之后，测定研究部门应根据委托方所提要求和测定调查研究人员的构成情况综合考虑，组建测定研究小组，进而选择好测定对象，实施效果测定。需要注意的是：测定对象不需要选择太多，但一定要有典型性、代表性。比如，能够代表消费者意见态度的消费专家；本次广告活动的目标沟通对象等，当然，如果需要还可以对目标沟通对象的年龄、性别、阶层等进行进一步的细分选择，从而保证测定结果的客观性和可信度。

3. 测定结果统计分析阶段　测定方案实施完毕，就进入最后整理和分析资料、撰写测定报告的阶段。整理和分析资料就是对通过测定和其他方案收集的大量信息资料进行分类整理、综合分析和专题分析；在资料整理和分析的基础上，撰写出此次测定报告。

第二节　广告经济效果测定

一、广告经济效果测定的含义与内容

（一）广告经济效果测定的含义

广告的基本功能之一便是扩大销量、增加企业利润，与之对应，实现广告这一基本功能的是广告的经济效果（或称销售效果），虽然其实现要以广告的传播效果为根基，但它才是广告活动最直接的目的，也是广告效果的最终体现。企业投放广告就是为了获得直接的经济回报，因此，广告发布前后企业商品销量和利润的增加幅度，成为企业最为关注的衡量广告效果的重要指标。广告的经济效果测定是广告活动的最佳效果体现，它集中反映出工商企业在广告促销活动中的营销状况，广告经济效果的测定是广告活动的中心环节。广告的经济效果除了可以进行定性研究外，更多的还可以利用某些指标进行定量分析。

事实上，4P's（即包括产品、价格、渠道、促销四个方面的营销组合策略）理论与4C's（即包括消费者、成本、便利、沟通四个方面的营销组合策略）理论早已向世人揭示，导致企业营销成败的因素有很多，产品、价格、渠道、促销任何一个环节的疏忽都有可能导致满盘皆输。广告仅仅是促销的一种常规手段，其效果显现需要整合各方面资源，只有在产品策略、价格策略、流通策略及各项展会、公关活动、事件营销等有效支持、联动运转的前提下，方能实现广告预期效果。因此，简单用销售效果来衡量广告效果，显然有失客观、准确。但是通过销售和利润指标变化来测定广告效果却又最为简易和直观，因此，这仍然是目前最常用的测定方式。

（二）广告经济效果测定的指标

广告经济效果测定的指标主要有销售额和利润率，它们是衡量广告经济效果的两个基础指标。在进行广告测定时，常用的经济效果指标有广告效益指标、市场竞争力指标和相关分析指标三大类。

1. 广告效益指标　是利用成本－收益分析方法测试广告活动经济效益状况的统计分析指标，有正指标和反指标两种形式。正指标是指每支出单位广告费用能够带来的销售或者利润增加量，包括单位（或边际）广告费用销售增加额和单位广告费用利润增加额等指标；反指标是指广告费同销售额或利润额的比率，主要包括单位（或边际）销售费用率和单位（或边际）利润费用率等指标。

2. 市场竞争力指标　一般通过市场占有率来反映。市场占有率是企业某种产品在一定时期内的销售量占市场同类产品销售总额的比率，或单位广告费用销售增加额与行业同类产品销售总额的比率，它在一定程度上反映了本企业产品在市场上的地位、竞争力和广告的市场拓展能力。

3. 相关分析指标　一般是通过计算广告费用变量与经济收益变量之间的相关系数等相对指标，来反映和研究某项广告活动的经济效益情况。相关系数指标的取值在 +1 和 -1 之间，越接近于 +1 表示广告活动越成功；越接近于 -1 表示广告活动越失败；系数为 0 表示广告活动没有经济效果。

二、广告经济效果测定的方法

（一）广告经济效果的事前评估

广告经济效果的事前评估主要采用事前销售试验法，即模拟一个销售环境，通过试验的方法来检验广告的效果。销售环境有不同的模式，例如：

利用商品推销员或导购员在商店里或走家串巷进行商品宣传活动，散发商品性能、使用说明书，免费赠送小包装商品等，这种广告宣传活动可直接导致商品销量的变化，使商品销量逐步增大，广告的质量越来越高。

通过电视媒体，将录好的广告内容在典型的购物环境中播放，观察其所造成的销售效果。

将同类商品的包装及商标去掉，在每种商品后安装一则宣传广告和说明卡片，观察每种商品销售状况，哪种商品销售明显增大说明这种商品的广告宣传效果好。

销售试验法的优点在于顾客有目的地购买，因此，广告宣传的效果评估能够反映出真实的数据。缺点是评估方法和结果比较粗糙、笼统。因此这种方法只能初步判定广告质量的优劣。

（二）广告经济效果的事中评估

广告经济效果的事中评估主要是为了检验广告战略、广告策划的执行情况与实际情况的吻合程度，以便能够及时发现问题，随时予以纠正。事中测定的主要方法有销售地区试验法、分割测定法、促销法等。

1. 销售地区试验法 具体做法是将销售地区分为试验城市与控制城市，将试验城市所选择的商店销售量记录下来，然后再在试验城市进行新的广告活动。在控制城市、试验城市环境大体相同情况下，控制城市并不进行新的广告宣传活动。经过一段时间后，将试验城市与控制城市的前后销售量加以统计比较，便可测定进行新的广告活动与不进行广告活动的相对比效果。这种方法的优点是能够比较客观地检测实际广告水平，尤其是对一些周转率高的商品更为有效；缺点是检测时间长短不易确定，影响市场的各种可变因素不易控制。

2. 分割测定法 具体做法是将一则广告刊登在报纸或杂志的一个版面上，而将另一则广告刊登在同期的另一个版面上，然后将二者以同等数量寄给读者。读者中有一部分人可以看到第一则广告，而另一部分人可看到第二则广告，将信息反馈统计后，即可得到两则广告销售效果的比较值。这种方法的优点是检验对象比较明确，检测条件比较一致，回函率较高，因而检测结果准确率也较高；缺点是费用较高，同时也会有竞争广告采用同样方法而影响检测效果。

3. 促销法 选择两个区域，第一个区域只发布广告，停止一切促销活动；第二个区域既发布广告，又进行各种促销活动。经过一段时间，将两个区域销售量进行比较，测出广告效果在促销活动中所占的比重。

（三）广告经济效果的事后评估

广告经济效果的事后评估是对广告活动进行之后的效益进行综合评定与检查，以便总结经验，纠正错误，为下次广告活动打好基础。其基本测定方法有以下几种。

1. 广告费用比率 为测定每百元销售额所支付的广告费用，可采用广告费用比率这一相对指标，它表明广告费支出与销售额之间的对比关系。其计算公式为：

$$广告费用比率 = 本期广告费用总额 / 本期广告后销售额$$

广告费用比率的倒数可以成为单位广告费用销售率，它表明每支出一单位的广告费用所能实现的销售额。计算公式为：

$$单位广告费用销售率 = 本期广告后销售总额 / 本期广告费用总额$$

2. 单位广告费用销售增加率法 单位广告费用销售增加率法的计算公式为：

$$单位广告费用销售增加率 = （本期广告后销售额 - 本期广告前销售额）/ 本期广告费用总额$$

3. 广告效果比率法 广告效果比率包括广告销售利润效率比率和广告销售利润效果比率，其计算公式为：

$$广告销售利润效率比率 = 本期销售额增长率 / 本期广告费用增长率$$

$$广告销售利润效果比率 = 本期销售利润增长率 / 本期广告费用增长率$$

4. 广告费用利润率、单位广告费用利润率和单位广告费用利润增加率法 这是一种综合方法，具体的计算法为：

广告费用利润率 = 本期广告费用总额/本期广告后利润总额

单位广告费用利润率 = 本期广告后利润总额/本期广告费用总额

单位广告费用利润增加率 = （本期广告后利润总额 − 本期广告前利润总额）/

本期广告费用总额

5. 市场占有率法　市场占有率法是指某品牌产品在一定时期、一定市场上的销售额占同类产品销售总额的比例。计算公式为：

市场占有率 = 某品牌产品销售额/同类产品销售额

市场占有率提高率 = 单位广告费用销售额增加/同类产品销售总额

市场扩大率 = 本期广告后的市场占有率/本期广告前的市场占有率

6. 市场占有率和声音占有率法　这种方法主要用来评价广告开支是多还是少。声音占有率是指某品牌产品在某种媒体上，在一定时间内的广告费用占同行业同类产品广告费用总额的比率。

假如以下公式成立：广告费用占有率 = 声音占有率 = 注意占有率 = 市场占有率，换句话说，广告主广告费用占有率产生相应媒体受众听见声音的占有率，并因此获得他们相应的注意占有率，从而最终决定他们的购买行为。广告有效率 = 市场占有率/声音占有率。

7. 盈亏临界点法　盈亏临界点法的关键是确定平均销售广告费用率，计算公式为：

平均销售广告费用率 = 广告费用总额/产品销售额

8. 广告效果测定指数法　这种方法是假定其他因素对广告产品的销售没有影响，只有广告促销与产品促销有着密切的联系。

第三节　广告沟通效果测定

广告的沟通效果或者说是广告的心理效果测定，目的是为了了解广告在知晓度、认知度和偏好度等方面的效果。其测定对象主要是广告传播后对受众心理的影响程度。

一、广告沟通效果测定的指标体系

广告信息作用于受众会引起一系列的心理反应。从心理反应过程来看，沟通效果一般表现为注意感知、理解记忆、激发情感、态度改变及购买行动等影响层面。在实际操作中可以用一系列心理评估测定指标和生理实验测定指标来反映。

（一）心理评估测定指标

1. 广告感知记忆效果测定指标　该指标用于测定广告内容即广告主及其商品或服务和商标品牌等的认识程度，主要由阅读率或视听率及记忆程度等指标来反映。

平面广告的阅读率方面的指标包括注目率、阅读率、精读率等；电波广告视听率方面的指标有视听率和认知率等，认知率即认知广告名称人数占广告节目视听户数的百分比。

记忆程度评估指标有记忆效率和记忆广度两个方面。记忆效率即受众关于广告印象的深刻程度，主要用于测定消费者是否能记住广告内容，如品牌、特性、商标等。记忆广度指标一般采用速时器测验，大致做法是在一个极短的时间内向受众呈现广告后，要求他们立即说出所看到或听到的广告内容，其说出的内容越多，说明瞬间记忆广度越大。

2. 广告认知理解效果测定指标　该指标是对广告所传达的信息和观念的认知、理解程度及思维状态的反映，例如对广告是否感兴趣，对广告商品有无好感，对广告商品的信任度、忠实度、偏爱度及品牌印象如何等，做出心理学评价。

3. 广告行为影响效果测定指标　广告信息传播的趋势是通过影响消费者对产品、品牌及厂商的态度倾向，从而引导消费者选择和购买的行为方向。广告行为影响效果测定指标主要包括购买动机和购买行为这两个方面的衡量指标。购买动机是指测定广告对消费者购买行为动机的影响程度；购买行为指标反映由广告唤起的购买准备行动和由广告引起的立即购买行动的发生率和普遍程度。

（二）生理实验测定指标

生理实验测定指标主要是指视觉反映测定指标，这是通过视向仪测定观众接受广告信息的顺序、时间长短及由此产生的瞳孔变化，以此来判断广告的视觉冲击力。其主要指标有眼动轨迹描记图、视觉反应时间和瞳孔直径变化等指标。

1. 眼动轨迹描记图指标　人们在观看广告时，眼珠处在不断的运动中，这种运动就是眼睛对广告画面的不断扫描运动。因此，在视向测验法中，使用视线扫描器将眼动轨迹记录下来就形成了眼动轨迹描记图，由此可以清楚了解消费者观看广告时眼睛的注视次序与重点部位。

2. 视觉反应时间指标　在瞬间显露测验中，消费者观察或看清广告对象所需的时间长短，可以此作为衡量广告视觉效果的客观性测定指标。

3. 瞳孔直径变化指标　与瞳孔扩散法相联系，人们接受广告信息时会产生不同的情绪，这会通过瞳孔放大或缩小程度反映出来，利用瞳孔直径变化可以判断广告对受众心理的影响效果。

4. 皮肤电反应指标　在皮肤电反应测定中，人们在接受广告信息时会导致情绪发生变化，进而会出现汗量增减变化。通过生理电流仪可以观察到皮肤电阻发生的变化，即皮肤电反应指标。

5. 脑电波图变化指标　人们观看广告时，大脑产生的自发电活动，通过脑电波仪器将之收集、放大并记录下来，便形成脑电波图变化指标，由此可测定出广告对受众的心理影响程度。例如，当受众完全被广告画面所吸引，会出现14~25赫兹的低幅快波，而不感兴趣时的大脑中会出现8~13赫兹的高幅慢波。通过观测脑电波图变化，可以测定消费者接触广告以后所产生的心理感应情况。

二、广告沟通效果测定的方法

根据时间不同，广告沟通效果测定可以分为事前测定、事中测定和事后测定。

（一）广告沟通效果的事前测定

在广告作品尚未正式刊播之前，邀请有关广告专家和消费者团体进行现场观摩，审查广告作品存在的问题，或进行各种试验，以对广告作品可能获得的成效进行评价。根据测定的结果，及时调整广告策略，修改广告作品，突出广告的诉求点，提高广告的成功率。事前评估常用的具体方法主要有以下几种：

1. 专家意见综合法　在广告文案设计完成之后，邀请有关广告专家、心理学家和营销专家多方面、多层次地对广告文案及媒体组合方式产生的预期效果进行预测，在综合所有专家意见的基础上，确定测定结果。专家意见综合法是事前测定中比较简便的一种方法，但要注意所邀请的专家应能代表广告领域的不同方面，以确保所提供意见的全面性和权威性。

2. 直接测定法　把测试广告展示给测试受众，并请他们对这些广告进行评比打分。这种方法可以测定受众对广告的注意力、认知、情绪和行动等方面的强度。

3. 群组测定法　让一组消费者观看或收听一组广告，然后要求他们回忆所看到（或听到）的全部广告及内容。受众的回忆水平可以表明广告主题及信息被了解或记忆的程度。

4. 仪器测定法　在广告领域，作为一种辅助手段，仪器在广告效果测定方面也得到了广泛应用，如视向测验法、皮肤测试法、瞬间显露测验法、瞳孔计测试法等。

（二）广告沟通效果的事中测定

广告沟通效果的事中测定是指在广告作品正式发表后直到广告活动结束前所进行的测定，目的是检测广告计划的执行情况，以保证广告战略正常实施。事中测定虽然不能对整个广告活动的最终效果进行评定，但是它可以检验广告效果事前测定和预测事后测定的结果，并为事后测定广告积累必要的数据和资料，保证事后测定的顺利进行。对电视、广播广告效果的事中测定，主要有以下六种方法：

1. 家中测试　将一个小型屏幕放映机放置在具有代表性的目标消费者家中，让这些消费者观看电视广告节目。这种方法可使被调查者的注意力集中，但人为地制造了一种勉强观看电视广告的环境。

2. 汽车拖车测试　为了更接近消费者做出决策的实际情况，可在商业区安置汽车拖车模拟购买环境，向消费者展示测试的产品并给他们选择一系列品牌的机会，然后请消费者观看一系列电视广告片，发给他们一些在商业区购买商品的赠券。广告经营者根据收回赠券数量的多少，判断广告片对媒体受众购买行为的影响力。

3. 剧场测试　邀请被调查者到剧场观看尚未公开播放的电影，同时插播一些广告片。在放映之前，请被调查者简述在不同商品类别中他们比较喜欢的品牌；观看之后，再让被调查者在不同类别商品中选择他们喜欢的品牌。被调查者偏好如有改变，则可表明电视广告片的效果。

4. 播放测试　这种测试是在有线电视节目频道中进行的。广告经营者将被调查者召集在一起观看播放的节目，其中包括观看被测定的广告片。在广告播放后，广告经营者与被调查者接触，并向其提出问题，询问他们能够回忆起多少广告片中的内容。

5. 市场测试　先选定一两个实验地区刊播已设计好的广告，然后再同时观察试验地区与尚未推出广告的地区，比较试验区与一般地区之间的销售差异，对广告活动的心理效果做出测定。

6. 函询测试　这种方法一般采用调查问卷的形式进行。调查问卷通常以不记名的方式，要求被调查者将自己的年龄、职业、文化层次、家庭住址、家庭年人均收入等基本情况填在问卷上。调查表要尽可能详细地列出调查问题，以便对广告的心理效果进行测定。

（三）广告传播效果的事后测定

广告传播效果的事后测定可以全面、准确地对以往广告活动的效果进行评估。广告传播效果事后测定的结论，一方面可以用来衡量本次广告活动的效果，另一方面也可以用来评价广告工作的得失，总结经验教训，指导未来广告策划。

广告传播效果的事后测定有两层含义：一是广告刊播过程一结束，就立刻对其效果进行测定；二是广告宣传活动结束过后一段时间，再对其核心效果进行测定。

通常效果测定与广告刊播结束之后的时间间隔主要由媒体的性质决定，同时也要考虑目标市场上消费者的自身特点。如进行测定的时间过早，由于广告效果的时间滞后性，其效果尚未充分发挥出来，得出的结论就不准确；如测定的时间过晚，间隔时间太长，广告效果就可能淡化，得出的结论也有可能不准确。

广告传播效果的事后测定常用的方法主要有以下几种：

1. 要点打分法　是请被调查者就已刊播的广告的重要方面进行打分，各项得分之和就是该广告的实际效果，见表 10 – 1。

表 10 – 1　广告传播效果要点打分表

打分项目	打分的主要依据	该项满分	实际打分
吸引力	吸引注意力的程度	20	
认知性	对广告诉求重点的认知程度	20	
说服力	广告能否引起兴趣 对广告产品的好感程度	20 10	
行动力	广告引起的立即购买行为 广告唤起的购买欲望	20 20	
传播力	广告文案的传播程度	20	
综合力	广告的媒体效果	20	

打分档次：优秀（120~150分）；良好（90~120分）；一般（60~90分）；中等（30~60分）；差（0~30分）

2. 雪林（Schwerin）测定法　是美国雪林调查公司（Schwerin Research Co）根据节目分析法的原理，于1964年发明的测定广告心理效果的一种方法。该测定法又分为节目效果测定法、广告效果测定法和基本电视广告测验法三种。

（1）*节目效果测定法*　节目效果测定法是召集一定数量有代表性的观众到剧场，广告经营者说明测定的标准以后，请观众按照个人的意见对进行测定的广告表演节目评分定级。

评分的级别：①有趣；②一般；③枯燥无味。这种测定完毕之后，再请观众进一步说明喜欢或讨厌广告节目中的哪一部分，并阐明理由；或征求观众对广告节目的意见和建议。广告经营者对节目改进的意见和建议进行统计、汇总，以作为今后设计或制作广告节目的重要依据。

（2）*广告效果测定法*　广告效果测定法与节目效果测定法基本相同，是通过邀请具有代表性的媒体受众到剧场或摄影棚欣赏进行测定的各种广告片。

与节目效果测定法的不同之处是：在未看广告片之前，根据入场者的持票号码要求媒体受众选择自己喜欢的商品。这些供选择的商品品牌中，既有在广告片中播放的品牌，也有主要竞争对手的品牌。广告片播放完以后，请受众再一次做出选择，如果此次对所测试的广告商品品牌的选择度高，那么高出的部分就是该广告片的心理效果。

测试完成后，通常将媒体受众所选择的商品赠送给他们。如果商品单位价值高，可以赠送一些其他礼品。

（3）*基本电视广告测验法*　基本电视广告测验法的目的在于客观地评价和判断电视广告片的优劣，以及用标准化的程序测验电视广告的效果。

基本电视广告测验的项目主要有：①趣味反应：利用集体反应测定机，测定媒体受众对每一广告画面感兴趣的程度。②回忆程度：运用自由回答法，让媒体受众回忆广告中的产品品牌、广告主名称、画面内容及标语、口号等。③理解程度：运用自由回答法了解媒体受众对广告内容的领悟程度。④广告作品诊断：运用自由回答法，让媒体受众指出广告片的特色并提供修改意见。⑤效果评定：采用问卷的形式，测验本广告片给媒体受众的一般印象，即广告片的一般心理效果。⑥购买欲望：让媒体受众说出有无购买广告产品的冲动和欲望。⑦广告片的整体效果：让媒体受众对广告片做整体的评价。

这种测验方法的优点是客观、全面，能真正反映媒体受众的心理活动状况，取得的资料可信度高；缺点是操作技术性强，成本费用大，具体推行起来有一定的局限性。

第四节　广告社会效果测定

广告社会效果是指广告发布以后对社会道德、文化教育等方面产生的影响和作用。广告能够传播商品知识，影响人们的消费观念，也可反映并引导社会观念、信仰和价值观。由于广告所具有的这些特性，广告对社会产生的效果也是深远的，需要重视。

对广告社会效果的测定一般采用事前测定法，在广告发布之前对其所产生的社会效果进行预测和评估。测定方法通常采用专家意见审定法。

一、广告社会效果测定的内容

广告发布以后对社会产生的影响，既包括正面影响，也包括负面影响。这种影响不同于广告的宣传效果或经济效果，广告策划者很难用数量指标来衡量这种影响，只能靠社会公众长期建立起来的价值观念来评判。广告的社会效果主要包括以下几方面。

（一）价值观念

价值观念涉及社会伦理道德、风俗习惯、宗教信仰等意识形态领域。一则广告在为社会公众服务、为消费者服务的同时，还应当教育公众树立正确的价值观。例如，黄金搭档广告宣扬的"送老师、送亲友、送领导"观念，对下一代的价值观产生了误导，对未成年人造成了不良影响。近几年来，台湾的广告活动多以"新儒学"为策划内容，倡导一种合乎理性的家庭价值观念，很有教育意义。

（二）消费观念

消费观念是人们对待其可支配收入的指导思想和态度，以及对商品价值追求的取向。消费观念的形成不仅是文化积淀的成果，而且也是社会现实的直接反映。在经济社会中，广告会对人们的消费观念产生很大影响，好的广告应当培养人们树立正确的消费观念。目前一些消极的广告传播，对少年儿童造成的不良影响令人堪忧。学习文化知识，本是需要下苦功的，可有的广告扬言，只要吃"脑白金""忘不了"就能学习轻松，考试理想。这些广告误导缺乏判断的孩子和望子成龙的家长迷信营养品，而不去刻苦勤奋，只能助长少年儿童投机取巧和不劳而获的心理。

（三）社会风气

社会风气是社会在一个阶段内所呈现的风尚、风貌，是一定社会中的风俗习惯、文化传统、行为模式、道德观念及时尚等要素的总和。良好的社会风气归根结底是要靠道德规范内化大多数人的德行和德性来实现。但是，社会成员个体德性和德行的养成，离不开环境因素的习染和熏陶。广告的劝服诱导性行为会影响受众的德性和德行，不良的广告会对社会风气产生负面影响。如果广告产生了违反社会道德的不良效果，就应该立即停止。前几年媒体相继刊登《脑白金、黄金搭档广告低俗被点名批评》的报道，就指出脑白金、黄金搭档广告虽不违法，但是内容低俗，对社会风气造成了负面影响。上海黄金搭档生物科技有限公司随后很快明确表态：决定取消脑白金、黄金搭档产品广告中所有"送礼""收礼"内容，"今年过节不收礼，收礼只收脑白金"这句近乎妇孺皆知的广告语已经成为历史。

（四）竞争秩序

广告作为企业的一种市场行为、竞争武器，必须遵循诚实信用、公平合法的竞争准则。但当前广告活动中的不正当竞争行为表现的日益突出，严重损害了广大经营者和消费者的合法权益，扰乱了市场秩序。不正当竞争不仅降低了消费者对广告宣传的信任度，损害了广大消费者的利益，而且也严重破坏了广告市场公平竞争的秩序，阻碍了广告事业的健康发展。

二、广告社会效果测定的原则

（一）真实性原则

广告的社会效果，首先体现在广告宣传必须具备真实性。真实性的原则是指广告宣传的内容必须客观、真实地反映商品的功能与特性，实事求是地向媒体受众传播有关广告产品或企业的信息。但有的企业却在广告中忽略了这一点，例如，西门子公司就因"零度不结冰，长久保持第一天的新鲜"这句广告语而惹来了麻烦。广告语涉嫌夸大宣传，违反了《反不正当竞争法》。

（二）社会道德原则

广告的画面、语言、文字、音乐、人物形象要给以精神的满足，要对社会精神文明建设起促进作用，要对人们的思想道德、高尚情操、良好风俗起到潜移默化影响。广告不能含有低俗的内容和不健康的情调，也不能宣扬暴力、迷信、腐朽落后的内容，更不能有种族歧视、性别歧视等内容。

（三）社会规范原则

测定广告社会效果时，要以一定的社会规范为评判标准来衡量，如以法律规范、社会道德规范、语言规范、行为规范为衡量依据。广告宣传要符合社会规范，如语言规律、文字书写规律等。广告语、文字语言、标题等都要按照标准的用语方式进行，不能滥用谐音，乱改成语，不遵守遣词造句的规律，破坏汉语的严密性。

（四）民族性原则

广告信息体现着某个民族文化群或亚文化群的人文特征，这就是广告文化的民族性。不同的民族群体，创造并恪守着不同的文化，随之产生不同的行为规范。广告创作与表现必须继承民族文化，尊重民族感情，讲求民族风格，对国外先进、合理的艺术表演风格与创作手法要大胆地学习与借鉴，形成具有中华民族特色的广告表现方法。

NOTE

三、广告社会效果测定的指标

（一）法律规范指标

利用广告法规来管理广告是世界各国对广告制约的普遍方法。这一指标具有权威性、概括性、规范性、强制性的特点，适用于衡量广告中存在共性的一般问题。我国广告社会效果测定的一般依据是《中华人民共和国广告法》《广告管理条例》《广告审查标准》《广告管理条例施行细则》《国际广告法规条例》，此外还有一些社会规范。

（二）文化艺术指标

广告的创作必须符合一定的文化艺术标准。不同民族的文化都有自己的特殊性和历史延续性，每个国家都有着自己特殊的文化传统和风俗习惯，形成各自不同的艺术文化观念，广告创作必须符合这一观念和要求。利用文化艺术标准来衡量广告作品，首先要看广告的画面、语言、文字是否能鲜明地表现广告主题；其次，要看广告内容和表现形式是否健康；是否传播正能量。

（三）伦理道德指标

社会伦理道德标准是人们普遍遵守的价值取向。一则广告要取得好的广告沟通效果和经济效果，必须能在情感上引起公众的共鸣，要得到公众的好评才能被接受，而要得到公众的好评，就必须在内容和表现形式上符合社会伦理道德的要求。近年来出现的一些问题广告，如"盘龙华落""恐惧斗室""新兴医院广告风波""屈原喝酒不跳江"，以及食品、药品、保健品等领域虚假广告泛滥成灾等种种现象，不得不让人们对广告伦理问题进行深刻思考。可见，用道德伦理标准来衡量现代广告，是广告社会效果测定的一项重要内容。

需要指出的是，测定广告的社会效果不能简单地以单一指标的数量大小来衡量，而是要综合一些公认的、基本的社会效果测定指标，并结合社会环境因素进行综合测定，才是切实可行的。

【案例】

意可贴——小贴片，大品牌

很难想象，一个治疗口腔溃疡的小药居然能做出9个月3千多万元的销售额，但是，这样的成功被太太药业新近上市的治疗口腔溃疡的小贴片——意可贴实现了。而今太太药业正把这个从前不起眼的小市场逐步做大。据太太药业有关人士透露，从2000年3月份意可贴在全国上市，到年底仅9个月就实现销售回款3千万元，今年上半年的销售也在稳步增长，前景一路看好。意可贴产品已迅速成为口腔溃疡治疗药市场的领导品牌，使太太药业继太太口服液后在新产品领域又开创了一个全国知名品牌，目前意可贴在零售药店五官科用药销售额排名居首位，还被列入国家OTC药品目录。小药能做出如此巨大的市场，凭得不仅是质量和疗效，可以说，广告营销在当中起了举足轻重的作用。

从2000年3月意可贴在国内全面上市，其阵容强大、以黄金时段电视广告为主的宣传攻势就在全国重点城市展开，并辅以报纸、广播电台及杂志宣传。从广告中，可以看出意可贴作为口腔溃疡治疗市场的一个全新品牌，建立了自己独特、清晰的市场定位，为消费者提供了最为现实的利益点：意可贴，治疗口腔溃疡快速而高效。意可贴的品牌口号："治疗口溃疡，一贴OK！"，有效地传达了产品的利益承诺，很自然地成了家喻户晓的广告语。

　　在具体的操作过程中，意可贴广告巧妙避开了国家关于药品广告的相关限制，以产品本身的全新特点为主诉求点，并创造了以意可贴片剂为原型的"意可仔"卡通形象，"意可仔"活泼可爱、热情、勇敢，不失专业可信的形象，推出之初，即受到大众的喜爱，并成为国内 OTC 药品广告创意的突破。"意可仔"形象的推出，拉近了意可贴品牌与大众消费者的沟通，与消费者建立起情感的交流。意可贴上市初期的电视广告为"意可仔卡通篇"，广告词是"意可贴，治疗口溃疡，一贴 OK！"借用卡通形象，一方面是有亲切感，男女老少都喜欢，从知名度来说，更利于扩大信息的传播；另一方面则可以树立品牌形象。从沟通效果来看，广告给人的印象深刻。此外，在平面广告方面，太太药业结合产品广告的宣传主题，制作了一系列人物篇（男人篇、女人篇），针对口腔溃疡给人们日常生活所带来的方方面面的烦恼，如"口腔溃疡，想吃也不能吃""口腔溃疡，想笑也不能笑"等，有的放矢地传达意可贴的独特功效。这些感性的诉求，使消费者很容易产生心理共鸣，大大地缩小与目标消费群的距离，达到直接感知产品的效果。

（资料来源：改编自"经典药品广告营销案例"
https：//wenku. baidu. com/view/8cadafea102de2bd9605889a. html？ from = search）

讨论：

在阅读本案例后，你认为应该通过哪些方法测量意可贴的广告效果？

【思考题】

1. 简述广告效果测定的内容和程序。

2. 广告经济效果测定的指标有哪些？

3. 广告社会效果测定应遵循哪些基本原则？

NOTE

第十一章　广告管理

【学习目标】

1. 掌握广告管理法规体系和广告管理职业道德的内容。
2. 熟悉广告管理的含义与作用。
3. 了解广告管理的主体。

广告是企业经营管理活动的重要组成部分，同时，广告又对社会的政治、经济、文化各个方面具有重要影响。因此，要使广告在正常、健康的轨道上运作，发挥其对社会生活的积极促进作用，就必须对广告活动进行一定的约束和限制，特别是在当前我国社会主义市场经济体制下，广告事业处于起步阶段，对广告的管理就显得尤为重要。

第一节　广告管理概述

一、广告管理的含义

与广告的产生相比，广告管理的出现要晚很多。在 18 世纪末至 19 世纪初，英、美等国家爆发了工业革命，带动了经济的快速发展。繁荣的社会经济与工商业的发展为广告业的出现及发展创造了条件。然而由于没有正确的管理制度，广告业的竞争处于混乱和无序状态，对经济社会的健康发展产生了不利影响。因此，西方政府于 20 世纪以后着手对广告进行立法和监督，这可谓是近代广告管理的开端。

在我国，广告管理是国家管理经济的行为，是我国工商行政管理的重要组成部分。广告管理使广告活动适应国家宏观经济形势对广告业发展的要求，使广告行业逐渐由无序走向有序，由混乱走向健康。广告管理主要包括政府职能部门对广告的行政管理、广告行业自律、社会监督管理三个层次。

具体而言，广告管理是指国家、社会和广告业内部的行政管理、监督和指导。工商行政管理机关依据有关法律、法规和政策对广告宣传和广告经营活动进行管理。广告管理的目的不仅仅是为了限制广告活动的不良倾向，规范广告行为，更重要的是指导广告业务健康发展，为社会主义市场经济的繁荣发挥积极作用。

广告管理可以分为宏观管理和微观管理。宏观的广告管理主要指国家、社会等对广告活动进行指导、控制和监督，微观的广告管理主要指广告业的经营管理。

二、广告管理的特点

广告管理是对广告行业和广告活动的管理，由于广告管理的对象、方法、内容、范围的独特性，广告管理有不同于其他管理的特点，主要包含以下几个方面。

（一）广告管理具有明确的目的性

国家通过行政立法对广告行业和广告活动进行管理，其目的就在于使广告行业适应国家宏观经济形势发展的需要，促进广告业健康、有序地发展，保护合法经营，取缔非法经营，查处违法广告，杜绝虚假广告，保护消费者的合法权益，有效地减少广告业的负面影响。

（二）广告管理的规范性

广告管理作为国家管理经济的行为，是严格依法进行的。许多国家都设置了专门的广告管理机构，并制定了一系列有关广告管理的法规来规范和约束广告行业的发展，使广告行业做到有章可循、有法可依和违法必究。因此广告管理具有规范性和强制性的特点。

（三）广告管理的多层次性

广告管理的多层次是指政府行政立法管理、广告行业自律和社会监督管理的多层次相互协作管理。任何广告管理法规即使再完备，都不能包罗万象、尽善尽美，在许多领域常常会发生一些新情况、新问题，这就需要各级广告行业协会和社会监督组织，通过自律、监督的有效途径来加以解决。正是由于广告活动的复杂性和广泛性，世界上绝大多数国家往往采用以政府行政立法管理为主，同时以广告行业自律与广告社会监督作为其必要的辅助与补充，来加强对广告活动的管理。从各国采用的这种多层次相互协作的广告管理实践来看，这种广告管理办法是比较成功的。

三、广告管理的作用

（一）促进经济发展

党的十八届三中全会通过的《中共中央关于全面深化改革若干重大问题的决定》提出"使市场在资源配置中起决定性作用"，这对于企业的发展将起到积极的促进作用。广告对企业的兴衰会产生重要影响，企业通过广告互通信息、沟通产销、扩大消费、活跃市场，将对市场经济的发展起到直接的推动作用，所以，加强广告管理是促进经济健康有序发展的客观要求。

（二）保护企业利益

商品竞争是商品经济的产物，哪里有商品生产、交换，就必然存在商品竞争。企业为了争夺、占领市场，获得更大的市场份额和利润，必然会展开广告竞争。因此，依法加强广告管理，有利于防止不正当竞争，保护企业的合法权益。

（三）维护消费者利益

广告会对消费者的购买行为产生诱导、指导作用，为保证广告真实地传递商品信息，避免出现欺诈行为，必须依法对广告进行管理，避免消费者权益受到侵害。

（四）有利于加强对广告业的统一管理

随着市场经济不断发展，广告业呈现蓬勃之势，广告业之间的竞争也日趋加剧。为了使各广告公司经营部门之间协调发展，共同担负繁荣广告业的责任，国家必须加强对各广告创意部门的领导与管理，健全组织管理机构，保证我国各个广告经营部门都纳入国家的统一领导、管理和监督下，认真执行国家的广告方针、政策、法令，使我国的广告事业健康、可持续发展。

NOTE

第二节　我国广告管理的主体

我国广告活动的社会管理主体主要包括政府职能部门、广告行业组织和消费者组织。这些主体在广告活动的社会管理体系中发挥着不同的功能与作用。

一、广告行政管理机构

在我国，主要由国家工商行政管理部门按照广告管理的法律、法规和有关政策规定来行使管理职权，对广告活动进行管理，这也是我国现阶段广告管理的主要形式。

（一）广告行政管理机构的职能

国家工商行政管理局和地方各级工商行政管理局，根据《广告法》《广告管理条例》《广告管理条例施行细则》和国务院的有关授权，在对广告活动的监督管理中，主要行使以下职能。

1. 广告立法和法规解释　广告管理法规是广告管理机关对广告实施管理的主要依据，国家工商行政管理局作为国务院的直属机构，是全国广告管理的最高机构，其重要职能之一就是代国务院或国家立法机关起草广告管理的法律、法规文件，单独或会同国务院其他部门制订广告管理的单项规章，负责解释《广告管理条例》《广告管理条例施行细则》《广告法》及其他广告管理单项规章。各省、自治区、直辖市及有地方立法权城市的广告管理机关可以代当地人民政府起草地方性的广告管理法规。其他广告管理机关有义务为上述有立法权的广告管理机关起草广告管理法律、法规，进行专题调查研究和提供有关数据与情况。

2. 对广告经营单位的审批　广告管理的审批工作是与管理对象——广告经营单位建立联系的开始。对广告经营单位的审批包括两个方面的内容：一是对广告经营资格的审批，即核准广告经营权；二是对广告经营范围的审批，也就是核定广告经营范围。前者关系到是否允许经营广告业务，它是区别合法经营与非法经营的界限；后者则关系到允许经营什么，它是区分守法经营与超范围经营的界限。因此，对广告经营单位的审批是对广告经营活动进行管理的基础，是监督广告活动、保护合法经营、取缔非法经营的前提条件。通过审批，可以掌握、控制一个地区、一个时期广告经营单位的发展情况。

3. 对广告主和广告经营者的监督与指导　对广告主和广告经营者的广告活动全过程的合法性进行监督，保证广告活动在法律规定的范围内进行，这是各级广告管理机关，尤其是地方广告管理机关的一项日常性工作。对广告主的广告活动进行监督，主要包括广告宣传程序是否符合国家法律、法规的规定，工商企业广告费用的计划、使用是否合法或合乎有关财务制度等；对广告经营者的监督主要是要求广告经营者履行广告管理法律、法规规定的义务，建立、健全内部经营管理的规章制度，在核定的经营范围从事广告经营活动。核心是要求广告经营者守法经营，禁止垄断和不正当竞争行为，维护广告市场的正常秩序，体现广告经营的平等互利、等价有偿的原则。

对广告主、广告经营者的指导，是指指导广告主正确进行广告宣传，制定、实施适合广告主自身和市场环境的广告战略，取得最佳的广告效果，增加经济效益和社会效益；指导广告经营者建立、健全规章制度，保证合法经营的顺利进行。广告管理机关的监督和指导工作应逐步科学化、规范化、制度化，提高广告管理工作的效率和水平。

4. 对广告违法案件的查处和复议　查处广告违法案件、依法制裁广告违法行为、追究广告违法行为人的法律责任是各级广告管理机关的重要工作职能。根据《广告法》《广告管理条例》《广告管理条例施行细则》的规定，对违反广告管理法规的广告主、广告经营者和广告发布者，由工商行政管理机关追究其法律责任，视其情节轻重给予不同的行政处罚，对构成犯罪的，要移送司法机关。

广告违法案件的发现途径主要有三种，即日常监督、揭发和函件转来。对广告违法案件的查处一般应遵循两个原则：其一，案件查处由发布广告的媒介所在地的工商行政管理局负责。广告违法案件的查处应当按一定程序进行，其程序包括立案、调查、决定、批准和执行。案件经调查取证确认违法事实后，由负责查处的广告管理机关提出处罚意见，经上级工商行政管理局批准后，再由原查处的广告管理机关负责执行。其二，案件的查处应当实行"一查到底"的原则，即对整个案件的查处不论是否涉及管辖区以外的广告经营单位或个人，广告违法案件应当由最先发现问题的、发布违法广告的媒介所在地的广告管理机关负责调查、处罚。这样做，有利于了解全部案情的来龙去脉，查清违法者各自的责任。当然，实行"一查到底"的原则，并不排除广告管理机关之间的配合协作，对广告违法案件的处罚决定一经批准，有关的广告管理机关负有协助执行义务。

广告违法案件的处罚决定做出后，其上一级广告管理机关还担负着行政复议的任务，依不同情况，维持、变更或撤销原处罚决定。

5. 协调与服务　协调是各级广告管理机关日常工作中经常进行的工作，这项职能充分体现了广告管理所具有的综合性特点。这里的协调，一是指工商行政管理机关内部，广告管理部门与企业登记、经济合同管理等部门的协调；二是指广告管理机关内部由于各地、各级工作的不同而产生的横向的、纵向的协调；三是指广告管理机关与政府其他有关职能部门的协调。目前，由于我国尚没有统一的广告行业主管部门，广告管理机关实际上代行着行业管理的某些工作。因此，广告管理机关还有反映广告行业发展状况、代表广告业呼声、为广告业服务的职能。

二、广告行业组织

广告行业组织是指广告活动主体或者广告从业者成立非政府的行业团体组织，通过协商制定组织章程、成员行为规范和准则，实施内部惩罚等方式进行的自我监督、自我约束和自我管理。广告行业协会的自律管理主要有以下两个途径：一是通过制定行业公约要求所有会员单位遵循而达到自律，中国广告协会四届三次理事会议通过了《广告宣传精神文明自律规则》，并经国家工商总局批准后执行，就是这一自律方式的体现；二是举办各种活动，一方面促进行业的技术进步和发展，另一方面对不遵守规范的会员单位施以强大的行业压力，促使其自觉自律。

（一）中国广告协会

中国广告协会简称中广协，创立于 1983 年 12 月，是国家工商行政管理总局的直属事业单位，由国家相关部委直接领导，是中国广告界的行业组织，是经国家民政部登记注册的非营利性社团组织，属于国家一级协会。协会由全国范围内具备一定资质条件的广告主、广告经营者、广告发布者、与广告业有关的企事业单位、社团法人等自愿组成。

中国广告协会在国家工商行政管理总局的领导下，承担着抓自律、促发展，指导、协调、服务、监督的基本职能。

（二）中国广告主协会

中国广告主协会成立于 2005 年 11 月 27 日，是经国务院批准、民政部注册登记的全国性协会，业务主管部门为国务院国有资产监督管理委员会。

中国广告主协会的主要职能包括：推动建立有利于广告投资的社会环境和相关法律法规的完善；加强行业自律，反对不正当竞争，逐步建立广告主、媒体、广告商三方合作制约机制。为会员提供相关信息法律咨询和营销策划、业务培训等服务，推动营销传播服务行业的发展，促进企业间的沟通、交流与合作，为会员走向国际市场提供服务。

（三）中国商务广告协会

中国商务广告协会原为中国对外经济贸易广告协会，成立于 1981 年，是我国第一个全国性广告行业社团组织。2005 年 9 月，随着国家政府机构改革，经商务部和民政部批准，中国对外经济贸易广告协会更名为中国商务广告协会。

中国商务广告协会主要职能包括：制定行业规范，加强行业自律；坚持走专业、精英和国际视野的路线，提高行业的整体文化修养和专业服务水平，树立广告行业良好的社会形象；搭建行业的学习、沟通、交流、互助平台，推动中国广告行业的发展，促进并提高广告行业在国家发展战略中的地位和影响力；认真听取会员的意见和建议，代表和维护会员的正当权益。

三、消费者、消费者团体

消费者和消费者团体是我国进行广告社会监督的重要力量，主要承担消费者和社会舆论对各种违法违纪广告监督与举报的职能。

消费者监督形式主要通过广大消费者自发成立的消费者组织，依照国家广告管理的法律、法规对广告进行日常监督，对违法广告和虚假广告向政府广告管理机关进行举报与投诉，并向立法机关提出立法请求与建议。其目的在于制止或限制虚假、违法广告对消费者权益的侵害，以维护广告消费者的正当权益，确保广告市场、广告行业健康有序的发展。

中国的广告消费者监督组织，主要指中国消费者协会和各地设立的消费者协会（有的称消费者委员会或消费者联合会）。此外，1983 年 8 月在北京成立的全国用户委员会，是中国首家全国性的消费者组织。中国消费者协会是经国务院批准，于 1984 年 12 月在北京成立的。消费者协会基本上是由工商行政管理、技术监督、进出口检验、物价、卫生等部门及工会、妇联、共青团中央等组织共同发起，经同级人民政府批准建立和民政部门核准登记，具有社会团体法人资格，挂靠在同级工商行政管理局的"官意民办"的消费者组织。

第三节　我国广告的法律法规体系管理

NOTE

我国广告管理法律是指调整国家广告监管机关与广告主、广告经营者、广告发布者及广大消费者之间由广告活动而引发的各种社会关系的法律规范的总和。我国多层次的广告管理法律法规体系是由法律、法规、行政规章、规范性文件等组成。

一、广告管理的法律体系

（一）广告法

《中华人民共和国广告法》（简称《广告法》）于 1995 年 2 月 1 日正式施行。现行《广告法》于 2015 年 4 月 24 日修订通过，自 2015 年 9 月 1 日起施行。《广告法》是规范广告经营活动、广告发布活动和广告监管的部门法，是广告法律法规体系的主干和核心。此外，还有多部法律对广告有相关法律规范，如《宪法》《刑法》《反不正当竞争法》《消费者权益保护法》《药品管理法》《烟草专卖法》《食品卫生法》《专利法》《文物保护法》《反不正当竞争法》《中华人民共和国国家通用语言文字法》《中华人民共和国食品卫生法》《中华人民共和国产品质量法》《中华人民共和国计量法》《中华人民共和国中医药法》《商标法》等。

（二）行政法规

由于《广告法》在实施过程中存在一些缺憾，为了保证广告法制体系的完善，全国人大在审议后决定，《广告法》公布后，《广告管理条例》仍然有效，作为《广告法》的补充，在行政法规层次上发挥作用。近几年，全国人大及其常委会颁布实施的法律，一般不明确规定实施细则，是否需要制定实施细则，由国务院在法定职权范围内决定。根据《广告法》第四十九条的规定，现行法律、法规的内容只要不与《广告法》相冲突，即继续有效。这实际是肯定了现行法规、规章和其他行政规定在规范广告市场中的法律效力。其他行政法规涉及广告的有关规范还有《卫星电视广播地面接收设施管理条例》等。

（三）行政规章和其他规范性法律文件

我国现行广告法律体系中包括许多行政规章和其他规范性法律文件。行政规章由国务院各部委及地方政府制定，如《广告管理条例施行细则》《医疗器械广告审查办法》《医疗器械广告管理办法》《化妆品广告管理办法》《医疗广告管理办法》《药品广告审查办法》《药品广告审查标准》《临时性广告经营管理办法》《酒类广告管理办法》《户外广告登记管理规定》《食品广告发布暂行规定》《保健食品广告审查暂行规定》《烟草广告管理暂行办法》《房地产广告发布暂行规定》等。此外，一些地方性规定，可以在全国广告业发展不平衡、广告管理工作基础不尽一致的情况下，有针对性地解决本地区的实际问题，及时处理当地群众反映强烈的某些倾向性问题。这些规定是国家法律、法规和部门规章、规范性文件的重要补充，同时也为将来进一步补充完善国家的有关法律规定提供了有益的实践经验。规范性文件主要是指由国家工商总局发布的广告方面的文件，有较强的针对性和操作性。

（四）司法解释

除了上述法律、行政法规和部门规章外，司法解释在维护广告市场秩序、加大广告监管力度中也扮演重要角色。例如，2001 年 4 月 18 日最高人民检察院和公安部公布的关于经济犯罪案件追诉标准的规定，其中有关虚假广告罪的追诉标准共列了四条，违反其中任何一条都可以列为虚假广告罪：①违法所得数额 10 万元以上的；②给消费者造成直接经济损失在 50 万元以上的；③未达到上述数额标准，但利用广告作虚假宣传，受过行政处罚两次以上，又利用广告作虚假宣传，面临第三次行政处罚的；④造成人员伤残或者其他严重后果的。

在广告法制体系中，不同的法律规范的法律效力是不同的。《广告法》是广告法制体系中的基本法，所有有关广告的法律规范和原则不得与《广告法》冲突。《广告法》的调整对象侧重于商业广告，但其力度和涵盖面是其他广告法规所不能比拟的。

二、广告法律法规管理

（一）对广告内容的法律法规管理

广告法律法规的主体内容之一是对各类广告内容及表现形式进行管理和规定。

1. 对各类广告主通用的一般准则

（1）广告宣传内容的要求　总体而言，广告宣传的内容必须真实、合法、健康。广告内容应当有利于人民的身心健康，促进商品和服务质量的提高，保护消费者的合法权益，遵守社会公德和职业道德，维护国家的尊严和利益。《广告法》第三条规定："广告应当真实、合法、符合社会主义精神文明建设的要求。"《广告法》第四条规定："广告不得含有虚假的内容，不得欺骗和误导消费者。"广告主应当对广告内容的真实性负责。例如，据北京市工商行政管理局东城分局 2017 年 2 月 28 日通报，北京乐天超市有限公司北京崇文门分店因张贴北京当代医疗美容门诊部有限公司自称"明星微整形手术基地""中国最具实力的 9 家医疗美容机构"的广告，形成了违法广告发布的事实，被北京市工商行政管理局东城分局立案查处，共计被罚款4.4 万元。

（2）广告宣传的基本准则　主要是指广告法律、法规规定的广告内容和形式应当符合的基本要求。《广告法》中第七条至第十三条，对广告内容的导向、广告禁止的内容、广告的可识别性、广告内容的组织等做了明确的规定。

2. 对特殊广告主的法律准则　有些如医疗器械、药品、烟草、食品、化妆品等特殊商品，以及其他法律、行政法规规定的应当进行特殊管理的商品，广告法规中一般都有较为明确的特殊规定。例如《广告法》第十五条规定："麻醉药品、精神药品、医疗用毒性药品、放射性药品等特殊药品，药品类易制毒化学品，以及戒毒治疗的药品、医疗器械和治疗方法，不得作广告。"

例如，"极草"虫草含片，以"冬虫夏草，现在开始含着吃"为宣传口号，频繁出现在中央电视台黄金时段和高端楼宇的广告位，同时也占领了多个城市航站楼的广告牌。与巨额的广告费用相对应，极草产品价格惊人，远超黄金，最后却被检测出未含其标榜的有效成分"虫草素"，身份是"非药，非保健品，非食品"。2016 年，广电总局公布了《国家新闻出版广电总局关于进一步加强医疗养生类节目和医药广告播出管理的通知》，严格医疗养生类节目管理，严格医药广告播出管理，坚决查处各类违法违规行为。其中明确提出：医药广告不得以任何节目形态变相发布，单条广告时长不得超过一分钟，严禁播出任何虚假医药广告。医疗养生类节目只能由电台、电视台策划制作，不得由社会公司制作。

（二）对广告活动的法律法规管理

1. 关于广告经营者、发布者资格的认定

（1）广告经营者资格认定　申请经营广告业务的企业，除了需符合《广告法》《公司登记管理条例》《企业法人登记条例》及有关规定外，还要具有特殊的业务专项条件。根据广告经营业务的不同，广告公司应当具备的条件又有不同的规定。

（2）广告发布者的资格认定　根据《广告法》的规定，广告发布者是指为广告主或者广告主委托的广告经营者发布广告的法人或者其他经济组织。如电视台、电台、报纸、杂志等。发布广告属于广告经营行为，必须实行专门的管理。《广告法》第二十六条对广告发布者的资格有明确规定。

2. 关于广告经营活动的规定　广告经营活动是广告宣传活动的基础。如果经营行为不合法、不严格、不科学，就可能导致损害公众利益的广告作品出现。因此，各国的广告法规对经营活动都有比较详细的规定。如《广告法》第二十七条规定："广告经营者、广告发布者依据法律、行政法规查验有关证明文件，核实广告内容。对内容不实或者证明文件不全的广告，广告经营者不得提供设计、制作、代理服务，广告发布者不得发布。"第三十四条规定："利用广播、电影、电视、报纸、期刊及其他媒介发布药品、医疗器械、农药、兽药等商品的广告和法律、行政法规规定应当进行审查的其他广告，必须在发布前依照有关法律、行政法规由有关行政主管部门对广告内容进行审查；未经审查，不得发布。"

3. 关于户外广告活动规范　户外广告是指利用户外场所、空间、设施等发布的广告。主要包括：利用户外场所、空间、设施发布的，以展示牌、电子显示装置、灯箱、霓虹灯为载体的广告；利用交通工具、水上漂浮物、升空器具、充气物、模型表面绘制、张贴、悬挂的广告；在地下铁道设施、城市轨道交通设施、地下通道，以及车站、码头、机场候机楼内外设置的广告；法律、法规和国家工商行政管理总局规定应当登记的其他形式的户外广告。《广告法》中关于户外广告的规定主要有第二十二条第一款规定："禁止在大众传播媒介或者公共场所、公共交通工具、户外发布烟草广告。"第四十一条规定："县级以上地方人民政府应当组织有关部门加强对利用户外场所、空间、设施等发布户外广告的监督管理。"第四十二条规定了四种不得设置户外广告的情形：利用交通安全设施、交通标志的；影响市政公共设施、交通安全设施、交通标志、消防设施、消防安全标志使用的；妨碍生产或者人民生活，损害市容市貌的；在国家机关、文物保护单位、风景名胜区等的建筑控制地带，或者县级以上地方人民政府禁止设置户外广告的区域设置的。

4. 关于网络广告活动规范　2016年9月1日起，由国家工商行政管理总局发布的《互联网广告管理暂行办法》开始施行。该办法明确了互联网广告主、广告经营者、广告发布者、广告需求方平台经营者、媒介方平台经营者、广告信息交换平台经营者、互联网信息服务提供者等参与方的责任和义务，明确了工商行政管理部门监管互联网广告的职责职权，明确了违法发布互联网广告要承担的法律责任，同时规定了互联网广告活动中的各种禁止性行为。例如，总有一些烦人的网站，一打开就会出现各种弹窗，角落的、漂浮的，有时还找不到小叉叉关掉。这次新广告法规定，利用互联网发布广告，应当显著标明关闭标志，确保一键关闭。违者将处五千元以上三万元以下的罚款。

5. 关于广告合同的规范　《广告法》规定："广告主、广告经营者、广告发布者之间在广告活动中应当依法订立书面合同，明确各方的权利和义务。"广告主和广告经营单位在签订书面合同之前，广告主应出示符合广告管理法规要求的证明文件。若齐全无误，广告经营单位可以代理发布；反之则不然。若双方不能严格履行验证手续而出现重大事故，将由工商行政管理机关视情节轻重追究责任。验证手续完毕后，方可签订书面合同，以明确双方的责任。双方按规定及相互协议的结果形成书面合同后，必须严格遵守，不得单方面撕毁，否则需向对方支付违约金。

6. 对广告违法行为的法规管理　广告违法行为是广告主、广告经营者、广告发布者在广告活动中违反广告管理法律法规和其他法律法规的规定，造成某种危害社会或国家行政管理秩序的有过错的行为。根据《广告法》《广告管理条例》的规定，广告违法行为的法律责任主要包括行政责任、民事责任和刑事责任。

（1）行政法律责任　广告当事人违反广告行政法律规范或不履行行政法律义务时，要接受广告管理机关的行政处罚或处分。这些行政处罚措施有：责令改正、停止发布广告、公开更正、罚款、没收广告费用、停止广告业务、吊销营业执照或广告经营许可证等。对于广告监督管理机关和广告审查机关人员玩忽职守、滥用职权、徇私舞弊的，给予行政处分。

（2）民事法律责任　依照广告管理法规，广告当事人在广告活动中发布虚假广告，欺骗或误导消费者，损害消费者合法权益的，以及在广告中有其他侵权行为的应承担民事法律责任。

（3）刑事法律责任　广告法规对发布虚假广告，违反《广告法》关于广告内容的基本要求及广告禁止的情形，伪造、变造广告审查决定文件，以及广告监督管理机关和广告审查机关人员的渎职行为构成犯罪的，依法追究刑事责任。

第四节　广告职业道德规范

职业道德，就是同人们职业活动紧密联系的符合职业特点所要求的道德准则、道德情操与道德品质的总和，它既是对本职人员在职业活动中的行为标准和要求，同时又是职业对社会所负的道德责任与义务。

一、广告自律

早在 19 世纪 80 年代，"现代广告之父"约翰·鲍威尔斯曾呼吁美国广告界制止虚假广告，并提倡广告语言要真实可靠和简洁生动，这是最早来自广告业内的对广告自律的要求。1903年，约翰·亚当斯·塞耶成为公开强烈反对欺骗性广告的第一个广告人。两年后，一些广告经理组成美国广告联合俱乐部，发起一场广告诚实化运动。同年，在广告联合俱乐部基础上成立了世界广告联合会，接受了"广告诚实化"的口号，在全美各地建立了管理广告的"警视委员会"，并通过《印刷者油墨》杂志，发起一场宣告不诚实广告为犯罪行为的州立法宣传促进运动。可见，广告诚实问题早已引起广告界的普遍关注。第二次世界大战以后，世界广告联合会正式更名为国际广告协会，并吸引了大约 50 个国家加入《广告自律白皮书》。在此以前的1956 年 5 月，总部设在巴黎的国际商业会议所下设的广告委员会，通过了《广告活动标准纲领》和《广告业务准则》，其宗旨是防止滥用广告，加强广告主对消费者的责任，规定了对消费者的伦理准则、广告主间的伦理准则和广告代理业及媒体业的伦理准则。在国际广告协会和国际商业会议所广告委员会的共同倡导下，世界上许多国家都建立起了广告行业自律组织及有关的广告自律准则。这样，在全世界范围内，可以说有了一个大的广告行业自律的框架，有利于世界各国经济业和广告业的健康发展。

（一）广告行业自律的含义与特点

1. 广告行业自律的含义　广告行业自律又叫广告行业自我管理，它是指广告业者通过章程、准则、规范等形式进行自我约束和管理，使自己的行为更符合国家法律、社会道德和职业道德的要求的一种制度。广告行业自律主要通过建立、实施广告行业规范来实现，行业规范的贯彻落实主要依靠行业自律组织进行。广告行业自律是目前世界上通行的一种行之有效的管理方式，逐渐发展成为广告行业自我管理的一种制度。

建立广告行业规范，实行广告行业自律，是广告业组织与管理的重要内容，它与政府对广告业的管理和消费者对广告活动的监督共同组成对广告业的组织与管理体系。

2. 广告行业自律的特点　广告行业规范和行业自律作为广告从业者遵循的规章制度，主要有以下几个特点。

（1）**自愿性**　遵守行业规范，实行行业自律，是广告活动参加者自愿的行为，不需要也没有任何组织和个人的强制，更不像法律、法规那样，由国家的强制力来保证实施。他们一般是在自愿的基础上组成行业组织，制订组织章程和共同遵守的行为准则，目的是维护行业整体的利益进而维护各自的利益。因此，行业自律主要是依靠参加者的信念及社会和行业同仁的舆论监督作用来实现。对于违反者，也主要依靠舆论的谴责予以惩戒。

（2）**广泛性**　广告行业自律调整的范围比法律、法规调整的更加广泛。广告活动涉及面广，而且在不断发展变化，广告法律、法规不可能把广告活动的方方面面都规定得十分具体。而行业规范则可以做到这一点，它不仅在法律规范的范围内，而且在法律没有规范的地方也能发挥自我约束的作用。因此，广告行业自律是限制广告法规不能约束的某些行为的思想、道德武器。

（3）**灵活性大，适应性强**　广告法律、法规的制订、修改和废止，需要经过严格的法定程序，而行业行为规范等自律规章只要经过大多数参加人的同意，即可进行修改、补充。

（二）广告行业自律与广告行政管理的关系

广告行业自律和政府行政管理部门对广告行业的管理都是对广告业实施调整，二者之间既有密切联系，又有根本的不同。广告行政管理的依据是广告法律法规，它主要从外在方面对广告管理者的职责行为进行了规定；广告自律的原则是广告道德，它主要从内在方面划定出广告行业的职业道德规范。它们之间的关系包括以下几个方面：

首先，行业自律必须在法律、法规允许的范围内进行，违反法律的将被取消。政府管理是行政执法行为，行业自律不能与政府管理相抵触。

其次，行业自律与政府管理的基本目的是一致的，都是为了广告行业的健康发展，但是侧重点又有所不同。行业自律的直接作用是维护广告行业在社会经济生活中的地位，维护从业者的合法权益；而政府对广告业管理的直接作用是建立与整个社会经济生活相协调的秩序，它更侧重于广告业对社会秩序所产生的影响。

第三，行业自律的形式和途径是建立自律规则和行业规范，调整的范围只限于自愿加入行业组织的规约者；而政府的管理是通过行政执法来实现，调整的范围是社会的全体公民和组织。

第四，行业自律的组织者是民间行业组织，它可以利用行规和舆论来制裁违约者，使违约者失去良好的信誉，但它没有行政权和司法权；而国家行政管理则是以强制力为保证，违法者要承担法律责任。

广告行业自律是广告业发展到一定阶段的必然产物，它对于提高广告行业自身的服务水平、维持广告活动的秩序都有着不可替代的作用。世界上广告业比较发达的国家都十分重视广告行业自律对于广告业发展的积极意义，行业自律逐步形成系统和规模，不断得到加强和完善。中国的广告业正处在初级发展阶段，随着社会主义市场经济的建立，广告管理法规会进一步完善和健全。在这种状况下，广告行业自律的作用显得更加明显。实行行业管理，加强广告法规的管理研究和确定行业自律准则，是中国社会主义市场经济发展的需要。

二、广告道德

美国安·E·韦斯在《奇妙的广告世界》中曾这样说："试图通过广告界自我管理来消除广告弊端，就好比企图通过包扎一条绷带来治愈一条断腿。"实现广告规范化管理需要广告道德、法律规范、行政管理三者的优势互补。

（一）广告道德的含义

道德，指衡量行为正当的观念标准。道德是人类社会特有的现象，它是一个国家、一个民族在长期的社会生活中形成的行为规范准则，它以善、恶作为评判标准，是约定俗成的结果。广告道德是社会公德的一种具体表现形式，属于职业道德的范畴。广告道德是为了调节广告主、广告经营者、广告发布者和消费者在广告活动中的社会关系而形成的一种广告行为准则，它是广告主、广告经营者和广告发布者在广告活动中所表现出来的职业道德规范的总和，是其自身素质的反映。不同国家、社会制度的广告道德是各不相同的。从根本上说，我国广告道德的核心是中华民族的传统美德在广告活动中的具体体现，它是我国广告行业进行行业自律的总体原则。

广告道德作为规范广告主、广告经营者和广告发布者在广告活动中的广告行为的一种职业道德准则，是具体而非抽象的。当代广告道德规范体系应当在培育社会公民的思想觉悟方面，成为一种精神力量和现实选择，要在全面地认识道德环境（主要是社会的利益关系及满足利益关系中的不同利益要求的调节方式）的实际状况的前提下，关注广告道德控制和道德养成所应达到的社会整体道德水平。

（二）广告道德的基本要求

1. 真实可靠，诚信为本　是指依据客观事实向消费者提供信息，推动商品或劳务销售。广告商通过广告宣传必须向消费者准确迅速地传达某一商品的性能、质量、规格、品种及其特殊的优点，方便消费者购买，最终实现商品和劳务的销售。广告所传播的信息要真实，符合客观实际。同时，广告要诚实、讲信用，言行一致，信守承诺。

大量的广告（含虚假广告）虽然能够在短时间内创造良好的经济效益，甚至能够打造一个名牌，但只有真实的广告才能经受住时间和广告道德的检验。因此，实事求是地介绍商品，不进行夸大、虚假的广告宣传，是企业应承担的道德责任。真实可靠，诚信为本的原则是广告道德最基本的要求。

2. 公平公正　我国正处于市场经济迅速发展的时期，运行机制中还存在许多薄弱环节，导致市场经济中不公平、不公正甚至不道德的情况出现。因此，广告活动必须遵循市场经济的内在要求，遵守国家法律法规，遵守共同的道德规范和伦理准则，自发维护市场秩序，促进经济主体间互利合作，共谋双赢。

3. 文明健康　广告既是一种经济现象，更是文化现象的反映，因此具有健康品质、格调高雅的广告成为现代广告所倡导的时代精神和道德体现。广告不仅要在内容上符合社会道德要求，其形式（广告的环境、场合、媒介、时间）甚至是所使用的技巧、道具、语言、文艺表演等艺术表现手法也要文明健康，必须遵循必要的社会伦理道德和民族的传统风俗习惯，符合我国社会主义精神文明建设的要求，符合社会主义核心价值观的要求。

【案例】

部分媒体仍对虚假广告"钟爱有加"

"服了某药物，根治糖尿病！"这样的广告在电视、报纸上经常见到。尽管新《广告法》施行以后，政府加大了对虚假广告的打击力度，广告行业得到了规范，但像这样的虚假违法广告并没有杜绝。

据全国企业信用信息公示系统显示，在北京，最近有多家知名纸媒因刊登虚假医疗广告被处罚。北京日报社在《北京晚报》发布了100天根治眼病、100天巧治结石病、90天根治耳聋耳鸣、细说中老年男性健康密码、帕金森康复博士等广告共计58则。北京日报社在上述广告发布前，未对广告内容进行审查。北京市工商局东城分局认为，北京日报社的上述行为违反了《广告管理条例》第十二条的规定，属于对广告内容审查不严的行为。依据《广告管理条例施行细则》第二十五条的规定，该分局对北京日报社做出罚款3000元的处罚。

公示系统显示，哈尔滨某医疗卫生用品厂业务员到福建省泉州晚报社下属的《东南早报》广告部以签订广告认刊书的方式订制广告，约定在《东南早报》上发布"小泽药械（痛可贴）"医疗药械广告，广告费用63元。《东南早报》发布的广告中使用了"用小泽药械，只需用3盒就能体验出神奇的疗效，按照疗程使用，最终会达到完全治愈"等内容。

福建省泉州市工商局认为，《东南早报》在发布的"小泽药械（痛可贴）"医疗药械广告中使用不科学表示功效的断言和保证的内容，其行为违反了《广告法》第十四条第（一）项的规定，依据《广告法》第四十一条之规定，责令《东南早报》立即停止发布上述违法广告，没收广告费用63元，并处罚款283.5元。

治理虚假广告是老生常谈，说起来无外乎三个方面：媒体应严格贯彻新《广告法》，坚持守法经营、诚信经营理念，坚持把社会效益放在首位，杜绝发布虚假违法广告；监管部门加大监督力度，对虚假违法广告严管严控；消费者树立正确的消费观，不要轻信那些明显失真的广告。但唯有各方落实到位，广告市场环境才能得到净化。

（案例来源：中华人民共和国国家工商总局门户网站，
http：//www. saic. gov. cn/jgzf/zzwfgg/ 201512/t20151223_ 165190. html）

NOTE

讨论：

结合《广告法》的有关规定对上述医药广告进行分析，并查阅相关资料，思考虚假医药广告的成因及应对策略。

【思考题】

1. 广告管理的意义是什么？
2. 简述我国广告管理的主体及其主要职能。
3. 简述我国广告管理法律法规体系的构成。
4. 简述我国广告职业道德的主要内容。

主要参考书目

[1] 邱颖. 现代广告学. 北京：北京交通大学出版社，2011.

[2] 张金海，黄玉波. 现代广告经营与管理. 北京：首都经济贸易大学出版社，2006.

[3] 陈培爱. 现代广告学概论. 北京：首都经济贸易大学出版社，2004.

[4] 蔡嘉清. 广告学教程. 北京：北京大学出版社，2009.

[5] 何修猛. 现代广告学. 上海：复旦大学出版社，2008.

[6] 苗杰. 现代广告学. 北京：中国人民大学出版社，2004.

[7] 孙有为. 国际广告. 北京：世界知识出版社，1991.

[8] 丁俊杰. 广告学导论. 长沙：中南大学出版社，2004.

[9] 樊志育. 广告学原理. 上海：上海人民出版社，1999.

[10] 王涛. 广告管理. 武汉：武汉大学出版社，2003.

[11] 赵琛. 中国广告史. 北京：高等教育出版社，2005.

[12] 汪开庆. 广告学概论新编. 杭州：浙江大学出版社，2009.

[13] 丁俊杰，陈刚. 广告的超越：中国4A十年蓝皮书. 北京：中信出版社，2016.

[14] 何辉. 当代广告学教程. 北京：北京广播学院出版社，2004.

[15] 纪华强、刘国华. 广告策划. 北京：高等教育出版社，2013.

[16] 蒋旭峰. 广告策划与创意. 北京：中国人民大学出版社，2011.

[17] 饶德江，陈璐. 广告策划与创意. 武汉：武汉大学出版社，2015.

[18] 严学军，汪涛. 广告策划与管理. 北京：高等教育出版社，2006.

[19] 曾智. 医药广告学. 北京：科学出版社，2007.

[20] 田明华. 广告学. 北京：清华大学出版社，2013.

[21] 丁俊杰. 现代广告通论. 北京：中国传媒大学出版社，2013.

[22] 丁培卫. 广告创意与文案策划. 福州：福建人民出版社，2012.

[23] 倪宁. 广告学教程. 北京：中国人民大学出版社，2014.

[24] 侯胜田. 医药广告学. 北京：中国医药科技出版社，2009.

[25] 林染. 广告创意心理学. 北京：北京工业大学出版社，2015.

[26] 丁柏铨. 广告文案写作教程. 上海：复旦大学出版社，2008.

[27] 魏超. 广告文案写作教程. 北京：企业管理出版社，2011.

[28] 大卫·奥格威. 一个广告人的自由. 济南：中国友谊出版社，1991.

[29] 秦勇，李东进. 广告原理与实务. 北京：清华大学出版社，2013.

[30] 丁耀. 广告设计. 南京：南京大学出版社，2007

[31] 徐世江. 广告理论与实务. 北京：北京大学出版社，2009.

[32] Vaughn, Richard. How Advertising Works：A Planning Model Revisited. Journal of Advertising

NOTE

Research，1986（1）：26.

［33］威廉. 阿伦斯. 当代广告学. 丁俊杰，译. 北京：人民邮电出版社，2013.

［34］张建设，边卓，王勇，等. 广告学概论. 北京：北京大学出版社，2012.

［35］周茂君. 广告管理学. 武汉：武汉大学出版社，2012.

［36］徐可主. 广告学. 郑州：河南大学出版社，2013.

［37］金星. 实用广告学教程. 上海：复旦大学出版社，2013.

［38］印富贵. 广告学概论. 北京：电子工业出版社，2014.

［39］陶应虎. 广告理论与策划. 北京：清华大学出版社，2014.